移动电商

全网引流实战128招（实战版）

郑清元◎著

人民邮电出版社
北京

图书在版编目（CIP）数据

移动电商全网引流实战128招 ： 实战版 / 郑清元著
. -- 北京 ： 人民邮电出版社， 2017.5（2022.2重印）
ISBN 978-7-115-45229-0

Ⅰ. ①移… Ⅱ. ①郑… Ⅲ. ①移动电子商务－网络营
销 Ⅳ. ①F713.365.2

中国版本图书馆CIP数据核字(2017)第053071号

内容提要

本书以移动电商的引流为基础，向读者详细展示和传授实操的引流推广技巧与方法。除了主流的百度平台、腾讯平台、阿里平台、新浪微博平台等之外，更详细介绍了微信群、QQ群、论坛、兴趣部落、线下社群等诸多社群引流策略与方法，本书不仅仅是一本移动电商引流大全集，更是引流实操宝典，非常适合电商运营人员、微商从业者阅读学习。本书采用分步骤展示的方法，以图文结合的形式一步步讲解实操技巧，易学易用。

◆ 著　　　　郑清元
责任编辑　李士振
责任印制　周昇亮

◆ 人民邮电出版社出版发行　　北京市丰台区成寿寺路11号
邮编　100164　　电子邮件　315@ptpress.com.cn
网址　https://www.ptpress.com.cn
涿州市京南印刷厂印刷

◆ 开本：700×1000　1/16
印张：17　　　　2017年5月第1版
字数：398千字　　　　2022年2月河北第13次印刷

定价：59.80元

读者服务热线：(010)81055296　印装质量热线：(010)81055316
反盗版热线：(010)81055315
广告经营许可证：京东市监广登字20170147号

前言

1.写作缘由

随着社交电商、微商、社群电商的迅猛崛起，传统的营销引流方式已经有些不合时宜。用户更多集中在移动端，移动端成为商家争夺用户的主战场。但很多商家、电商运营人员并没有很好地适应这一变化，对如何引流并转化流量显得无所适从，更别说是移动端的引流、推广和运营了。

本书正是基于这些变化，通过各大平台的引流方法实践，特总结出可行、可用的增粉、吸粉方法。本书选取了9大拥有巨量流量的代表平台，通过这些平台举一反三，剖析引流思维及方法，通过鲜活的案例来展示引流效果。

此外，作者在多年的引流、培训过程中，对多种引流方法不断实践和改进。本书融入了大量作者不断实践检验过的方法，极具实操性。

2.本书内容特色

本书主要特色：实操方法+引流思维+详细图解+丰富案例。

实操方法：本书是作者多年授课经验的总结，其中的方法都是经过实战检验的，极具可操作性，即使是新手也能很轻松看懂、学会。

引流思维：引流方法再多，如果不具备举一反三的思维，也无法玩转引流。本书穿插了很多新颖的引流思维，比如蹭热点如何才能真正蹭到，如何出其不意地截流等。有了正确的思维，方法才可行。

详细图解：本书通过大量的操作方法图解来展示具体引流流程，很适合微商、移动社交电商等从业者阅读，轻松易学。

丰富案例：方法如果没有经过实践，就只能停留在理论阶段，本书在讲解方法的同时，引入大量案例去分析和印证，能很好地帮助读者理解。

3.本书适合的读者群体

正在转型的传统企业运营人员；

急于想“增粉”的营销、运营人员；

不懂得引流的微商、电商从业者；

微商创业者；

新媒体从业者；

移动电商创业者、从业者。

目录 Contents

第 1 章 社群电商引流，工具先行

第 2 章 QQ引流与推广营销20招

第4章 百度系平台引流与推广营销16招

第6章 新浪微博引流与推广营销11招

第7章 视频网站引流与推广营销10招

第8章 直播APP中引流与推广营销7招

第9章 社交类APP引流与推广营销12招

第12章　其他网站引流与推广营销5招

社群电商引流，工具先行

☞ NO.01　硬件准备：计算机、手机、4G卡一个不能少

从进入电商领域开始，我们便应该做好准备。因为在互联网时代，既有机遇也有挑战——谁能够做到高效引流，谁就能分得一杯羹。

凡事预则立，不预则废。移动电商引流，也是如此。那么对于引流，我们需要准备哪些硬件工具呢?

1. 计算机

引流的方式有很多种，但无论是直播引流，还是视频引流，都需要一台高品质的计算机。

第一步，保证计算机的品质。选择一台质量过硬的计算机，就要选择值得信赖的品牌和厂家。如果我们在与粉丝交流时，一直受到干扰，难免会影响彼此的心情，甚至会让我们的引流前功尽弃。

第二步，安装适当的计算机系统。这里的适当，指的是WIN7、WIN8或者WIN10，用户根据自己的习惯选择，值得注意的是，必须安装正版软件。

第三步，C盘不要存放过多的内容，否则会影响计算机运行。通常，一些必备的文档、文件等可以放在E盘、F盘等，即除C盘以外的硬盘。如图1-1所示。

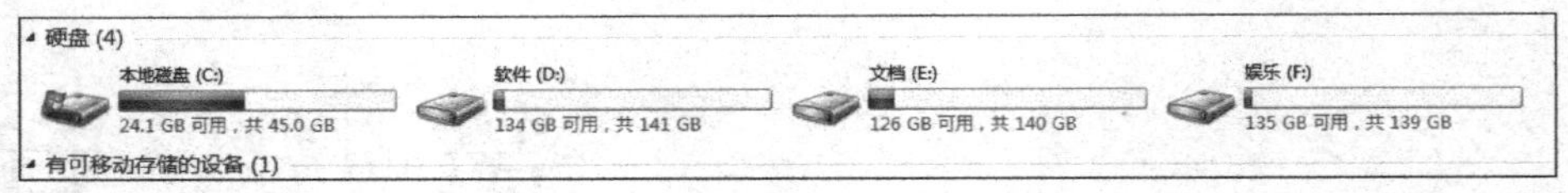

图1-1　硬盘存储

2. 手机

有了计算机，也离不开手机。计算机不能时刻随身，但是手机可以打破“时空”的限制。然而，对手机的选择，也需要考虑一些因素。

第一步，足够的内存空间支持。因为我们的引流工作需要拍一些照片、录制视频，没有足够大的容量，这些是无法实现的，所以我们尽量选择内存空间大于等于64G的。

第二步，像素要高。如果通过图片、视频引流，却给大家呈现的是模糊的效果，恐怕没有几个人会买账，所以高清晰度的拍照手机必不可少。

第三步，正规品牌。我们挑选手机的时候需要格外小心，一定要购买正规商家生产的手机，避免山寨机的运行问题影响引流的正常进行。

3. 4G卡

4G卡更像是手机与外界世界的纽带，也是我们成就一番电商事业的基础保障。通常，4G卡可以达到50Mb/s的上行速率，上网速度可以保障在线视频或者浏览网页的流畅性。最为关键的是，运用4G卡可以显著减少垃圾信息的接收，因为相比传统的SIM卡4G卡能够有效阻止一些伪基站发送的垃圾信息。

当然，因为我们的引流工作需要经常上网，选择一款实惠的4G网络套餐也是至关重要的。具体选择上，我们可以比较一下中国移动、中国联通、中国电信三家运营商的性价比，从中找到一款合适的套餐。

巧妇难为无米之炊。我们只有做好了硬件的准备工作，日后的引流工作才会如鱼得水。

☞ NO.02 社交软件与定位软件搭配使用技巧

引流过程中难免会用到很多软件，所以我们前期的准备工作中，还包括掌握这些软件的使用。例如，与外界的沟通、交流，少不了社交软件的使用，而社交软件与定位软件的搭配使用，更是吸引了全国各地的粉丝。

1. PC端搭配

现在的很多社交软件都开放了PC端的使用，如QQ、微信、微博等都可以通过计算机来操作，但需要注意的是，PC端的社交软件并不具有定位功能。而我们想要通过PC端定位引流，就需要社交软件与定位软件的搭配，具体流程如图2-1所示。

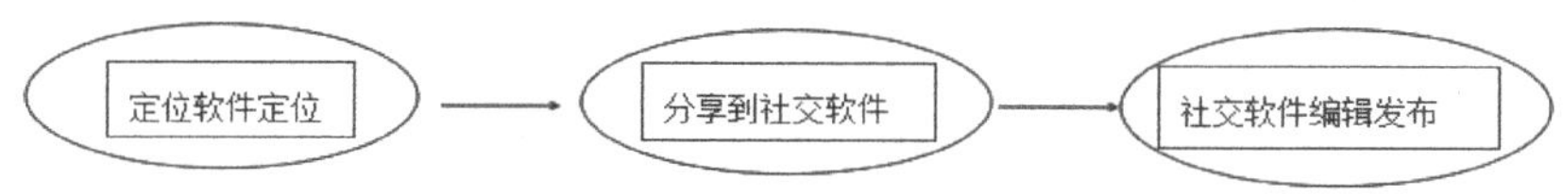

图2-1 社交软件与定位软件搭配过程

选择PC端操作，往往具有其独有的优越性。例如，网速更快，编辑内容更方便，这是很多人的切身体会。如果身在办公室，建议使用计算机操作，可以大大提高引流效率。

2. 移动端搭配

移动电商是一个工作相对自由的行业，即使你不在办公室，依然可以使用移动端引流。QQ、微信、微博等，自身既是社交软件，也具有定位功能，可以说已经进行了自然的搭配，只需进行简单操作，就可以引流附近的人。

社交软件和定位软件作为引流必备工具，应该得到应有的重视，以提高引流效率。

☞ NO.03　图文软件的选择与使用技巧

电商的成功引流，与图片和文字是息息相关的。也就是说，给大家呈现出具有视觉美化效果的图片和整齐的排版文字，无疑是电商引流之前的必备。

1. 修图软件

说到修图，大家就会想到Photoshop，其实，Photoshop的使用比较复杂，对于初学者来说，很难快速上手。下面，给大家推荐一款操作简单、实用的修图软件——美图秀秀。

（1）百度搜索美图秀秀在线使用。如图3-1所示。

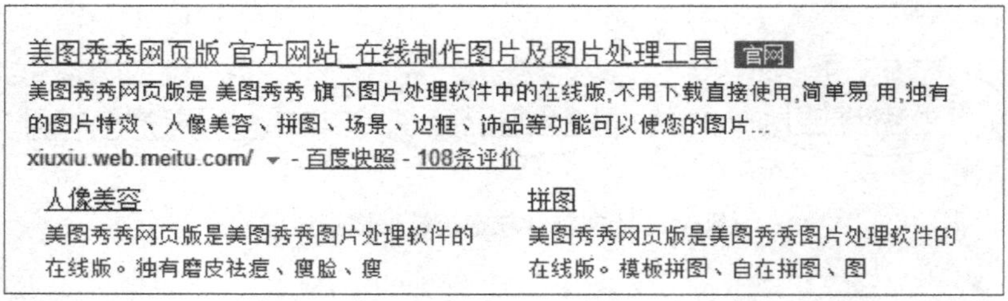

美图秀秀网页版 官方网站_在线制作图片及图片处理工具 官网
美图秀秀网页版是 美图秀秀 旗下图片处理软件中的在线版,不用下载直接使用,简单易 用,独有的图片特效、人像美容、拼图、场景、边框、饰品等功能可以使您的图片...
xiuxiu.web.meitu.com/ - 百度快照 - 108条评价

人像美容
美图秀秀网页版是美图秀秀图片处理软件的在线版。独有磨皮祛痘、瘦脸、瘦

拼图
美图秀秀网页版是美图秀秀图片处理软件的在线版。模板拼图、自在拼图、图

图3-1　百度搜索美图秀秀

（2）点击进入网页版美图秀秀，选择美化图片。如图3-2所示。

图3-2　美化图片

（3）选择消除笔，有效去除图片水印。如图3-3所示。

图3-3　消除笔去水印

（4）想要修改图片大小，裁剪和修改尺寸选项都可以实现，且修改尺寸可以实现具体的比例裁剪。如图3-4所示。

（5）美图秀秀还具有基础调整功能，可调节图片的亮度、色彩饱和度、清晰度等。如图3-5所示。

图3-4　修改图片尺寸

图3-5　图片基础调整

（6）调整图片画质。因为很多软件对于上传图片的大小有严格的限制，而通过美图秀秀保存分享之后，可选择图片的保存大小。如图3-6所示。

掌握了美图秀秀的使用技巧，基本就可以满足商品宣传过程中的图片需求了。

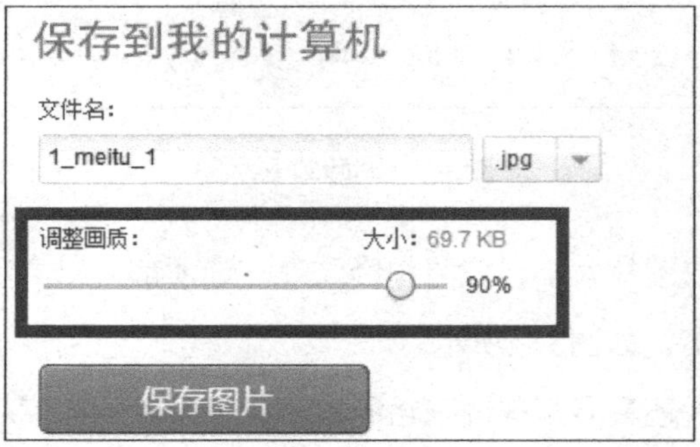

图3-6　调整图片画质

2. 文字排版软件

我们想要给大家展现一篇版式整洁、格式统一的文章，就离不开排版软件的使用。当然，现在通行的排版软件有很多，下面给大家介绍一下在线自动排版的使用。

（1）百度搜索在线排版工具，并点击进入。如图3–7所示。

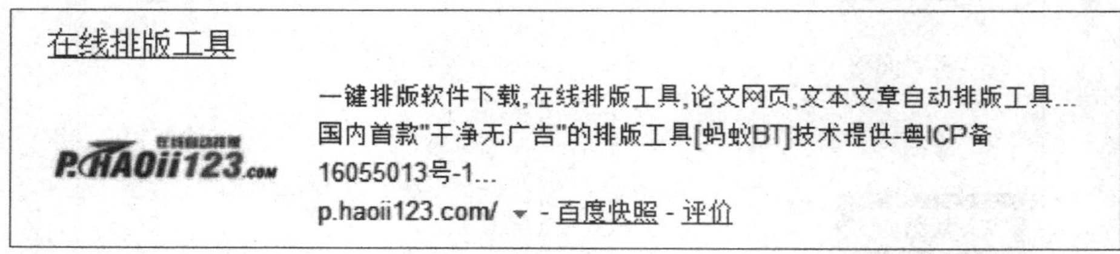

图3-7　在线排版工具

（2）在线排版工具具有调整文章排版的基本选项，一键排版简单、易操作，还可以添加空行等。如图3–8所示。

第一步，选择复制文章，把文章内容复制到框格里。

第二步，一键排版，整理文章格式。

第三步，删除空行，整理文章。

图3-8 在线排版工具

图片和文字，贯穿了引流的全过程，所以对图片和文字处理的细节，我们需要特别注意。而通过上面两款软件的介绍，即使是电商新手，对于修图和排版也可以掌握一些技巧，只要多加练习，提高引流效率不是问题。

☞ NO.04 引流账号的注册与管理

电商营销的本质，是网络营销。而现在网络的飞速发展，给电商发展提供了契机。引流工具实现了多样化，但迎面而来的是新的难题，尤其是繁多的引流账号注册和管理让很多人愁眉不展。

下面我们介绍一些引流账号注册和管理的小技巧，帮助电商新手做好引流的准备工作。

1. 账号的注册

想要在网页或者软件上发布引流信息，第一步需要注册账号，而整理好账号的注册信息，是日后登录或者填写验证信息的重要依据。为了更方便账号的管理，注册账号时有哪些技巧呢？

（1）统一注册账号和密码。

在网页或者软件的注册账号，一般都是可以选择手机号注册或者利用QQ、微信直接登录，我们统一选择手机号注册。

这样做一是为了账号的安全，一旦出现被盗号的情况或者忘记密码，可以通过手机号获取验证码重新设置密码；二是更方便记忆，因为没有几个人会不记得自己的手机号，同时登录起来也更方便。

（2）统一联系方式。

在填写注册信息时，一般会被要求填写联系方式，如手机号、邮箱等，我们可填写统一的手机号和QQ邮箱号，这样对于网站信息的维护就简单了很多。

（3）统一昵称。

统一各个软件的昵称，可在你于任何一个软件上引流成功后，有效带动其他网站账号的发展。

2. 账号的管理

虽然很多账号的注册实现了简便化，但也不能忽略账号的管理工作。

（1）做好账号备份工作。

再好的记忆力也难免出现差错，所以，备份工作不能或缺。不仅需要做好注册信息的备份，还要做好包括系统提示的使用方法、规则等的备份，为日后的操作夯实基础。

当然，系统提示的规则等是无法备份的，我们可以通过截屏的方式备份。

（2）收藏登录页面。

如果每次登陆网站都需要百度搜索，过程也是很烦琐的，而当我们把各个网站的登陆页面收藏后，就可以直接在收藏界面打开了。

有了注册和管理账号技巧的双重保护，无论是电商新手还是老手，都可以做到防患于未然。

第 2 章

QQ引流与推广营销20招

☞ NO.05　QQ昵称与头像设置技巧

添加QQ好友时，很多人习惯看一下昵称和头像，那我们有什么秘诀给别人留下美好的第一印象呢？

1. 明确提供个人信息

（1）QQ昵称设置技巧。

很多电商会觉得，使用商品名称做QQ昵称更直接，但这却是一定要避免的。因为存在严重的广告嫌疑，会让大家反感，并且从商家的角度出发很难取得大家的信赖。

我们可以从商品的行业领域定位，同时加上自己的行业职称，大家一看就知道你是干什么的，昵称的高大上也让大家对你产生崇拜心理，陌生人的防备情绪也会逐渐消失。

例如，玩转理财管理——架构师XXX，就是很好的例子。如图5-1所示。

图5-1　QQ昵称设置

（2）QQ头像设置技巧。

一个引人注目的QQ头像，首先需要符合审美标准。如果你本身就是一个颜值与品位并存的帅哥或者美女，就可以用自己的照片，这样可以让大家更相信你；如果你是从事美妆或相关行业的人，也可以让大家见识一下你的实力；如果你不想出镜，可以把自己的产品与自己的照片结合起来，营造一种有内涵的氛围。例如，书店头像。如图5-2所示。

图5-2 书店头像

2. 准确定位QQ价值

（1）QQ昵称引流的实用价值。

如何让你的QQ昵称发挥出影响力，让大家在QQ群中一眼就能发现你？除了传递美感，实用性也不能少。

你的QQ昵称要告诉大家，你从事的行业是什么，能帮助大家解决哪些问题，能给大家带来哪些好处。这些问题蕴含在昵称里，想要引流，也就轻而易举了。

比如，理财顾问告诉你闲散资金该去哪里。这样的一个QQ昵称，既告诉了大家你能给大家解决理财问题，也暗示了你的职业是专业的理财顾问。如图5-3所示。

图5-3 理财顾问告诉你闲散资金该去哪里

（2）QQ头像引流的实用价值。

QQ头像的实用价值不是把产品直接作为头像，因为过于宣传产品，只会引起大家的反感，不利于引流。

QQ昵称和头像的设置，看起来很简单，几个文字搭配一张图片就解决了，实际上没有精心的搭配，想要引流只会适得其反。

☞ NO.06　QQ会员排名与在线状态设置引流技巧

QQ的诞生，可以追溯到1998年，迄今已经有了接近20年的历史。而不少人的QQ号，也都在10年以上，所以QQ好友非常多。排名越靠前的好友，自然就越会被优先看到。因此，我们同样需要做好排名引流，让自己尽可能出现在对方QQ栏里的前列。第一个出现在对方视野中的QQ肯定能引起他的兴趣，从而特别关注你。如图6-1所示。

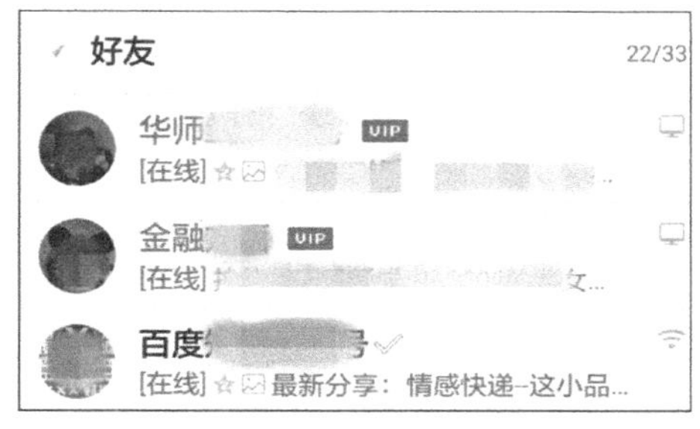

图6-1　QQ排序

优化排名最简单的一个方法，就是开通“超级会员”。

1. 点击手机QQ头像，进入激活会员，可以看到开通的按钮。如图6-2所示。

2. 点击开通，可以选择时间，然后支付费用即可开通。如图6-3所示。

图6-2　进入激活会员界面

图6-3　开通QQ会员

3. 超级会员有很多“福利”：排名优先、装扮特权、游戏特权等。最重要的就是能够让你在别人的QQ中排名靠前。QQ超级会员的费用并不高，每月仅需10元，因此建议大家开通。如图6-4所示。

当然，免费模式同样也可以进行排名优化。

（1）在超级会员之后，QQ好友将会以开头字母的顺序进行排列，例如以a为开头的昵称都会在最前面。

（2）汉字昵称第一个字的拼音首字母也会影响排名。

（3）一些特殊符号也会对排名有一定影响。比如心形符号、表情符号等，这个可以根据个人喜好设置。

以前，在计算机版本的QQ里，如果将状态设置为“Q我吧”，可以让自己的排名靠前；但新版本的QQ已经取消了这一功能，因此这种方法作用已经不太明显了。如图6-5所示。

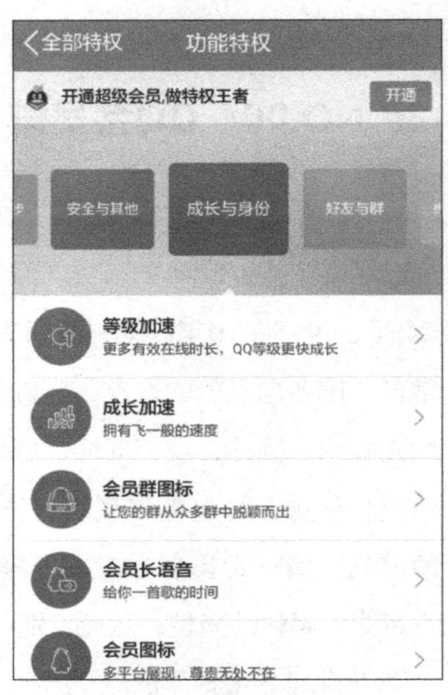

图6-4　超级会员福利

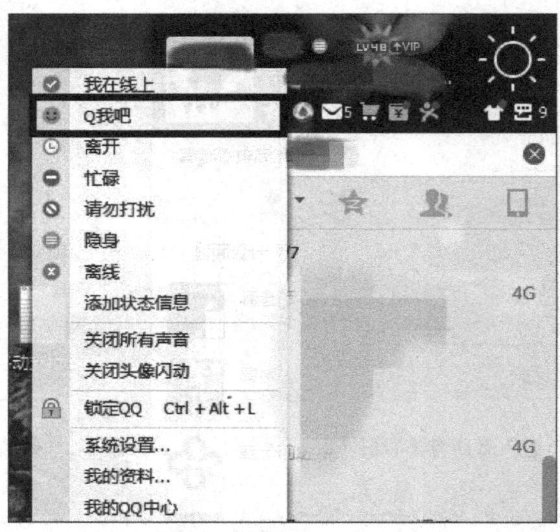

图6-5　旧版“Q我吧”功能

不过，设置状态为在线，对排名还是有很大影响的。如果你一直设置为隐身、离开、忙碌等状态，你的QQ在别人的列表中排名就会下降。最好的方法，还是开通QQ超级会员，简单有效，并且费用较低。

☞ NO.07 QQ个性签名与动态引流技巧

QQ签名作为引流的重要渠道，可以体现出重要的产品信息，还可以展示出很多空间状态，更方便大家了解你，从而实现QQ的引流。

1. 同步动态与签名

经常发表空间动态，诸如福利活动、产品分享、行业前景分享等，并及时更新在签名里，可以让大家对你的行业、职业、个人性格、品质等，有一定的认知了解。

那么，我们应该如何将空间动态与QQ签名同步更新呢？

（1）登录QQ客户端，进入系统设置界面。如图7-1所示。

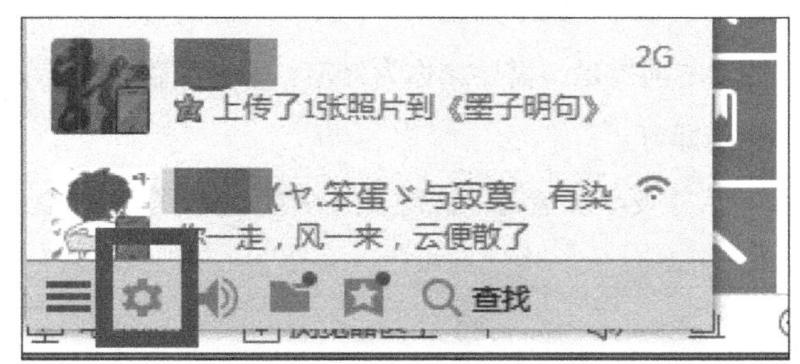

图7-1 QQ客户端系统设置

（2）在系统设置的列表里，选择权限设置。如图7-2所示。

（3）在权限设置里，点击方框，选择更新说说同步更新QQ签名。

（4）设置完成，直接点击关闭，就保存完成了。

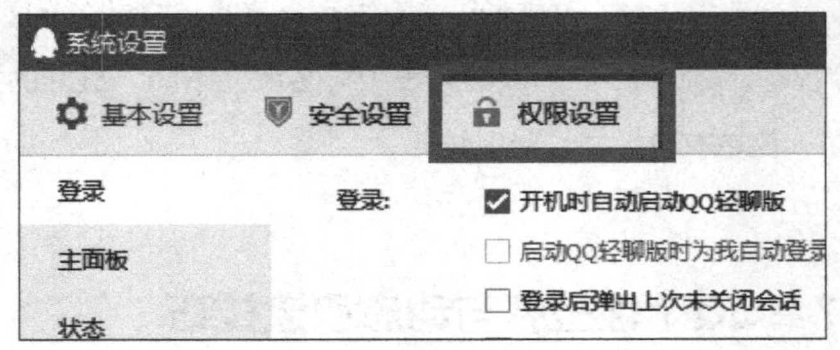

图7-2 QQ权限设置

QQ个性签名与空间动态的同步更新完成后，便可以进入引流阶段了。

2. 福利诱惑签名引流

开业优惠活动成为很多人宣传营销的常用手段，如果可以在QQ签名里加以体现，对QQ签名引流也是很有号召力的。

例如，美妆电商开业积赞活动，凡是集满38个赞，就可以找店主领取一份大牌化妆品试用装。

（1）设置QQ签名。如新店开业，商家为扩大知名度，特举办积赞兑好礼活动，在签名里把活动简单地和大家介绍一下，并说明详情可QQ咨询。

（2）参加活动的前提是，需要加你为好友。想要积赞，就需要在空间发表状态，收集好友的点赞即可。

这样，只要有人想要参加活动，就需要加你为好友，签名的福利诱惑引流也就实现了。

3. 热点引流

在移动社交飞速发展的今天，签名引流还有一种有效的方法，就是利用热点事件。

（1）多渠道关注时事新闻、头条、微博、搜狐新闻等，掌握第一手新鲜资讯，为我们更新自己的QQ签名提供素材。

（2）编辑相关内容，发表在QQ签名上。

在某一事件发酵的过程中，我们就可以跟踪其发展进度，及时发表在QQ签名上，就会吸引别人的关注。抱着好奇心，想要知道更多内幕人，只能加你为好友私聊进展，如此，我们也就实现引流了。

个性签名的引流其实很简单，就是让大家更加相信你、关注你，从而成为你的好友。

☞ NO.08　QQ点赞回复引流技巧

现实生活中，我们觉得特别有意义的事就会点赞。在QQ里，也可以通过给大家点赞回复引流。如图8-1所示。

图8-1　点赞集合图

下面我们先介绍一下点赞回复引流的注意事项：

1. 时间

一般在好友发表空间状态后马上点赞的话，就会被后来的人淹没，但是现在的点赞有了取消功能，时不时地点赞、取消、点赞，就可以让自己的QQ昵称和头像一直排在列表前面，还可以增加与好友之间的好感度；当然，点赞的时间点还应该与QQ好友浏览QQ主页的习惯保持一致。对于引流来说，不被别人发现的点赞，就是毫无意义的。对别人为我们空间内容的点赞，我们应该及时回复，交流分享增进彼此信任度，从而实现引流。

2. 如何点赞

现在很多人会觉得，使用某些科技公司推出的自动点赞软件，可以偷个懒，刷刷赞。其实，最好的方法还是手动点赞，因为现在腾讯公司对软件的检查力度有着严格的限制，并且软件点赞在好友的相关状态下是不会显示的。

掌握了点赞的技巧，想要通过点赞引流，其实还是在一些“牛人”、“大咖”的空间里实施的效果会更好。

（1）百度搜索行业大咖QQ号，并注意实时关注其空间动态。

（2）在大咖的空间状态下，注意掌握点赞的技巧，引起其他同样关注大咖的粉丝的注意。

（3）回复其他粉丝的点赞，加一些与行业内容相关的关键词，让他们想要相关干货，可以到你的空间寻找。

（4）坚持及时更新回复，QQ点赞回复加好友引流的效果也就实现了。

其实，QQ的点赞功能与发表说说、空间等功能是一样的，想要实现引流，同样需要细心和耐心，只有长期的坚持才是引流的最可靠手段。

☞ NO.09　QQ附近的人、漂流瓶引流技巧

新版QQ“附近的人”增加了很多功能，附近的人引流方式也更加多样化，如新鲜事、热聊。如图9-1所示。

图9-1　新版附近的人

然而，通过QQ“附近的人”引流，我们首先要装扮自己的“外表”，也就是设置好自己的头像、签名等。

与此同时，“附近的人”显示的资料是一个独立的系统，我们可以不

按照QQ的资料编写，把可以显示的基本爱好编辑完整即可。如图9-2所示。

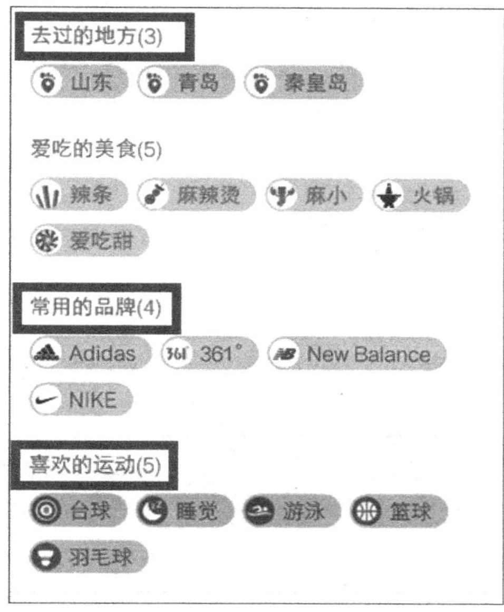

图9-2 “附近的人”编辑资料

资料补充完整，就可以进军“附近的人”，开始引流了。

1. 新鲜事引流

新鲜事的发表与评论功能，类似于QQ空间的状态发表与评论，但又有所不同：一方面是受众由熟悉的好友变成了陌生人；另一方面是新鲜事对发表主体的限制，需要3颗魅力值以上。如图9-3所示。

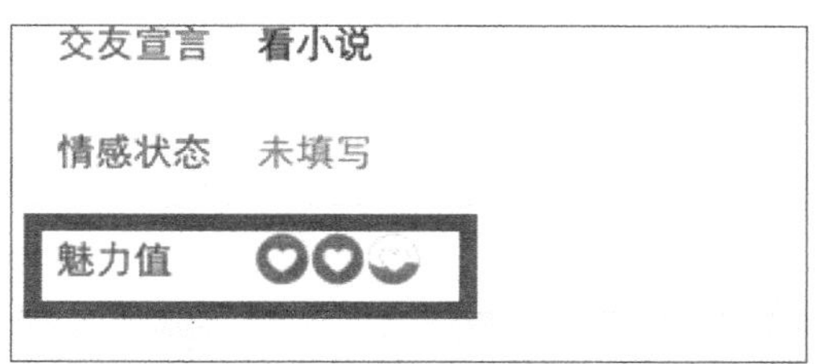

图9-3 魅力值状态

如何才能获得3颗魅力值？具体操作方法如下：

（1）完善"附近"功能显示的资料，上传一些自己喜欢的照片。宣传产品切记不要太多，以免引起大家的反感。然后发表新鲜事，基本上就可以达到3颗魅力值了。如图9-4所示。

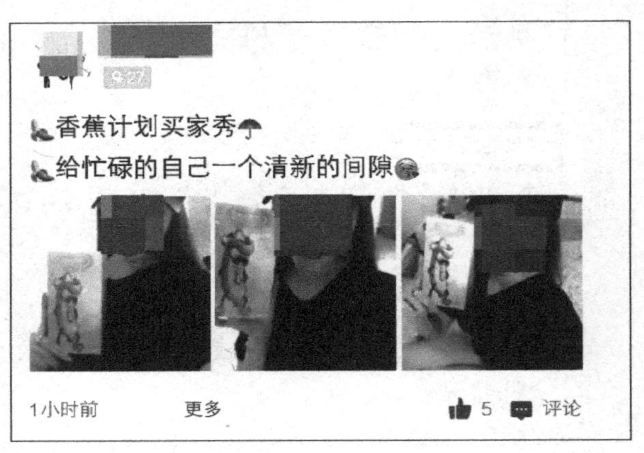

图9-4　QQ附近的人发表新鲜事

（2）新鲜事发布的内容审核非常严格，我们想要引流，只能通过优质的内容来打动别人来评论你的新鲜事或者找你私聊。

（3）充分利用新鲜事的评论功能。只要充分与附近的人的互动，新鲜事引流也就轻而易举了。

2. 热聊引流

QQ新推出的热聊功能，更像是通过相同的兴趣爱好，把天南海北的情投意合者集合到一起。

（1）选择热聊空间，进去之后和大家打招呼。如图9-5所示。

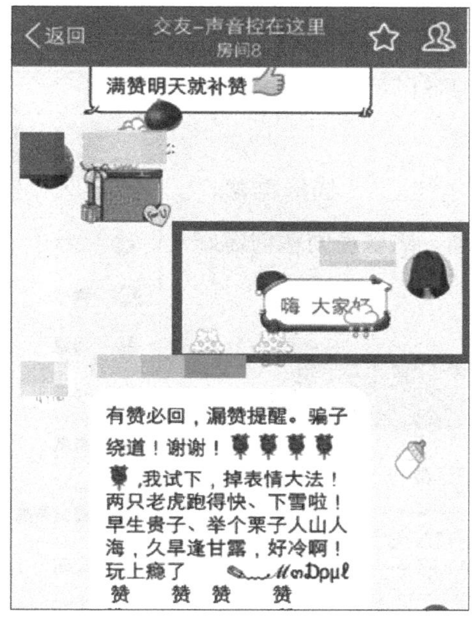

图9-5 热聊空间和大家打招呼

（2）不要直接宣传自己的产品，会让大家厌烦，前期可以发一些与房间主题相关的干货，引起大家的好感和关注。平时也可以多给大家分享一些相关的时事新闻，与大家一起评论。如图9-6所示。

图9-6 声音控热聊房间里分享的相关干货

（3）一段时间之后，可以请求大家私加好友，条件是可以推荐更多的干货、享受更多的福利。

当然，我们除了可以通过已经建好的热聊房间引流，还可以在交友等级达到LV4时自建热聊房间引流。

想要达到交友4级，可以上传真实的照片、完善资料、开通QQ会员、送出礼物、给附近的人点赞、向附近的人发消息、关注附近的人等，这些都可以提升自己的交友等级。

掌握了提升交友等级的技巧，交友等级达到4级就可以创建热聊房间引流了。

第一步，更新自己的QQ为最新版本。

第二步，登录QQ客户端，选择空间动态选项。如图9-7所示。

第三步，进入“附近”，选择群聊，点击右上角的创建选项，热聊房间就创建好了。如图9-8所示。

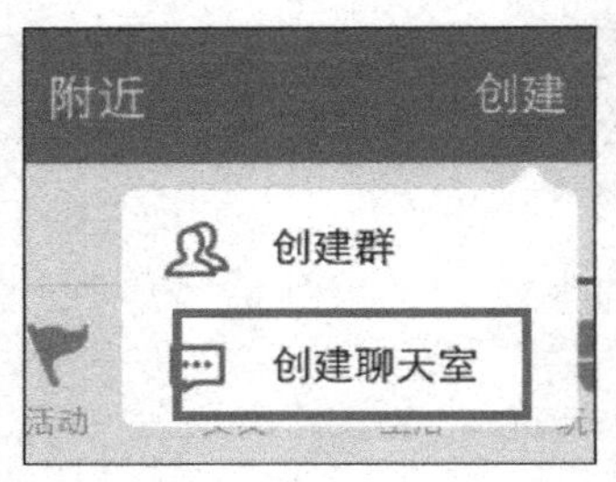

图9-8 创建热聊房间

图9-7 空间动态所在位置

3. 漂流瓶引流

QQ经历了多次革新，可是漂流瓶功能一直被传承了下来，可见热衷于漂流瓶的用户不在少数。

漂流瓶是可以单独设置头像和昵称的，想要更方便引流，我们可以参考QQ头像和昵称的设置规则。如图9-9所示。

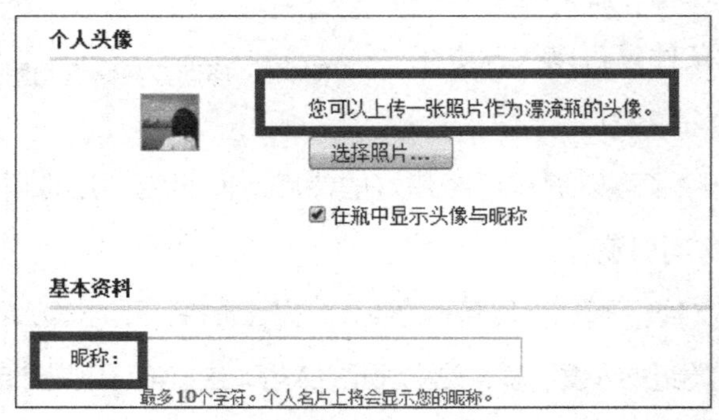

图9-9 漂流瓶个人基本信息编辑

（1）自由选择漂流瓶的类型，编辑内容，广告性质不要太强，用创意或者福利来吸引大家即可。如图9-10所示。

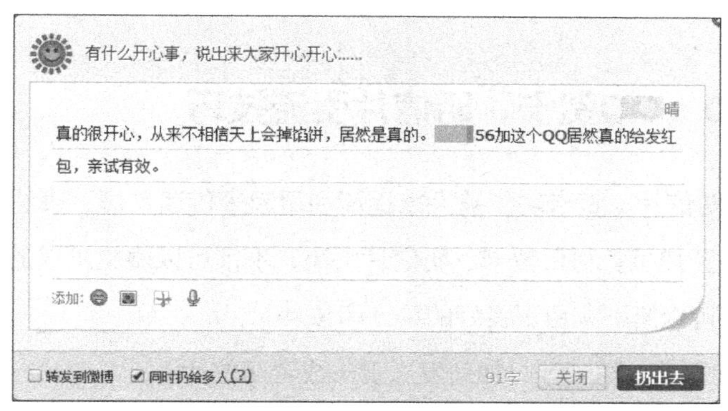

图9-10　漂流瓶类型及内容编辑

（2）实时查看“我的瓶子”的漂流状况，遇到有人回复，及时处理，多次沟通交流之后，就可以互加QQ好友了。如图9-11所示。

（3）漂流瓶的另一个功能是，自己下海去捞，可以就其发表的内容，做相应回复，你来我往，做不成闺蜜也可以是好友。如图9-12所示。

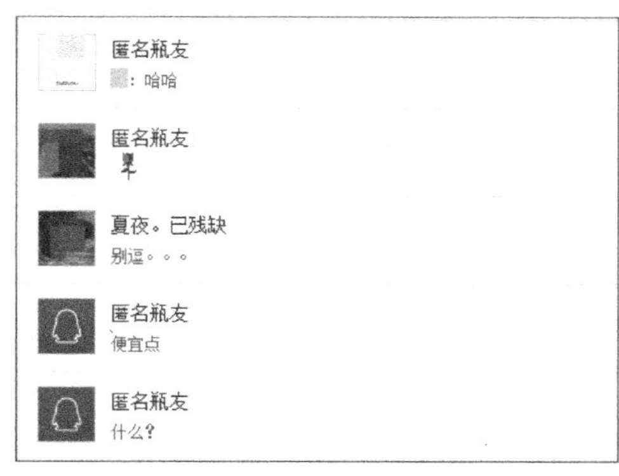

图9-11　回复漂流瓶信息

图9-12　捞到他人的漂流瓶

值得注意的是，漂流瓶最多的时候是晚上10点到11点，这个时候引流，效果会更好。

无论是“附近的人”，还是漂流瓶，引流都是需要技巧的，除了基本的语言内容技巧，每项功能如何操作也是至关重要的。

☞ NO.10　QQ贺卡、明信片引流技巧

当QQ的明信片、贺卡功能被大家逐渐利用起来传递友情、表达关怀后，也给电商发展提供了契机。利用贺卡、明信片引流，不仅可以避免发送的邮件被当作垃圾处理掉，还可以给别人留下良好的第一印象。

下面我们简单介绍一下，如何发送贺卡或者明信片。

1. 贺卡引流

首先，我们需要学会如何发送贺卡。

（1）登录QQ邮箱，单击贺卡。如图10-1所示。

（2）根据大众审美或者主题选择合适的贺卡，单击选中，可以预览，符合要求就可以直接发送了。如图10-2所示。

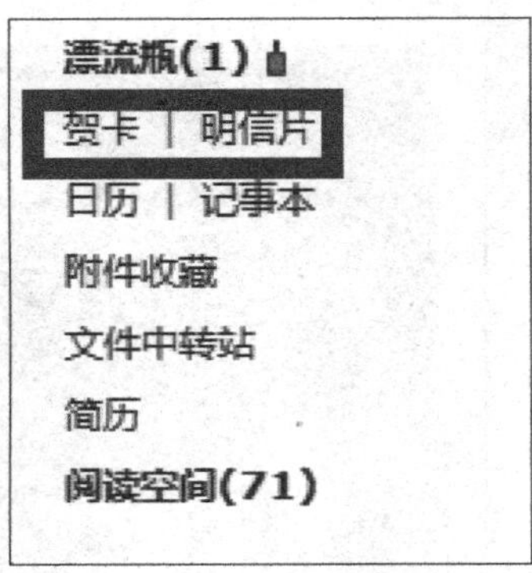

图10-1　QQ明信片所在位置

图10-2　预览并发送选中的贺卡

（3）系统会给你提供祝福语，这里我们需要修改一下，加上我们的基本信息，更方便与对方取得联系。如图10-3所示。

（4）输入收件人的邮箱地址，可以添加多人群发。如图10-4所示。

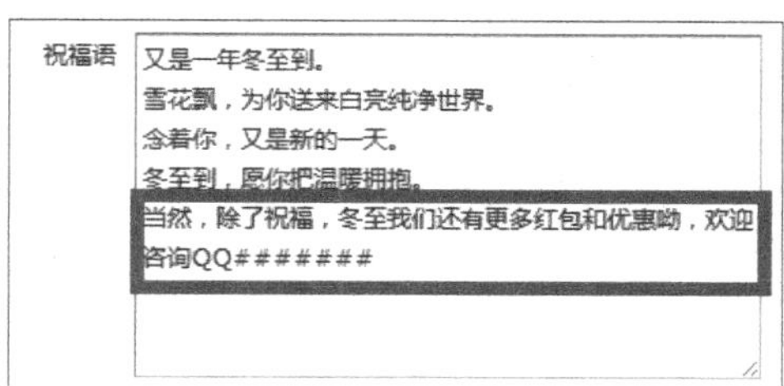

图10-3　编辑贺卡祝福语

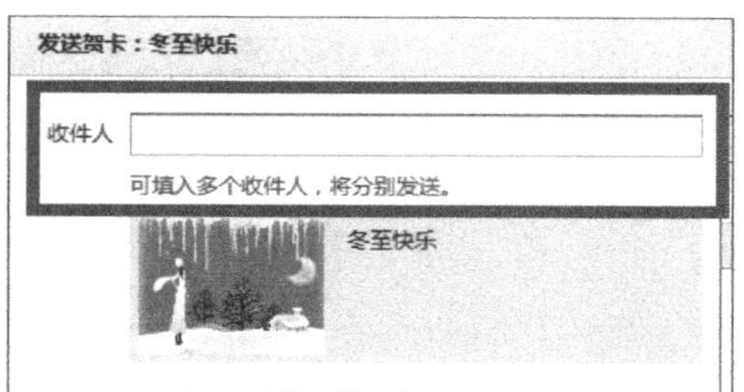

图10-4　添加收件人

（5）点击发送，可以是定时发送，也可以是立即发送。如图10-5所示。

大家收到了别出心裁的祝福礼物，对你也就产生了好感，关注你的祝福信息，就会了解到你的个人信息，与你取得联系，你也就实现引流了。

图10-5　发送贺卡

2. 明信片引流

发送明信片与发送贺卡是同理。需要注意的是，明信片有自定义功能，你可以自己选取照片，编辑文字制作。

（1）选择适当的明信片模板，并点击进入发送状态。如图10-6所示。

（2）选择上传自己中意的照片，同时可以编辑文字。如下10-7所示。

图10-6　选择明信片模板

图10-7　模板与上传照片后的明信片图案

（3）点击发送。如图10-8所示。

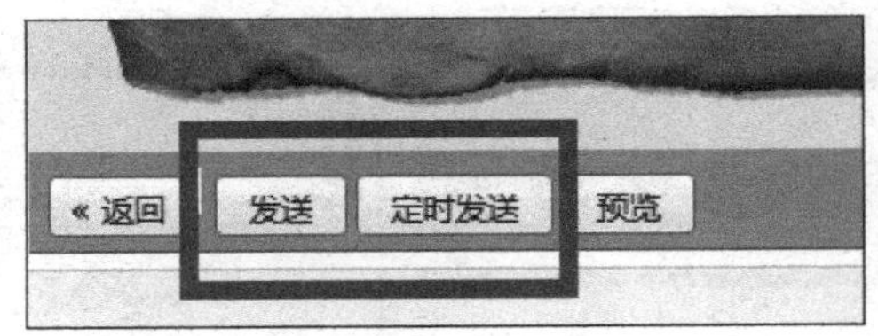

图10-8　明信片发送

贺卡与明信片操作起来很简单，画风也很受大家的喜爱，不仅可以实现引流，还可以很好地巩固与用户之间的感情，可谓一举两得。

☞ NO.11　QQ空间日志与相册引流技巧

我们每天都可以在QQ空间发日志，好友看到就会去浏览，觉得不错也会自觉转发。如此循环，你的日志就会被很多人传阅，也可以给你带来更多引流机会。

那么，关于空间日志，引流有哪些技巧呢？

1. 发表有价值的内容

在日志话题的选择上，最好是满足大众的需求，以引起大家的共鸣。大家为了获取更多的相关知识，自然就会关注你的空间日志，加你为好友。

例如，网络教育培训机构，在英语四六级备考期间发表的考试注意知识点，抓住了学生在考前积极备考的心态，便可以和考生产生共鸣。如图11-1所示。

图11-1　有价值的空间日志发表

2. 发挥头像的吸引力

除了自己发表日志，也可以去浏览别人的日志。这时候，在访问记录里，你的头像就会出现在列表里。这也是一个不可错失的引流机会。

关于头像的设置，可以选择一些与产品相关的图片。比如，减肥的人，头像就可以选择一些健美身材的图片，想减肥的人看到后，感兴趣的话就会联系你，你也就实现引流了。

3. 空间日志添加信纸

我们在空间推广日志引流时，图文结合的方式效果是最佳的，对提高用户的黏度大有帮助。

在日志发表的时候，如果你是黄钻用户，可以添加信纸作为文章的背景，营造与众不同的视觉效果，对引流可以产生推波助澜的作用。如图11-2所示。

图11-2　日志信纸应用

关于日志的引流技巧，其实就是从视觉和内容出发，为我们的宣传推广做好铺垫。

相对于日志来说，QQ相册引流的方法也是异曲同工。然而，想要赢得大家的关注，如何拍摄照片、拍摄什么样的照片都是至关重要的。

想要拍摄内容优质的照片，第一步需要确定主题，如产品发布会、个人旅游等，一定不能大量直接上传相关产品，否则效果会适得其反；第二步，掌握一定的拍照技术，如光线、角度、背景等。

除了需要掌握拍照的基本技巧，相册的圈人战略引流也需要去及时了解与学习。

（1）进入QQ空间。如图11-3所示。

（2）在发表的照片里，选择一张，点击进入图片大图。如图11-4所示。

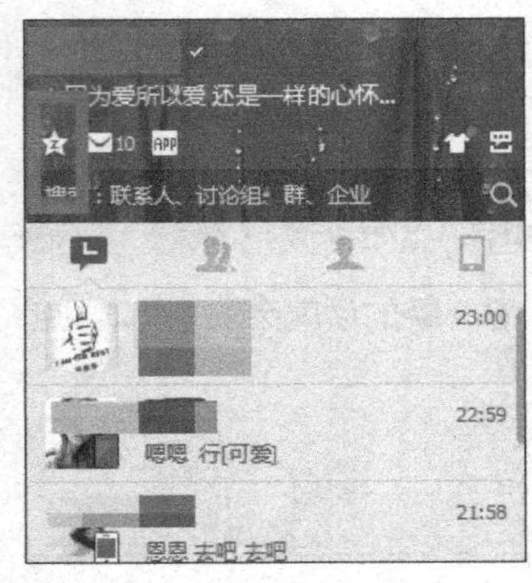

图11-3　QQ客户端空间所在位置　　　　图11-4　图片大图显示

（3）在图片右边，选择三个点的下拉表，选择圈人，输入QQ名即可。

在自己上传空间日志照片时，提醒大家查看，既可以让大家感受到你对大家的关注，又可以宣传推广你的产品，大家对你的生活感兴趣或者被你的用心感动了，都会主动加你为好友。

☞ NO.12　QQ空间留言与回复引流技巧

对于电商引流来说，QQ空间留言是最常见的交流方式，也是一片沃土，亟待开发。

1. 充分利用行业大咖QQ空间

留言、回复引流，自然要选择粉丝多的地方，才会有流量可引。

（1）通过百度等多渠道搜索相关行业的大咖QQ号。如图12-1所示。

（2）时刻关注大咖QQ空间状态，最好是第一个评论留言，这样你的QQ号就会显示在最接近内容的地方。

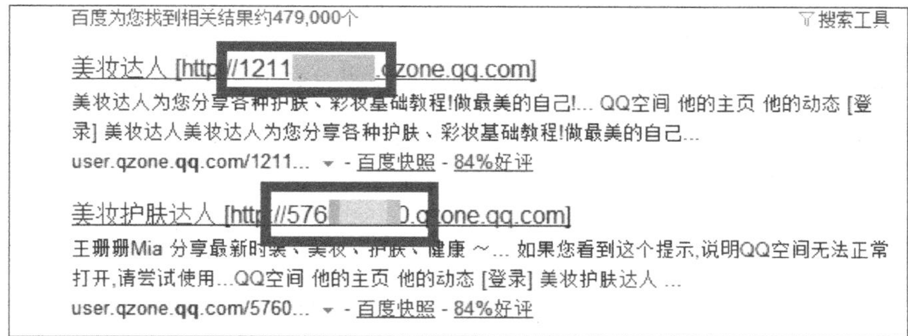

图12-1　搜索美妆达人QQ号

（3）多与他人互动、分享。彼此之间的交流，可以让大家更加信任你。如图12-2所示。

（4）留言内容最好是行业干货，或者是有质量的评论，吸引大家加你为好友。

通过利用行业大咖的热度，吸引其粉丝关注你，也可实现引流。

图12-2　留言里的彼此互动

2. 回复插入关键词

留言、评论的回复自然不能随随便便的，需要时刻注意的是，你是带着目的回复别人的。所以，我们在回复别人的时候，需要把自己的QQ号和相关信息的关键词插入，大家注意到了，就会关注你的QQ，加你为好友。如图12-3所示。

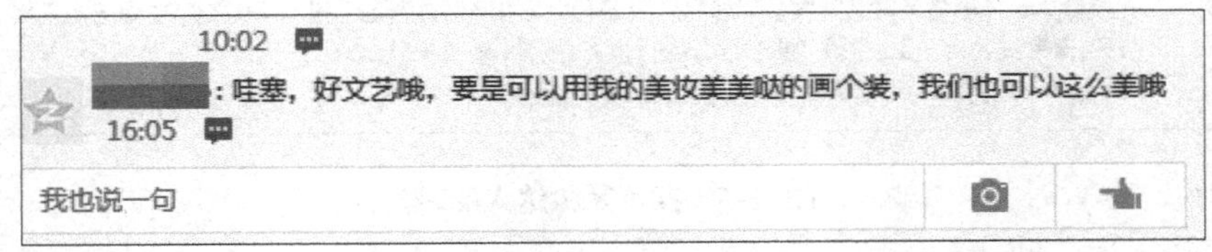

图12-3　回复插入关键词

其实，QQ空间留言和回复引流技巧的运用，源于自己对于所从事行业的足够了解，能够进行高质量的发言，从而实现引流。

☞ NO.13　QQ空间装扮引流技巧

不难发现，人群之中吸引大家注意的，总是那些精心打扮的俊男靓女。以此类推，想要在QQ空间引起大家的关注，实现引流，不精心打扮一番怎么能行？

图13-1　QQ空间所在位置

想要装扮空间，成为钻石会员是最简便的方式，但是长此以往，也是一笔不小的开支。其实，QQ装扮里总是会给大家提供一些试用装，对此我们可以充分利用。

1. 登录空间

登录QQ客户端，找到空间标志，点击进入。如图13-1所示。

2. 在空间里找到装扮，选择一键装扮

我们可以看到免费装扮的选项有三个：限免专区、标签搜索免费、向黄钻好友索要赠送。如图13-2所示。

图13-2 QQ空间装扮主页

3. 开始利用QQ空间图片装扮引流

（1）限免专区的装扮大多是有时间限制的，我们可以经常关注一下。如图13-3所示。

图13-3 限免专区的装扮

（2）进入装扮商城，找到右边搜索框，通过搜索“免费”，可以把装扮商城里的试用装搜索出来。如图13-4所示。

图13-4　装扮商城免费试用

（3）商城里支持向黄钻好友索要的装扮还是比较多的，选择图片，点击索要，按照提示填写信息即可。如图13-5所示。

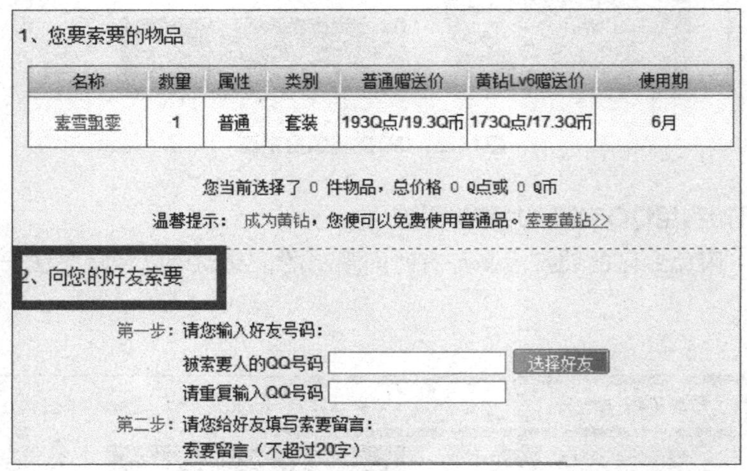

图13-5　向好友索要装扮编辑信息

点击保存，装扮就可应用到空间了。

4. QQ空间音乐装扮引流

上面我们介绍了如何用图片来装扮空间引流，其实还可以设置背景音乐实现引流。

（1）点击进入空间，选择音乐选项。如图13-6所示。

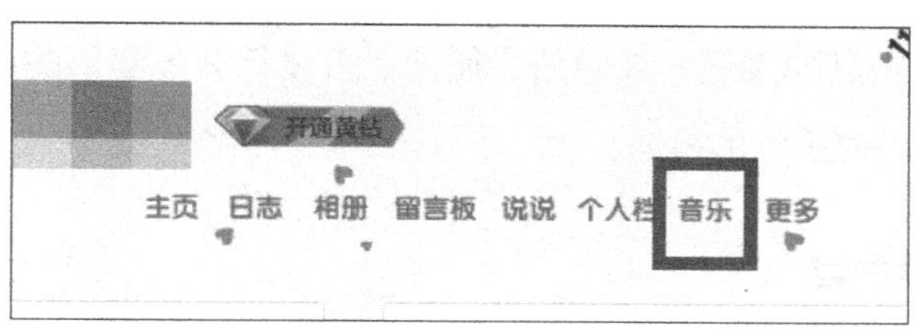

图13-6 QQ空间的背景音乐

（2）向绿钻好友索要免费赠送，也可以添加网络背景音乐。如图13-7所示。

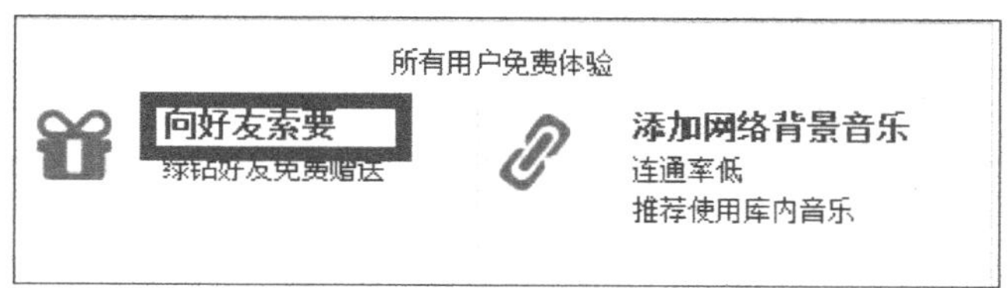

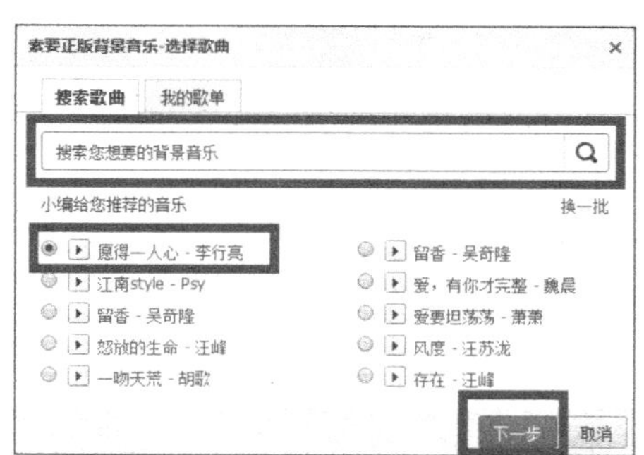

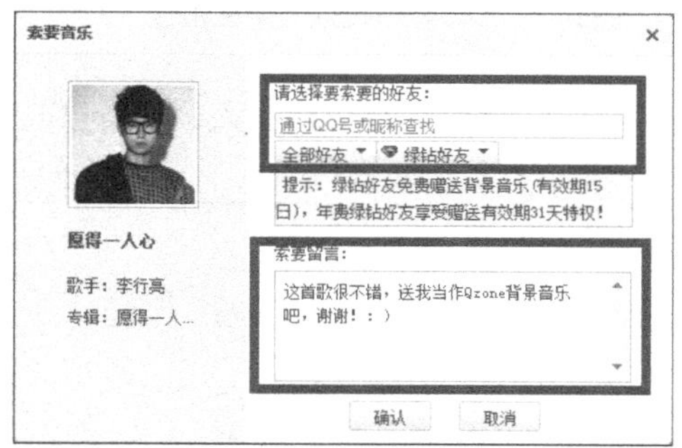

图13-7 向好友索要QQ背景音乐操作过程

（3）设置成功之后，就可以直接应用背景音乐了。

当大家留意到你的空间，在好奇心的驱使下，就会想多关注一下，而互加好友是最好的方法。

☞ NO.14 QQ空间分享引流

QQ空间的内容不再局限于单一的文字，而是图片、视频、定位等同步发展。

而且大家也喜欢把其他渠道，如微信、微博、百度等有趣实用的内容分享到QQ空间，这其中便蕴含着引流的机遇。

1. 查找分享内容

（1）登录QQ客户端，进入空间。如图14-1所示。

（2）进入空间列表，选择更多选项，点击进入。如图14-2所示。

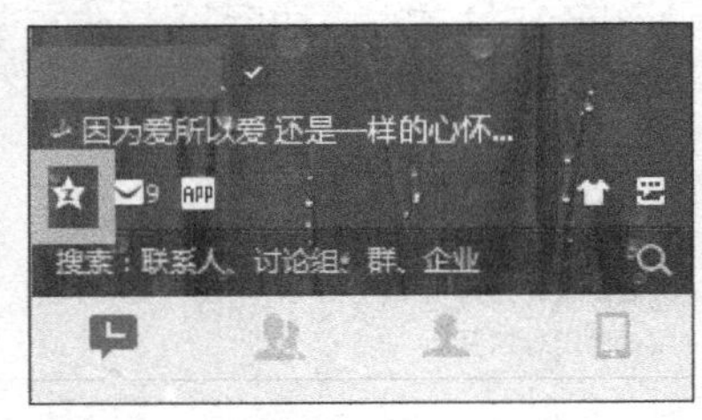

图14-1　QQ客户端空间所在位置

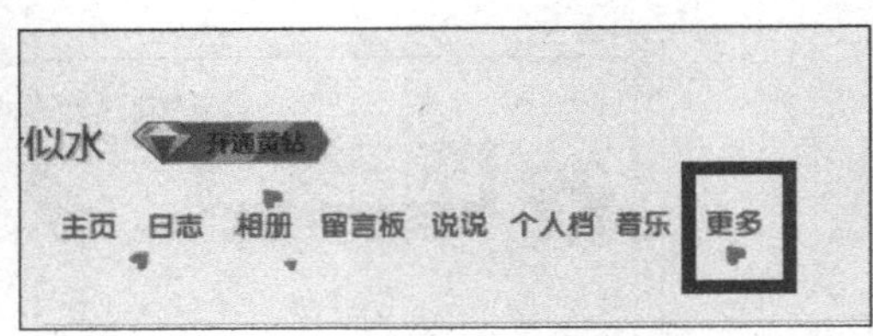

图14-2　空间应用列表

（3）选择分享应用进入，查看自己和好友的分享内容。如图14-3所示。

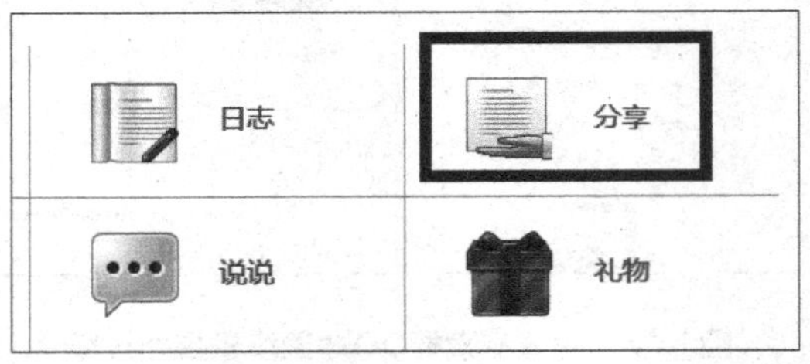

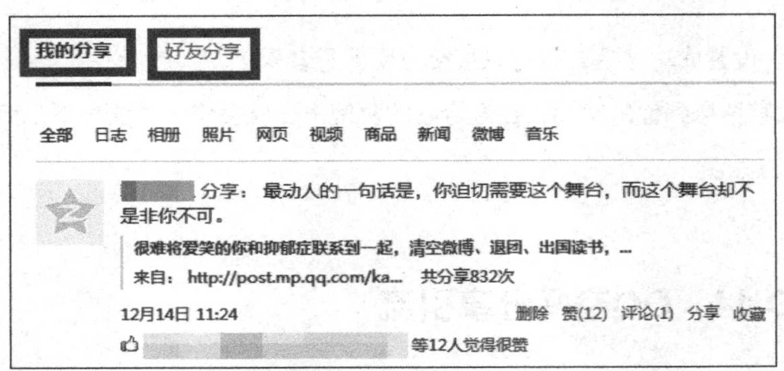

图14-3　空间分享应用

2. 分享引流

关于分享的内容，一般是从四面八方转发而来的内容，如今日头条、百度百科、豆瓣、网易新闻等，其中优质的内容都可以分享到QQ空间。我们以百度百科为例。

（1）结合商品涉及的行业，百度搜索相关浏览量比较高的内容。其实，美容养颜的搜索量一直是比较高的。如图14-4所示。

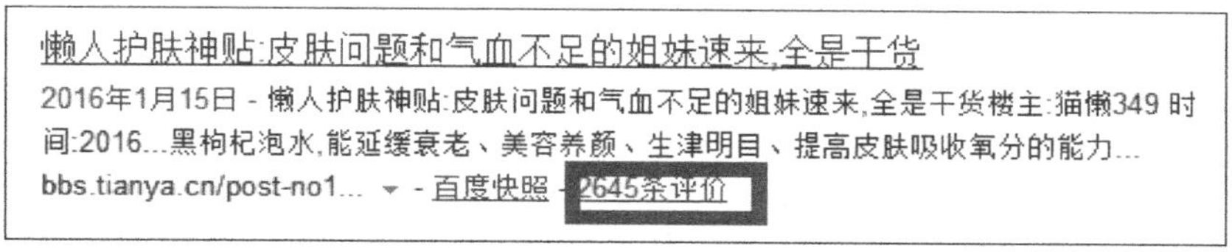

懒人护肤神贴:皮肤问题和气血不足的姐妹速来,全是干货
2016年1月15日 - 懒人护肤神贴:皮肤问题和气血不足的姐妹速来,全是干货楼主:猫懒349 时间:2016...黑枸杞泡水,能延缓衰老、美容养颜、生津明目、提高皮肤吸收氧分的能力...
bbs.tianya.cn/post-no1... - 百度快照 - 2645条评价

图14-4　百度百科浏览记录

（2）利用文章互动。文章底部点击评论，发表自己对内容的见解，并插入个人信息。当然，也可以点赞，或者在别人的评论下面发表一下自己对该评论的见解，彼此交流互动，植入宣传个人信息。如图14-5所示。

（3）分享到QQ空间。大家看到这篇文章如此高的浏览量，自然也会心动点击你的分享内容。如图14-6所示。

图14-5　百度百科的评论功能等

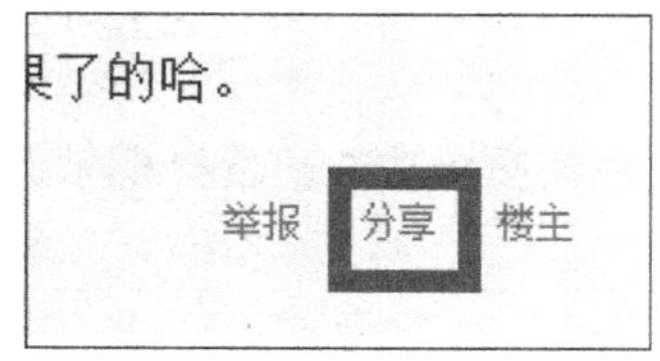

图14-6　百度百科分享功能

把各个渠道的优质内容分享到QQ空间，受到大家的关注，QQ的主人自然就会受到大家的青睐。想要时刻关注空间的分享内容，私加QQ就更方便，分享引流也就实现了。

☞ NO.15　QQ空间视频引流技巧

视频与QQ空间联系起来，对引流也是很有帮助的。有的视频可以一键分享到QQ空间；有的却不具备分享功能，但很有价值，如何将这些上传到QQ空间呢?

1. QQ空间如何上传视频

（1）进入QQ空间，选择发表日志。如图15-1所示。

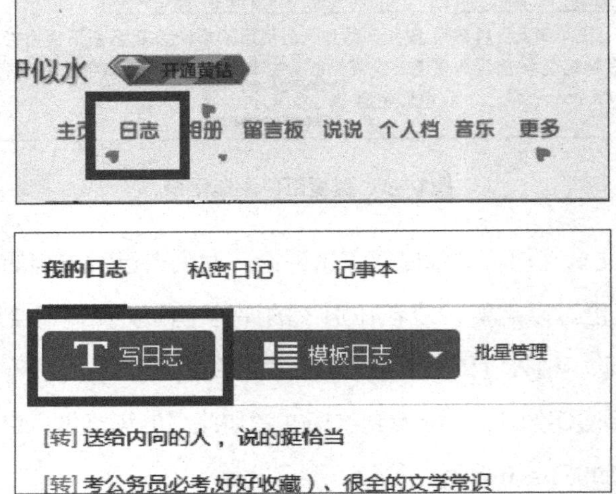

图15-1　QQ空间发表日志

（2）点击高级功能，选择视频选项。如图15-2所示。

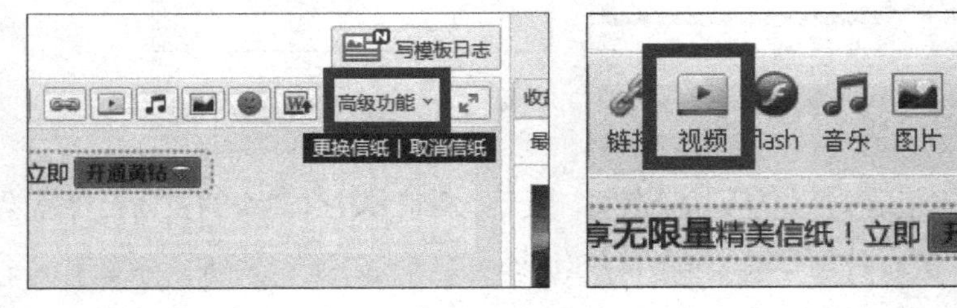

图15-2　日志插入视频选项

（3）选择网络视频，把网址粘贴在搜索框，也可以依据自己的需求确定视频的长度，点击确定即可。如图15-3所示。

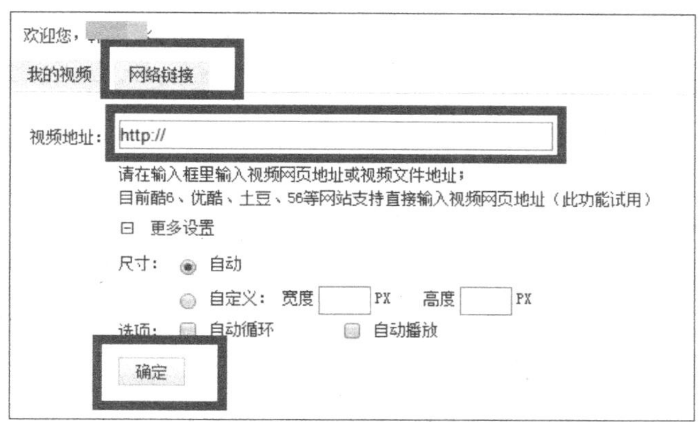

图15-3　网络视频网址粘贴

（4）在日志列表，点击发表即可。如图15-4所示。

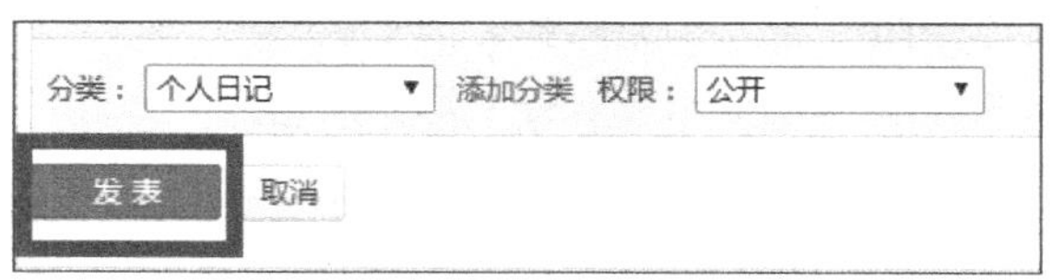

图15-4　发表日志

2. 如何通过空间视频实现引流

掌握了发表视频的技巧，如何利用视频实现引流变得至关重要，下面给大家介绍一下。

（1）借力热点。

例如，每年的米兰时装周都是时尚界的热点新闻，如果能够在QQ空间上传应时的相关视频，点击量会暴涨。

再比如，院线电影的更新速度一般都需要很长时间，可是很多人想看又不愿意进电影院。你就可以多关注一些公众号、网盘等电影的更新，并上传到自己的QQ空间，就可以收获大量粉丝了。

当然，我们也可以预测热点，百度搜索当下热点的相关视频，分析判断之后，加以操作分享。如图15-5所示。

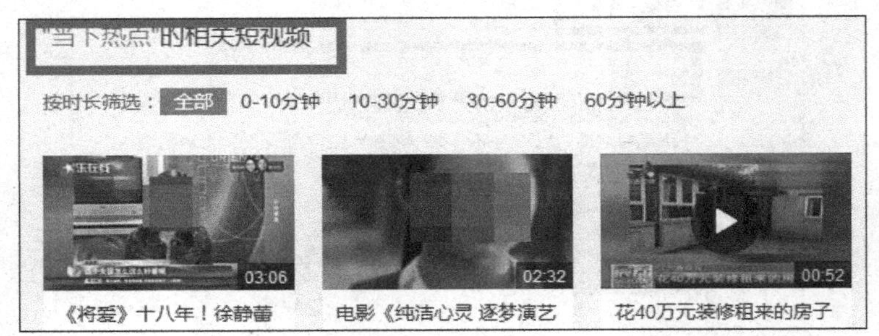

图15-5 百度搜索热点视频

（2）视频内容“病毒”传播。

对于视频内容引流，除了增加点击量之外，还可以诱导分享，即将个人信息软植入视频内容。具体操作步骤，可以参考以下内容。

下载相关产品的使用视频、干货分享、行业动向等。

把自己的QQ号、空间网址等相关信息，利用PS技术植入视频。

各种渠道“病毒式”宣传视频，但是在视频的开头标明，转发即可观看。

大家为了看到视频，一般就会按照指示转发，也就扩大了观看视频用户的基数。如此反复，看到视频的人就越来越多，大家对视频感兴趣就会进而关注QQ主人。

☞ NO.16 添加QQ群引流技巧

想要获得更多的流量资源，添加QQ群是个不错的方法。

1. 搜索查找添加QQ群

想要添加QQ群，很多群号是可以直接利用的，添加引流即可。

（1）根据QQ号查找。

第一步，登录QQ客户端，选择主面板下面的查找选项。如图16-1所示。

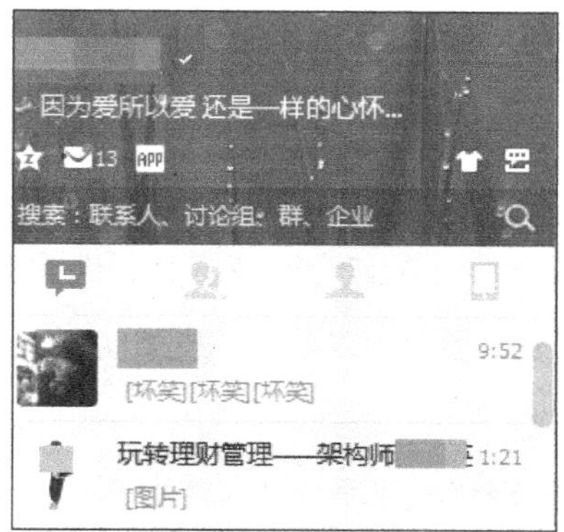

图16-1　QQ主面板查找选项

第二步，输入QQ号，点击搜索图标。如图16-2所示。

图16-2　已知QQ号搜群界面

第三步，精确找到群就可以点击加群选项，申请加群了。如图16-3所示。

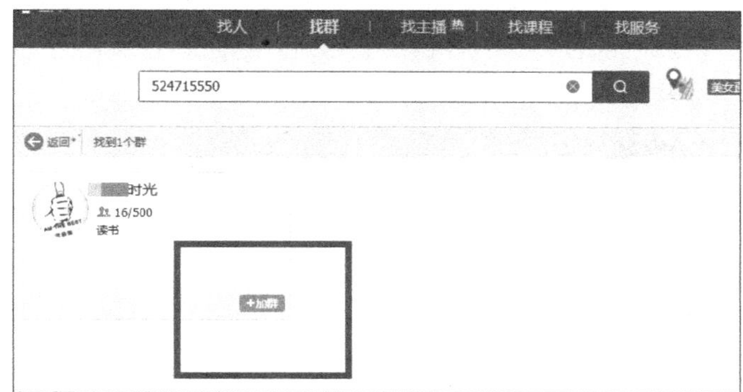

图16-3　申请加群

第四步，需要填写加群消息的话，直接和未来的群友打个招呼，或者针对不同类型的群填写入群目的，如读书群，就可以写上“分享读过的好书”，这样申请信息通过概率会更高。

我们直接搜索QQ号找群，对其会比较了解，经常和群友聊天、分享相关内容，大家就会逐渐熟络起来，彼此建立信任，也就实现引流了。

（2）添加相关推荐群。

第一步，登录QQ，选择查找选项，进入查找界面。

第二步，输入相关信息，例如，你从事的是美妆行业，直接输入护肤。如图16-4所示。

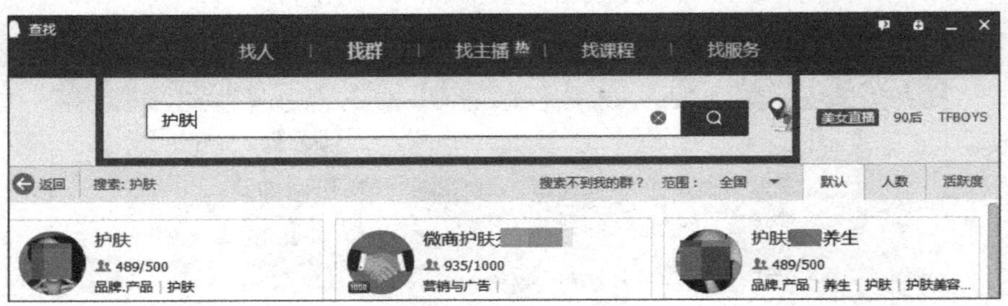

图16-4　关键字搜索QQ群

第三步，选择加群，填写申请信息。如图16-5所示。

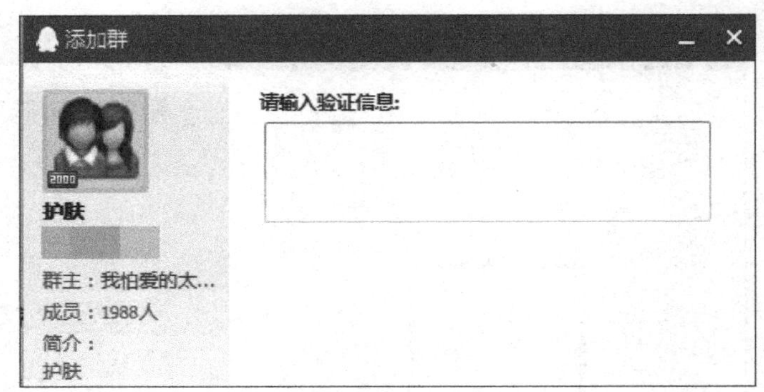

图16-5　填写加群信息

第四步，发送申请，等待审核即可，这样的群一般很容易加进去，其本身就是交流分享。

此类的QQ群具有明显的兴趣爱好特征，我们引流的方向也就更明确。平时和大家分享相关干货，私聊群友分享相关优惠活动，群友也会很乐意参加。切忌直接在群里发送广告，否则就会被清理出群了。

2. 群克隆技术引流

当我们拥有了一定数量的群，就可以通过克隆技术和大家交换群了，这样我们的群资源就实现了裂变式发展。

（1）开通QQ会员，自己的QQ号也就拥有了克隆功能。

（2）利用QQ关键字查找功能，搜索克隆加人的QQ个人号或群号。

（3）双方交换QQ账号和密码，把自己的资源克隆到对方的QQ号上即可。

（4）克隆完成，我们的QQ群资源交换也就完成了。

交换了QQ群资源，我们再通过搜索群号入群，引流过程复制上面提到的方法，引流也就实现了。克隆最大的意义在于，让我们的QQ群资源成倍增长。

3. 批量添加QQ群注意事项

一次性加群太多，总是会出现死机或者被限制入群的状况。那我们在添加QQ群时，有哪些注意事项呢?

（1）添加一定数量的群，需要把路由器关闭后，再重新开启，这样你的QQ就会改变IP地址，避免因为重复加群而被屏蔽。

（2）一台计算机最好挂3个QQ，登录20分钟后开始加群。一般加3个群左右你的QQ就需要休息5分钟，否则腾讯官方就会限制QQ的使用。

（3）一般整个过程重复2～3次就需要重新启动路由器，重新登录QQ客户端，以保证QQ的使用寿命。

添加QQ群引流，可以先从一些早晚的问候、知识的分享、福利诱惑等开始，吸引大家的关注，进而实现引流。

☞ NO.17　QQ群“AB”引流术

身边有无数的QQ群，如果你是做营销引流的，里面有几千万的资源，是取之不尽，用之不竭的。

1. 打开手机QQ，进入QQ界面，点击联系人，群聊，进入群聊界面。如图17-1所示。

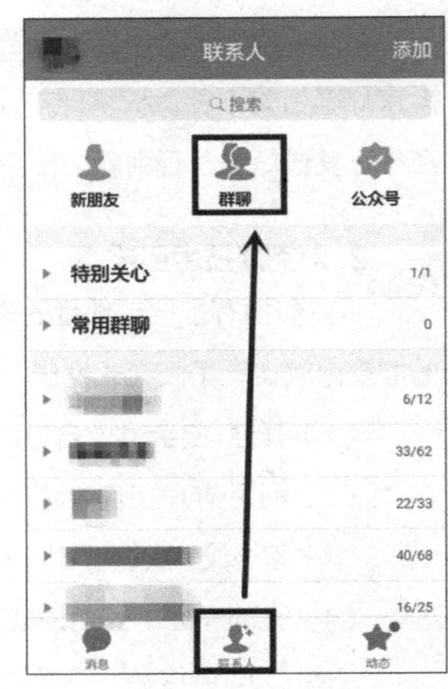

图17-1　进入群聊界面

2. 点击右上角横线处，选择“查找群”。如图17-2所示。

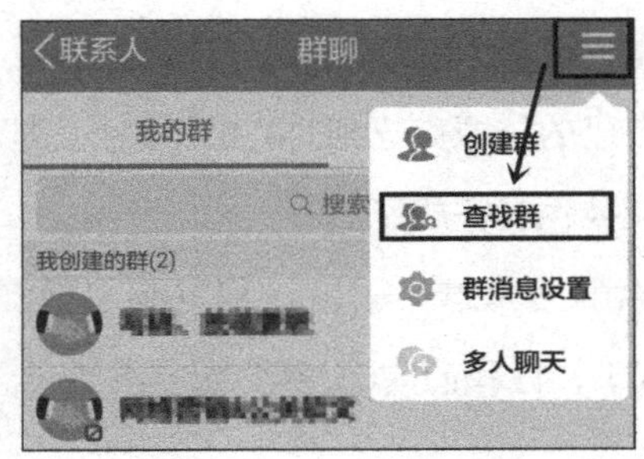

图17-2　进入“查找群”界面

3. 可以选择“查找群”，也可以在热门分类中寻找，更可以查找附近的群。如图17-3所示。

图17-3　选择需要查找的群

4. 输入需要查找群的关键词，如营销引流。如图17-4所示。

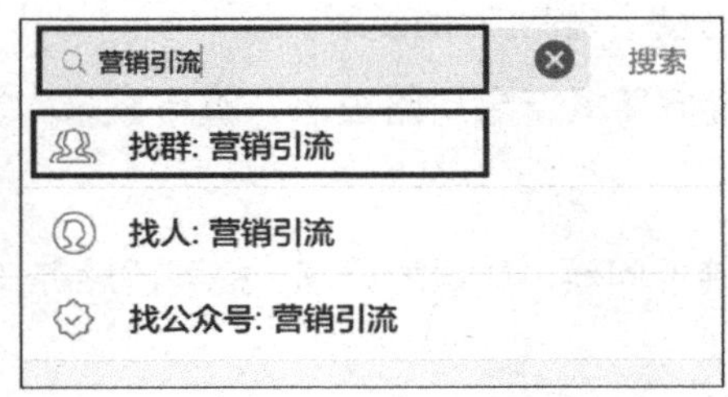

图17-4　键入关键词

5. 搜索后，你会发现有很多相关的群，可以选择合适的群加入。不过，要对比各个群的活跃度，注意群标签，然后选择活跃度最高的群。如图17-5所示。

图17-5 选择需要加入的群

准备两个QQ号，A号和B号加入这个QQ群，A号进去之后活跃一点做一个自我介绍：

A：“大家好，我是新来的，非常高兴加入这个群。”

B号出来配合一下：“欢迎欢迎，你是做什么的啊？”

A马上做自我介绍：“我是来自XX公司专门做引流推广的，今天非常高兴进入这个群，希望跟你们成为朋友。”

B马上很激动：“哎呀，大姐，我咨询你一个问题好吗？我是做营销的，但是为什么销量一直上不去？什么引流方法比较好？”（注意：这里起到烘托群里氛围的作用）

然后A号进行完美的解答，B号马上开始问问题，A号再进行完美的解答。如果不出意外，如此连续两三天后，你的A号会迅速成为这个群的红人。

当你成为这个群的红人之后，果断退出话题，留下一句话，“各位不好意思，马上出差去外地搞客户联谊大活动，你们可以加我的QQ号XXX、微信号XXX，我很少上网，以后有什么问题可以通过微信来问我！”

你会发现这个群的在线成员很多都会来加你，然后你果断进入下一个群复制以上的过程。也就是说，搜索并加入与你需求相关的QQ群，被动或主动加他们，这些都是你的精准客户。

有的人会问：问题是我没有太多营销引流知识，怎么办？很简单，“百度一下”就搞定了，微信聊天不像打电话需要马上回答，你有充足的时间找答案，你也可以编造忙的借口，晚一点再回答。凡事不懂就百度，这个道理应该人人都明白吧！

☞ NO.18　自建QQ群引流技巧

说到吸引精准粉丝，QQ群一直是个不错的地方。但想要充分利用QQ群功能，有效实现引流，在别人的地盘上始终会受到限制，因此不妨自建QQ群引流。

自建QQ群的三大优势：一是与加入其他QQ群相比，自建QQ群的内容推广相关限制更少，操作更简单；二是对群友相对比较了解，更利于对粉丝进行分类，实现引流；三是群成员之间互动性更强，群活跃度相对较高，成本也更低。

1. 如何自建QQ群

自建QQ群，其实并不是什么难事，下面给大家简单介绍一下。

（1）登录QQ客户端，选择群栏标志。如图18-1所示。

图18-1　QQ群栏标志

（2）在群栏选项里，点击创建，选择创建群。如图18-2所示。

（3）明确分类，选择其中一个，填写相关信息。如图18-3、图18-4所示。

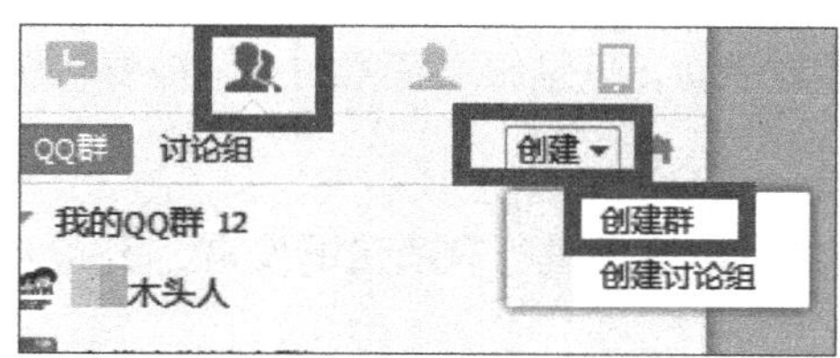

图18-2 创建QQ群

图18-3 群分类

图18-4 添加信息

（4）点击下一步，选择拉入群的好友，完成创建。

2. 自建QQ群如何实现引流

（1）充分利用群主的号召力

第一步，拉社交关系比较广的QQ好友入群，组成QQ群人数的基数。

第二步，群昵称等级分类，号召自己的QQ好友拉自己的好友入群，按人数区分等级，并且可以获得相应的福利奖励，如红包、优惠券等。

第三步，新加入的好友，同样可以参与活动，只是领取获得的奖励需要私加群主好友。

第四步，QQ群里人数足够多时，群主可以经常进行有质量的发言，引起大家关注。

（2）有效利用粉丝定位。

第一步，群主对于成员的兴趣爱好进行了解。

第二步，根据粉丝的兴趣，分享一些干货、小故事或者时事热点，维护QQ群的活跃度，并告诉大家想要更多内容可以加群主QQ私聊。群主可以把二维码、QQ号等内容分享到群里，让大家加起来更方便。

（3）充分利用QQ群资源。

自建QQ群，群文件、群视频、群聊天等，都是可以充分利用的，上传一些相关内容，通过群功能的各种渠道一起推动，引流自然也就容易很多。

☞ NO.19　QQ群论坛引流技巧

移动社交时代，QQ群和论坛的地位举足轻重。如果两者相互搭配，又会产生怎样的引流火花呢？

1. QQ群论坛发帖

（1）找到QQ群，右击图标，选择访问QQ群空间。如图19-1所示。

（2）选择你想进入的群论坛的QQ群。如图19-2所示。

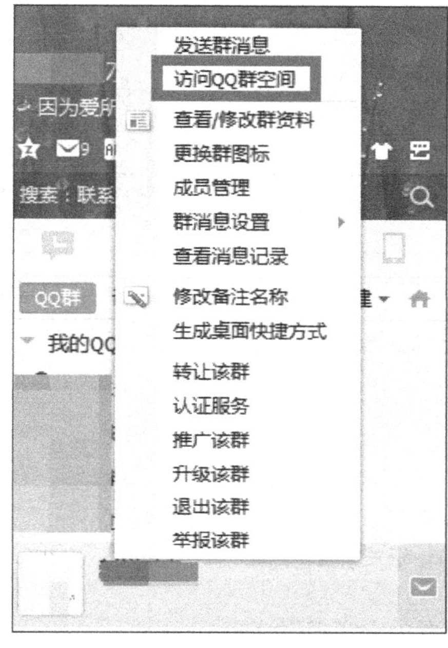

图19-1 访问QQ群空间

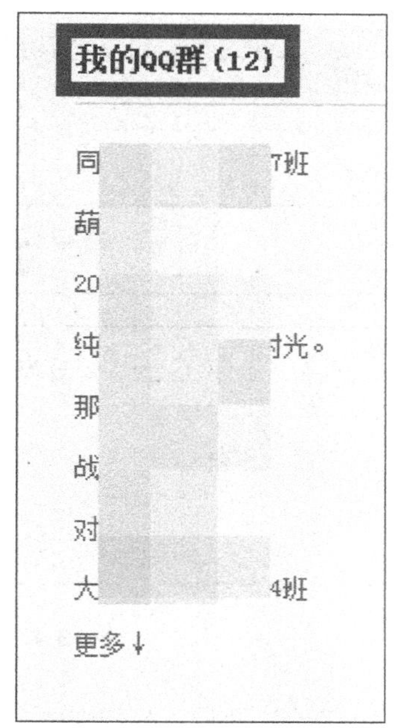

图19-2 QQ群列表

（3）点击论坛图标，进入QQ群论坛。如图19-3所示。

图19-3 论坛图标

（4）点击发帖，即可进入帖子的编辑界面了。如图19-4所示。

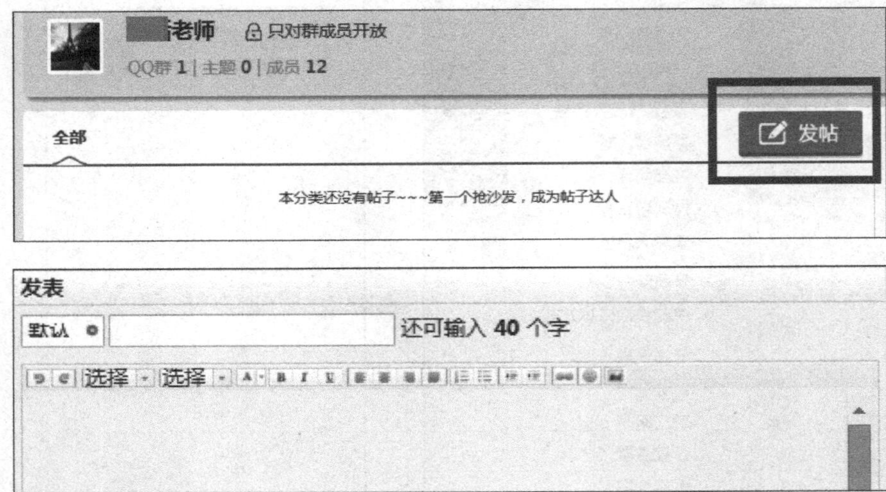

图19-4　QQ群论坛发帖编辑界面

学会了论坛发帖，我们应该分享哪些内容实现引流呢？

时事热点，做到新、快、全面。

相关评论，发表自己独特的见解。

真实、有趣的生活琐事。

掌握了QQ群论坛发帖子的技巧，那我们应该如何实现引流呢？当然是把论坛信息分享出去。

2. 分享引流

（1）我们在论坛成功发表帖子后，出现的界面中有分享选项，可以选择自己想分享的地址。如图19-5所示。

图19-5　论坛帖子发表

（2）点击其中一个图标，内容就分享出去了。以QQ为例，在出现的下拉列表里，选择想要分享的QQ好友、QQ群即可。

可以说，这也是一种四两拨千斤的引流技巧。

☞ NO.20 QQ群文件与相册引流技巧

想要引流，取得大家的关注至关重要，那我们应该如何打造吸引人的QQ群文件和相册呢？又有哪些注意事项呢？

1. 确定内容范围

想要通过群文件、相册实现引流，必须了解哪些内容才能够吸引大家的关注。

（1）行业相关的干货或者一些新闻图片、客户分享的信息等。

（2）线上线下活动的相关内容、照片，或者分享相关福利等吸引大家关注。

（3）可以“无意”上传一些个人资料，增加大家对你的信任。

在QQ群里上传这些内容，会起到潜移默化的效果，逐渐引起大家的兴趣。

2. 如何植入个人信息

在QQ群里上传这些内容，当然是有目的性的，是为了让大家能够及时地加你为好友，群文件和相册里都需要软植入你的个人信息。

（1）背面加水印，充分利用颜色设计，与文件和照片融为一体。

（2）编辑一些小笑话，把自己的信息编辑进去。

（3）把信息作为案例加到文件的内容介绍里。

通过信息的软植入，大家了解到我们账号的信息，如果感兴趣的话，实现引流就更方便了。

想要吸引更多的人关注群文件和相册，可以通过多种渠道、方式进行宣传，如微博、微信、论坛等。

大家对于QQ群文件和相册的关注，加上个人信息的植入，实现引流指日可待。

☞ NO.21　QQ群话题引流技巧

QQ群里面人很多，也很热闹，但想要做活动，或者实现引流，必须发起共同话题，拉近彼此的心理距离。

1. 自建QQ群发起话题

（1）把自己的QQ群按照组成的目的分类，这样大家的兴趣爱好就会比较清晰。如图21-1所示。

了解QQ群的目的、功能，并对群成员有一定的了解，然后讨论一些大家普遍感兴趣的话题，大家就会比较积极地参与讨论，QQ群自然也会热闹起来。

（2）利用讨论的机会，进行一些有质量的发言，吸引大家的注意力，让彼此熟络起来，进而互相加为好友。

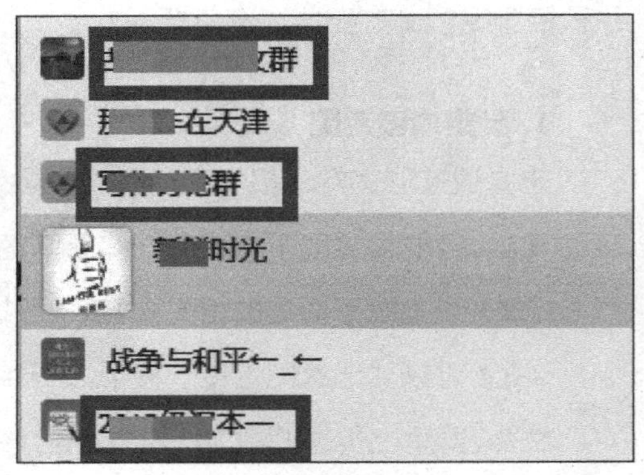

图21-1　QQ群列表分类

2. 添加QQ群发起话题

相比建QQ群，添加他人QQ群最大的不同是对群成员不了解，还要受到群主和管理员规定的限制。

下面举个例子来说，以加入相关的讨论写作群为例。加入写作讨论群，大家的目的是提高写作水平，多学习一些知识。所以，我们就要根据这些需求，发起有针对性的话题。

（1）发表群话题，和大家讨论相关的写作技巧。例如，如何写好结尾。

（2）把自己的QQ号加在话题里，但是不要直接添加“加我”“私聊”等字眼，以免被群主或者管理员屏蔽。

（3）积极和大家分享、讨论不同的写作方法，用幽默的口吻发表一些有质量的观点，吸引大家的关注。

（4）大家彼此交流学习，熟络之后互加好友也就顺其自然了。

无论是自建QQ群引流，还是添加他人的QQ群引流，兴趣都是至关重要的。

3. 发起群话题的流程步骤

（1）打开QQ，选择一个QQ群，在输入的选项栏里选择“+”标记。

（2）浏览下设选项，选择“话题”点击进入。如图21-2所示。

（3）输入相关的话题内容，可以发表文本、图片、定位。如图21-3所示。

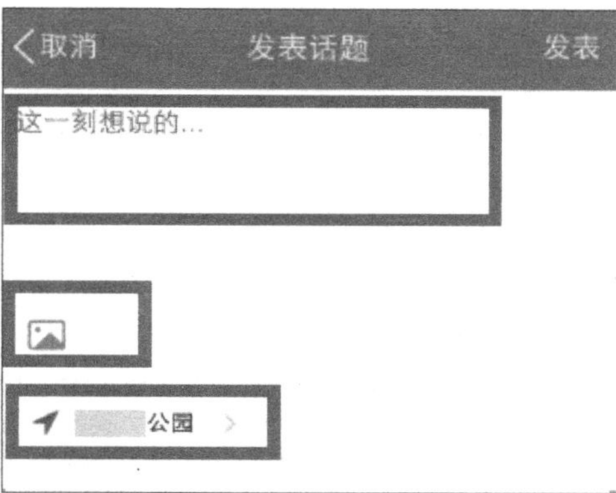

图21-2　话题所在位置

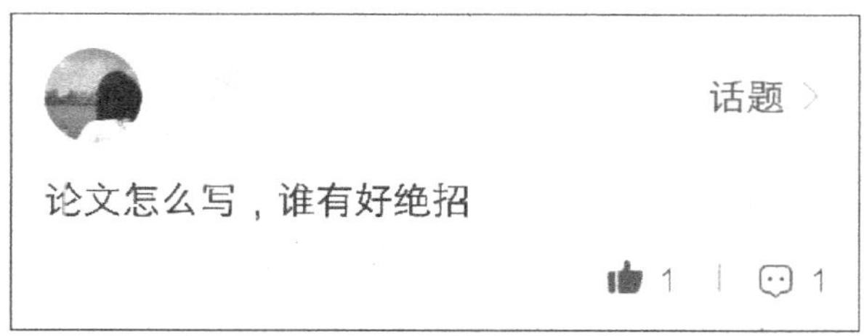

图21-3　话题编辑发表

QQ群话题引流，首先要确定能调动大家积极性的主题，正所谓好的开始等于成功的一半。

☞ NO.22　营销QQ引流技巧

营销QQ是企业在线客服与营销的平台，但是营销QQ的粉丝也不是从天而降的，实现引流依然需要掌握技巧。

1. 营销QQ如何吸引粉丝

想要引爆自己的营销QQ，吸引更多的粉丝，就要通过营销QQ更好地展示自己，用优质的内容和便捷的操作留住粉丝。

（1）注册一个营销QQ号，也可以承租别人的。

（2）详细填写QQ信息，增加可信度，设置自动的欢迎语，让大家宾至如归。

（3）加好友。营销QQ每天拥有1 000个加好友名额，这可是一笔不小的流量。

第一步，总结行业大咖QQ空间里的粉丝，你就拥有了大量的潜在粉丝。

第二步，收集整理总结出的QQ号，开始加好友，添加的和被拒绝的要分类记录好。

第三步，发送申请消息，要注明共同的兴趣爱好，或者直接用自己的昵称、老同学、好朋友等，事实证明这样QQ的通过率会更高。

有了一定的粉丝基础，就可以开展相关活动。例如，拉好友分红包，人数越多，红包额数越大，充分调动大家的参与积极性。

对于没有申请记录信息的粉丝，可以通过分享相关知识干货的方式重新吸引他们的注意。

2. 营销QQ如何实现粉丝的二次扩张

粉丝的裂变式扩张是很多电商梦寐以求的引流效果，可是没有日常的维护，哪来的口碑宣传？

所以，我们需要定时举办优惠活动，发送优惠信息，让粉丝可以把福利送给亲朋好友，也可以扩大自己的粉丝队伍。

例如，女装电商可以搞一次线下联谊，粉丝可以带自己的朋友一起参加，大家可以交流分享服装搭配心得或者小妙招。这样既可以为自己以后的营销QQ内容夯实基础，又可以增加与粉丝之间的凝聚力，一举两得。

当然，这是一个需要长期坚持的工作，半途而废只会收获甚微。

☞ NO.23 QQ兴趣部落引流技巧

如果你还在为自建了一个QQ群却少有人加入而苦恼，那么QQ兴趣部落的出现，似乎为你扫清了需要一个个邀请好友的麻烦。因为QQ兴趣部落通过把你的群与相关的部落关联起来，可以让有共同志趣的好友们主动加入你的群，进而通过部落人气你便可轻松获取大量的QQ好友。

1. 成为QQ部落的酋长

在这种类似社区的交流中，往往是等级越高，影响力也就越大。而要想提高在部落的影响力，吸引更多好友，最有效的方法就是成为QQ部落的酋长。

（1）选择QQ兴趣部落。

第一步，找一些人气相对不是很高的部落，因为这种部落比较容易申请。

第二步，为申请酋长做准备，比如每天要在锁定的部落里保持活跃，还可以经常性地发表一些与部落相关的知识、干货，或者点赞、评论都可以，提高辨认度。切忌直接发布宣传广告，这样反而不利于申请部落酋长。

（2）申请部落酋长。

第一步，更新QQ到5.0版。

第二步，登录QQ客户端，切换到动态选项。如图23-1所示。

第三步，搜索相关的部落，关注然后进入相关部落。如图23-2所示。

第四步，选择申请部落酋长。如图23-3所示。

第五步，按照提示填写信息。如图23-4所示。

第六步，完成最后的提交，等待审核。

图23-1　兴趣部落所在位置

教育
部落
教育
教育改变生活！
成员 1.8万 今日话题 3
特殊教育
分享特殊教育经验
成员 3.3万 今日话题 0
教育联盟
赏识教育，亲子教育
成员 1.6万 今日话题 0
查看更多

图23-2　搜索相关部落

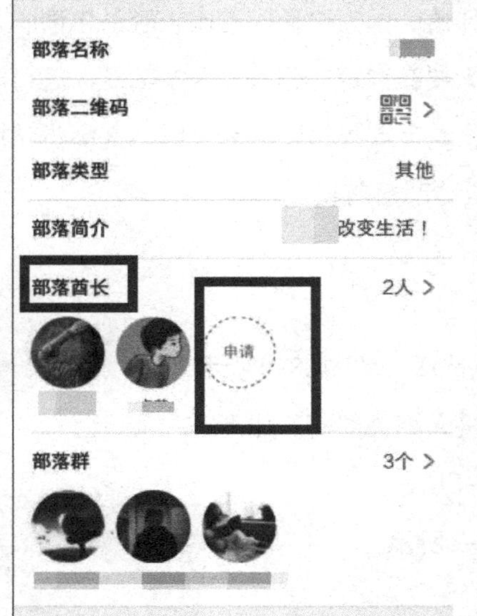

图23-3　申请部落酋长

图23-4　填写相关信息

需要提醒的是，即使酋长申请成功也不能直接发硬广，而要通过软文、干货活跃发言，然后再加人。

2. 利用QQ相关群

部落相关群，是根据兴趣部落的定位创建的相关的群，在部落页面最上方的位置。点进去就是这个部落的相关群，加入群之后有利于我们更好的引流。如图23-5所示。

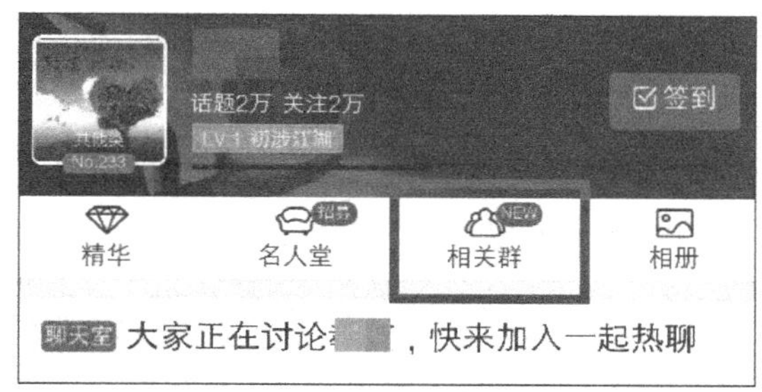

图23-5 相关群所在位置

QQ关联兴趣群是兴趣部落引流比较有效的方法。如果有条件的话，可以自建一个QQ部落群，这样你创建的群就会在兴趣部落相关的群中展现出来，相当于很多人会主动从兴趣部落中进来，从而实现引流。

（1）点进相关群的页面，选择“创建部落群”。如图23-6所示。

（2）编辑相关信息。如图23-7所示。

图23-6 创建部落群

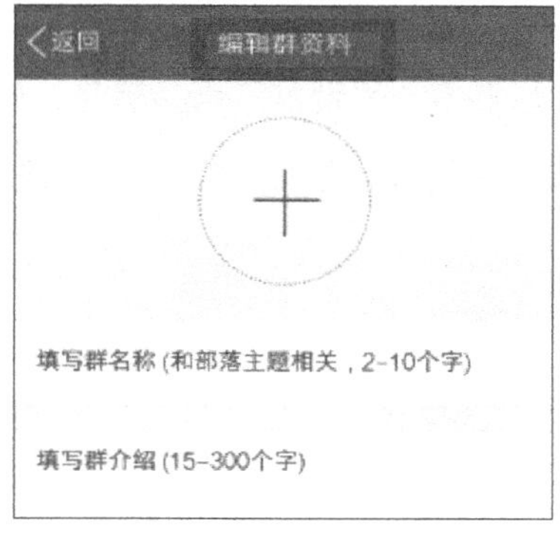

图23-7 编辑相关信息

需要注意的是，在填写的时候注意在名称和简介里突出自己的主题标签，群的名称不宜过长。

如果想让自己的群在部落群里排名靠前的话，需要提升群活跃度，活跃度上去了，排名自然也上升了。影响活跃度的因素有：QQ群容纳数量、发言人数、发言内容、相册浏览次数、评论次数、文件下载次数等。

（3）评论发帖。

评论和发帖也是部落里实现引流的一大途径。发帖的时候要注意发一些具有价值的帖子，而且一个好的标题很重要。同时，也可以和管理人员达成共识，让自己发表的帖子成为精华帖子。

平时要多在别人的动态下抢位留言，注重和部落的人员互动，同时在评论中巧妙地留下自己的联系方式。切忌太直接，可以在数字之间加上几个符号或者把数字改成相同读音的汉字。

QQ兴趣部落引流是新兴的引流方式，如果运用得当，也会成为营销的一大利器。

☞ NO.24　腾讯广点通引流技巧

广点通的出现让多方面、多方式投放广告变成了现实，因此受到电商的热烈欢迎。

1. 开通广点通

我们想要多个平台推广商品信息，注册广点通是个不错的方法。

（1）百度搜索广点通官网，点击进入。如图24-1所示。

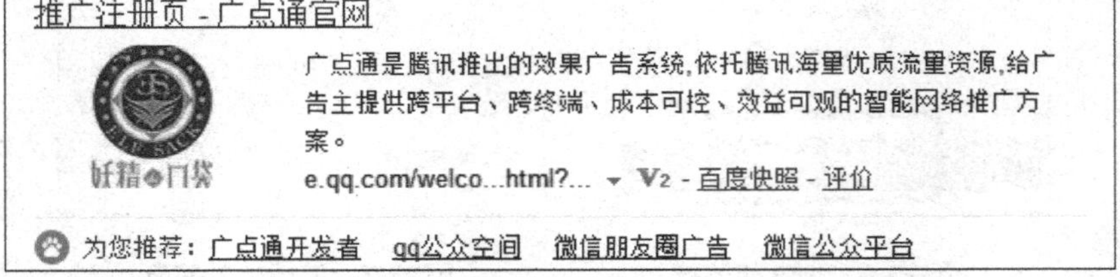

推广注册页 - 广点通官网

广点通是腾讯推出的效果广告系统,依托腾讯海量优质流量资源,给广告主提供跨平台、跨终端、成本可控、效益可观的智能网络推广方案。

e.qq.com/welco...html?... V2 - 百度快照 - 评价

为您推荐：广点通开发者　qq公众空间　微信朋友圈广告　微信公众平台

图24-1　百度搜索广点通

（2）进入广点通主页，申请立即开通。如图24-2所示。

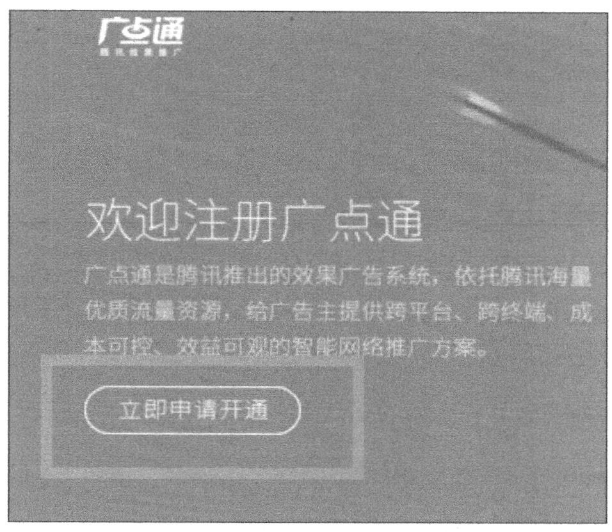

图24-2 申请开通广点通

（3）选择关联广点通的QQ号。如图24-3所示。

图24-3 选择登录QQ

（4）填写相关基本信息。如图24-4所示。

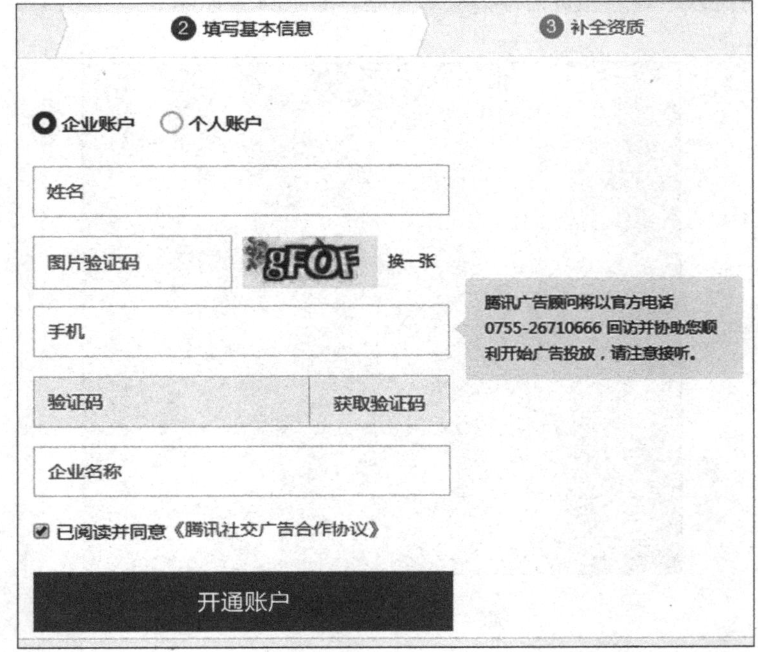

图24-4　填写信息开通账户

通过以上操作开通广点通，就可以在其平台上投放广告了，也就向着引流迈出了第一步。

2. 广告设计要点

在腾讯广点通上进行广告引流，拼的就是如何有效地吸引大家的眼光，获得大家的关注。

（1）优质的广告内容。

广点通遵循的是多创意广告的形式，即一条广告下，可以上传多个创意，系统自动审核，按质量排序，这就给了广告主更多的引流机会。可以多设计几个广告方案，满足大众的不同需求。

（2）诱人的优惠力度。

对于广告，大家的目光总是盯着优惠，双十一就是最好的例证。我们可以在广告内容上，明确地体现出优惠的力度，吸引大家的目光。

（3）分类并针对性设计。

广点通的广告投放定向功能，受到很多电商的追捧。例如，针对北京人和上海人的不同习惯，我们可以制定不同的营销方案；对于学生党和上班族也可以根据其不同的需求，推广不同的广告。

至于如何在广点通上投放广告，我们就不一一介绍了，网上的相关专业教程有很多，这里只把广点通的引流技巧告诉大家，希望一起成长，共享电商繁华。

第3章

微信引流与推广营销15招

☞ NO.25　微信二维码名片引流技巧

如何让微信二维码名片成为营销利器，实现高效引流，成为营销者不断探索的话题。下面这几个方法或许能帮助大家将微信二维码名片引流的价值发挥出来。

1. 二维码名片线上引流

（1）搜索浏览量相对较高的图片，比如葛优躺、碧瑶坐、各种表情包等，与我们的微信二维码名片相结合。如图25-1所示。

图25-1　与表情包结合的二维码名片

下面简单介绍一下，如何把表情包图片和二维码名片结合起来。我们以草料二维码生成器为例，网页在线编辑即可。

第一步，官网登录之后，选择微信板块—个人账号—上传个人微信二维码或者摄像头扫描。如图25-2所示。

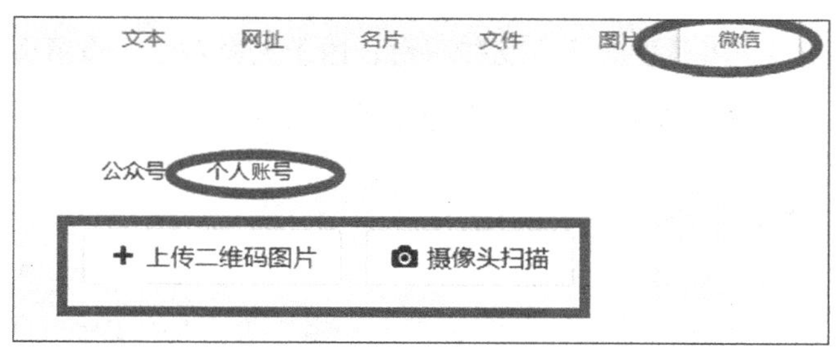

图25-2 上传微信二维码

第二步，进入美化界面，选择美化器→高级美化器。如图25-3所示。

第三步，在LOGO图片选项里上传或选择喜欢的图片即可。需要注意的是，与热点图片相结合，效果最明显的是嵌入式。如图25-4所示。

图25-3 进入美化阶段

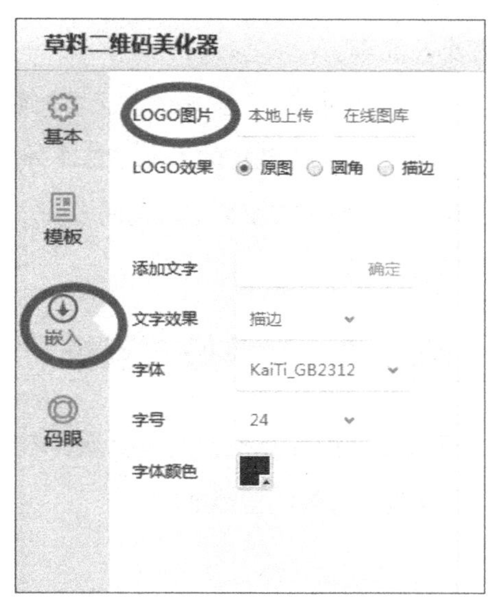

图25-4 与图片结合，设置相关格式

第四步，根据自己的爱好设置好以后，选择右上角的下载二维码。一张有趣的微信二维码名片就制作成功了。

（2）将二维码名片发布于各媒体平台，由于大家对于热点事件或图片的关注和好奇，只要扫一扫，你的好友数量就增加了。

2. 二维码名片线下引流

通常，可以在产品包装、说明书、纸质名片、衣服、海报、定制的小礼品上印上二维码。如图25-5所示。

图25-5　印有二维码名片的衣服

例如，卖护肤品的电商，可以与快递合作，在快件的包装上印上自己的二维码名片，收到快递的用户可以通过扫码关注领取代金券、现金红包或者小礼品等。

在福利的诱惑下，扫码的人会增加很多，你的好友数量自然也会水涨船高。

其实，二维码名片的引流方法不外乎线上线下两种，只要选择适合自己的方式，我们的微信好友就会实现飞速增长。

☞ NO.26　微信好友互推、红包引流

通过微信好友互推、红包引流，不断增长的好友数量也是一种非常有利的资源，可实现更有效的营销推广。

1. 好友互推

可以是“地位”和“实力”相当的微信主体来互相推荐。

互推对象：好友、微商、大咖或者其他的微信社群组织等。

互推时间：上午9时左右，下午6时左右效果最佳。

互推过程：吸粉—福利—维护—运营。

下面来具体讲述一下，如何通过好友互推实现引流。

（1）图文互推引流。

你可以用两个微信号，一个微信号推荐一些大家感兴趣的图文干货，以此增加阅读量。另一个微信号加在文末，并标明想要更多的图文干货可以加这个微信号。

加你为好友的人，在你的微信号中找到感兴趣的东西，就会自觉转发，你的微信号也就会被更广泛地传播，好友人数自然也会逐渐增长。

（2）福利互推引流。

福利互推的引流效果是最直接的。

例如，我们可以在中秋节前夕推出活动，凡是能够推荐微信好友的人皆有好礼相赠，但需要根据推荐微信好友的数量来享受不同程度的“回馈”。

推荐10～15个好友，可获得2元红包；

推荐16～30个好友，可获得一盒月饼；

推荐31个以上好友，可获得“一盒月饼+递增数额的红包”；

……

以此类推，大家为了获得更多的“回馈”，也会积极地推荐更多微信好友。

（3）贴吧互推引流。

第一步，进入百度贴吧，搜索“互推”，进入“互推吧”。如图26-1所示。

图26-1 进入“互推吧”

第二步，在“互推吧”首页的最底部，发表互推帖。如图26-2所示。

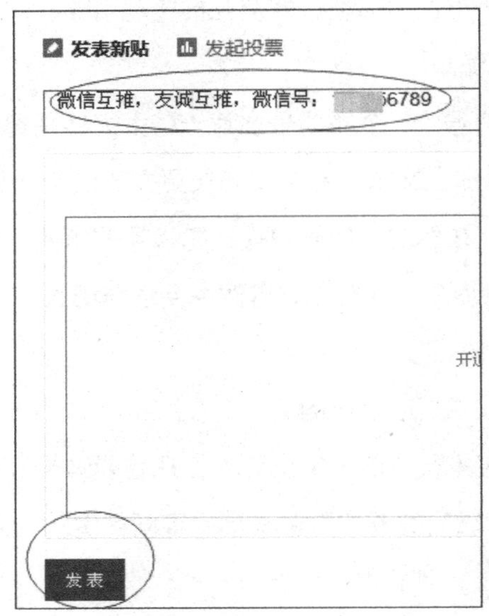

图26-2　发表互推帖

第三步，返回首页，找到你发表的帖子，进行回复。如果你的帖子被人看见，就会有人主动加你。当然，你也可以主动去找别人的帖子，加别人为微信好友。如图26-3所示。

图26-3　加互推好友

第四步，通过验证后，你可以把自己的微信号及相关信息让对方发到朋友圈，感兴趣的人便会加你为好友。如图26-4所示。

好友互推是一种共赢方式，每次互推都会获得上百粉丝，相比微博互推来说，效果要好很多。

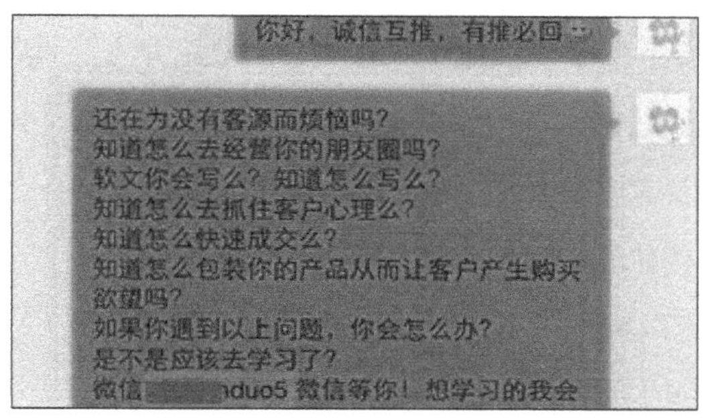

图26-4　彼此互推相关信息

2. 红包引流

微信红包引流更直接、更具针对性，也更有效，前提是用对方法。

举例来说：小A每加入一个微信群都会发出100元的红包，之后会不时发一些小数额红包，但群友在抢完红包之后就销声匿迹了，所以小A虽然付出了成本，好友数量却没有变化。

小B和小A是同行，同样是通过微信红包引流，小B的好友数量却翻了几番。小B是如何做到的呢？

小B拉好友新建微信群后，也会先发100元左右的红包，之后会鼓励大家："想要更多的红包可以新建一个群，把我和你们的其他好友拉进去，我会经常给大家发红包。"

于是，小B加入了很多高活跃度的微信群，大家平时除了聊天还会抢红包，而且抢的最少的人可以得到他的补助，但前提条件是，需要加好友之后私发。

就这样，小B的人气越来越高，好友的数量也在不断增加。

从上面的例子不难看出，真正有效果的红包引流并不简单，需要讲究技巧。

（1）消费红包引流。

你可以邀请自己的客户新建一个微信群，每逢节假日的时候，便可以通过发红包的形式与大家进行游戏互动。抢到红包的客户可以以抢到的金额作为代金券到你的实体店或者网店消费。红包的金额一般可以依据微信群里面的人数确定，相对来说，红包的金额平均下来可以让每个人抢到5至10元为宜。具体相抵金额，可以根据你的实际情况进行设置。

通常情况下可以这样设置：

1元以下，可以相抵10元；

1.1元～5元，可以相抵30元；

5.1元～10元，可以相抵50元；

10元以上，可以相抵100元。

（2）转发红包引流。

你可以寻找一个契机，例如，“双十一”来临之际，你可以发一条朋友圈，把自己的微信号放上去，并注明只要转发，就可以参与抢红包11.11元。这样一来，不仅你的朋友圈的微友会转发，他们朋友圈的微友也会看到并转发。更为关键的是，任何一个想要抢红包的人都需要先添加你为好友。

微信好友互推以及红包引流，往往就是敲开紧闭的信任之门的那块砖。有了信任，加好友自然水到渠成。

☞ NO.27　微信“附近的人”引流

“附近的人”一直是销售的重点对象，而通过微信“附近的人”引流也是打开销路的渠道之一。但问题在于，“附近的人”毕竟资源有限，即使自己的位置经常变化，“附近的人”的变化也不会太大。所以，我们需要利用微信的秘密武器——虚拟定位，进而加到更多的好友。

1.选择合适的虚拟定位软件。可以实现虚拟定位的软件有很多，如手机定位助手、虚拟定位等，一般选用的是神行者。

2.登录神行者客户端，选择模式选项，即可进入设置界面。如图27-1所示。

3.进入类似小扳手图标的页面之后，如果你的手机设有root权限，可直接选择“修改环境”；如果你的手机没有root权限，则需要手动设置，按照“开发人员选项—允许模拟地点”顺序操作。

4.选择位置界面，点击右上角的三个小竖点，选择“查找地点”，按照提示的步骤操作，当出现“成功定位到该地点”几个字时，便实现虚拟定位了。如图27-2所示。

图27-1　神行者登录界面

图27-2　成功实现虚拟定位

登录微信搜索“附近的人”，这时你会看到通过虚拟定位后，附近瞬间增添了很多新面孔。

当然，除了微信定位向附近的人打招呼，还可以通过微信登录腾讯游戏寻找附近的人，以天天酷跑为例。

天天酷跑具有向别人挑战的功能，可以通过定位搜索附近玩游戏的人，发出对战邀请。一战高下之后，可以借口讨论战术私加好友。当然，平日互送爱心、互赠礼物都可以维护彼此的好感度。

微信“附近的人”是一个庞大的群体，我们想要维护彼此的好感度也是需要技巧的。

保持聊天、朋友圈的互动。

寻找共同的话题。

定期地举办活动、实施福利奖励。

“附近的人”引流，是由陌生变熟悉，直至发展成客户，所以每一步都需要用心维护。通过微信“附近的人”引流，最终的效果便是坐在家里，即可实现天南海北地推销商品的目的。

☞ NO.28　QQ号码、手机号加微信好友技巧

通过QQ号或手机号搜索添加微信好友，虽然也是一种可行的方式，却费时、费力，那么有什么更便捷的方法吗?

登录QQ，找到应用中心。

找到应用中的通讯录选项。

进入通讯录，选择更多操作—导入联系人—Excel。

选择导入格式import.xls文件。

按规定模板制作表格，点击上传即可。

再打开import.xls文件，把手机号码批量粘贴。

打开QQ同步助手，登录QQ客户端，选择同步，手机号就同步到QQ号通讯录里了。

登录微信客户端，选择添加手机联系人，就实现批量添加了。

通过对QQ通讯录的归纳，可以将QQ号和手机号统一到一起，集中在微信里添加好友，但如何才能丰富自己的手机号资源呢?

1.网站搜索联系人，比如阿里巴巴搜索女装店主联系电话、58搜索招聘电话等。

2.做市场调查，亲自收集资料。

通过以上操作，往往可以获得大量手机号，进而增加好友。

那么，我们又应该如何扩大自己的QQ好友基数呢？

通过百度搜索，不难发现行业大咖的QQ空间一般是对外开放的，我们可以经常性地进入其空间浏览，把有关评论的QQ号，都私加一遍。即使好友申请没有通过，也可以记录QQ号到通讯录。

如此往复，QQ好友数量自然也是成倍增加，为日后的微信引流夯实了基础。

查找好友添加时，每天只能加20个左右，添加数量过多则会被提示“查找失败”。

如果批量导入手机联系人添加好友，将不会显示“添加”按钮，而只显示“邀请”按钮。

移动社交的各个软件虽是独立的个体，彼此却有着千丝万缕的联系，就像手机号和QQ号，彼此都会带动微信引流的实现。

☞ NO.29 微信个人签名引流技巧

微信个人签名也是非常重要的一条引流渠道。因为很多时候，他人会依据你的个人签名而做出是否加你为好友的决定。那么，微信的个人签名引流又有哪些技巧呢？

1. 福利诱惑法

我们可以在微信签名上写清楚加好友可以获得的福利。例如，一位美妆电商，可在自己的微信签名上写上“加我送面膜”，很多人看到后就会主动加你。

2. 活动吸引法

微信签名是可以经常更换的。我们可以把平时策划的一些活动在签名上体现出来，对该活动感兴趣的人想要了解更多的信息，便会加你为好友，与你沟通。

3. 人物介绍法

很多时候，开门见山的签名方式会受到更多人的关注。大家有哪些方面的需求，一看签名就一目了然，这对于引流也是很有帮助的。

（1）昵称、职位、所从事的行业等都可以写在上面。例如，茉莉格格，×××美妆总代，美妆界翘楚。大家一看，想要通过美容改变自己的人，就会主动加你为微信好友了。

（2）把自己的爱好写在签名档，更容易吸引志同道合的伙伴。比如，空闲的时间，总喜欢四处转转，寻找驴友。同样喜欢旅游的伙伴，就会找到你，互加好友。

那么，我们应该如何确定我们的微信签名呢？

登录微信客户端，选择“我”，点进去就可以看到个性签名一栏，直接编辑即可。如图29-1所示。

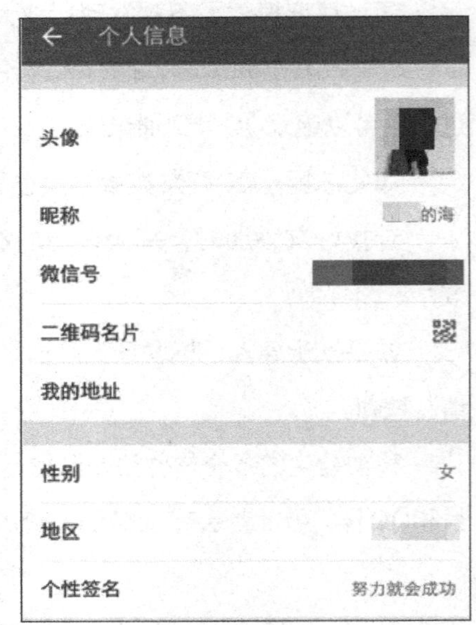

图29-1　编辑个性签名

很多时候，我们往往忽视给别人留下的第一印象，而微信签名正是第一印象的载体，通常决定了引流的成功与否。

☞ NO.30　朋友圈图文引流技巧

朋友圈图文引流是很多电商经常用到的营销方法。然而，图文引流看似简单，但对于电商新手来说还是存在着很多问题。

朋友圈图文如何吸引粉丝？

如何消除大家对朋友圈的宣传商品存有的疑虑？

为什么发布的图文没有价值，难以调动大家参与的热情？

如何把浏览量转化为成交量？

上面的这些问题对于另外一些人来说，解决起来却轻而易举，如咪蒙、小北等很多微信红人，正是依靠爆文瞬间增加了很多粉丝。那么，我们从他们身上可以借鉴些什么呢？

1. 相关的行业干货

朋友圈图文引流过程中，行业干货作为内容主体是最容易吸引大家注意力的。通常，可以从大家遇到的普遍问题出发，和大家分享一些产品的相关专业知识。如图30-1所示。

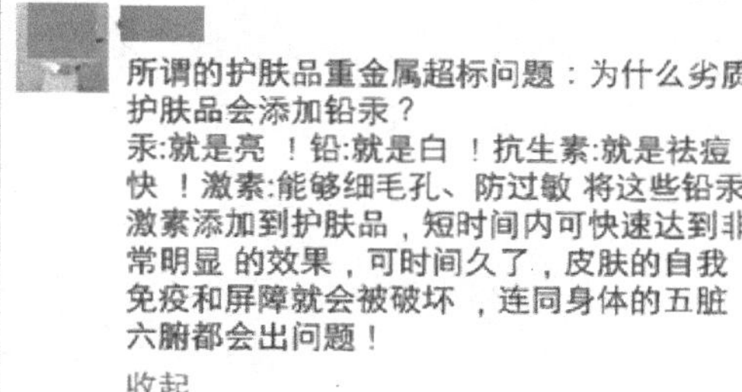

图30-1 分享专业知识

2. 分享产品的最新动态和客户反馈

关于产品的最新动态，往往都是行业里具有前瞻性的发展状况，在朋友圈里分享一些，大家会对商品的专业领域有所了解。

而对于客户反馈的分享，则能把商品的特性和作用落地，把客户的真实使用状况反馈给大家，相当于推荐给大家的是经过检验的行业知识。如图30-2所示。

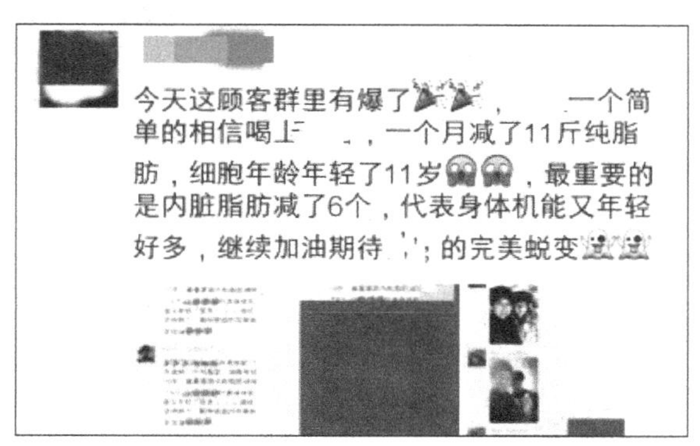

图30-2 分享客户反馈

在朋友圈里用一些图文突出商品的实用价值，更能抓住目标客户群，取得更多人的信任，也会有更多的人愿意加你为好友，进而为以后的成交量打下基础。

通常，能够在朋友圈里有效激起波澜的文案，大都具有相似性——互动性。

（1）捕捉社会热点。

充分利用社会热点来调动大家对于一些事件的评价、看法等，在朋友圈引起大家的关注。关注度有了，慢慢地转变成客户也就指日可待了。如图30-3所示。

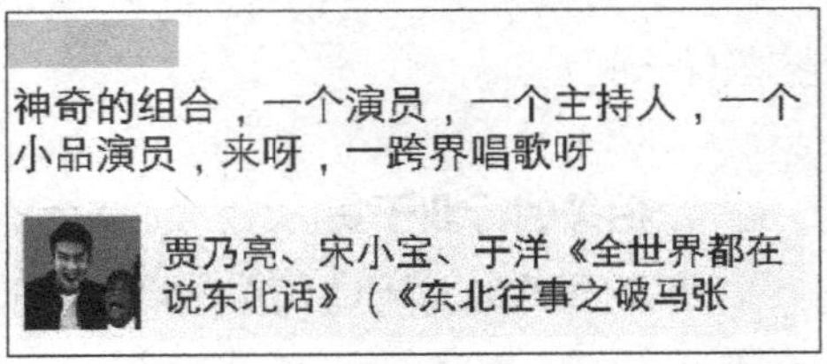

神奇的组合，一个演员，一个主持人，一个小品演员，来呀，一跨界唱歌呀

贾乃亮、宋小宝、于洋《全世界都在说东北话》（《东北往事之破马张

图30-3 脸炙人口的电影主题曲

（2）话题式问答。

在朋友圈里发一些脑筋急转弯、小调查、小测验（星座测试、性格测试）等，更能调动大家的参与热情，也可以使朋友圈的气氛活跃起来，趣味相投的人则会主动加你好友。如图30-4所示。

（3）有奖活动。

大家对于有奖活动的参与热情是不可估量的，我们可以利用这一点。针对产品提出一些相关问题，或是对于相关知识提出一些疑问，并设置一些小奖励，既能够调动大家了解产品的热情，又增强了与微信好友的互动，两全其美。

除此之外，关于朋友圈的配图选择也有一定的技巧。

黑人为什么喜欢吃白巧克力？
（答对有奖哦）

图30-4 发表在朋友圈的脑筋急转弯

对于图片的选择，可以是一些表情包、文艺范儿或者励志图片。关键是能给人一种正能量或者幽默的感觉，无形之中让大家对你产生兴趣，进而产生信任感，愿意与你做朋友。

电商崛起的时代，微信已经成为一辆追赶时代步伐的快车，谁能够第一时间跳上去，坐稳、扶好，谁就会实现轻松引流。

☞ NO.31　朋友圈视频引流技巧

关于朋友圈视频引流，可以从两方面考虑，自拍小视频引流或者转发小视频引流。

1. 自拍小视频引流

登录微信客户端—发现—朋友圈—视频，就可以自拍小视频上传了。如图31-1所示。

然而，想要通过自拍小视频吸引他人的注意力，并让更多的人对你的自拍小视频产生兴趣，一般需要做到以下几点。

视频特点：幽默、感动、励志、美好等。

视频价值：具有宣传教育意义。

视频内容：能够让更多的人产生共鸣。

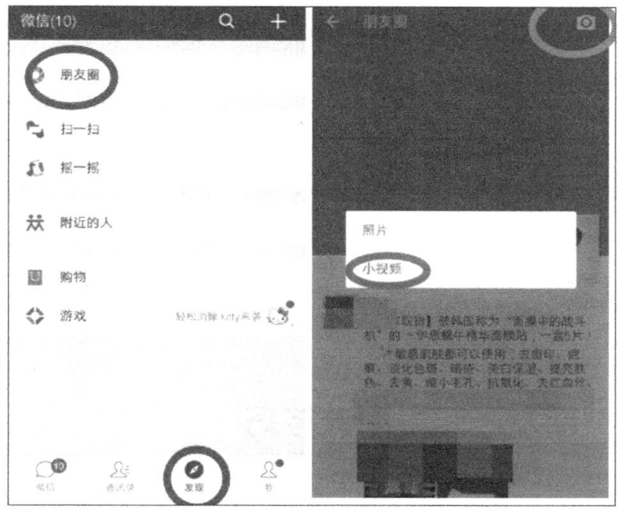

图31-1　微信朋友圈自拍小视频

那我们应该如何拍摄，才能让小视频具有吸引人的特性呢？

一般来说，可以自拍一些相关产品的使用效果的小视频，以及有纪念意义的事，或者是人们热议的话题。如图31-2所示。

然而，微信支持拍摄的时间是非常短的，如果想要起到更好的引流效果，可以尝试使用微视APP，它的拍摄时间稍微长一点，视觉效果也更好，更容易引起他人的关注。

远离雾霾　走进野三坡

图31-2　自拍有纪念意义的事

2. 转发小视频引流

关于视频引流，其实重中之重还是视频的内容。这是基础，内容做好了，才有宣传的资本，引流也会变得简单起来。

那么转发哪些视频，才会得到大家的认同呢?

（1）具有引爆性的标题。

（2）内容能够引起共鸣，是大家经常遇到的问题。比如，校园暴力、明星演唱会激动的粉丝等。

（3）视频的画质直接关系到大家观看的感觉，不能马虎。

做好以上三个方面之后，下面我们介绍一下如何转发小视频。

小视频，在微信里是不能一键转发的，我们需要把它保存到手机本地，然后再通过微信上传，才能实现视频的转发。

视频相比文字和图片更具冲击力，更容易使人产生互加好友的冲动。

☞ NO.32　朋友圈转发引流技巧

“万能”的朋友圈总是能给人带来很多惊喜，如朋友圈转发便能快速且有效地加到更多的好友，为营销推广扩大市场。

1. 吸引他人转发自己的朋友圈

当别人转发我们朋友圈的内容时，我们的微信号已经开始了传播，同时也获得了更多的引流机会。那么，什么样的朋友圈，别人才乐意转发呢？

（1）优质的内容。

引爆眼球的朋友圈内容拥有的一个共同点便是：语言有力度。例如，很多微信主体都有明确的语言风格定位，更容易吸引精准的粉丝。如图32-1所示。

> 2016-11-20 [illegible]l扇的 [illegible]哥
>
> 出轨和嫖娼本质上并无区别，但前者更令人感到恶心，既然自由恋爱结了婚，就应该对另一方负责任，公众人物常在出轨后厚颜无耻的来

图32-1　犀利的语言风格

（2）有趣的配图。

一张图片就是一个故事，有趣的图片有时候更能产生仁者见仁，智者见智的效果，吸引大家的关注。所以，我们在选择图片的时候，不是随意配图，而是让图片代替我们发声。如图32-2所示。

图32-2　有趣的配图

（3）有奖转发。

最能调动大家转发积极性的莫过于有奖转发了。当然，想要转发的效果更好，奖品的设置和分配还是需要一定的技巧的。

参赛资格不做任何限制，使大家都可以参与，充分调动大家的积极性。

审核评奖的标准是转发之后，大家获得的点赞和评论量，据此确定从一等奖到纪念奖奖项的抽奖范围。

在奖品发放之后，发表用户的体验心得还是很有必要的，这既能体现我们的后续服务，又能取得更多粉丝的信任。

举办有奖转发活动，能够让用户增强参与感，保持参与热情。也能让更多的人看到我们朋友圈的内容，吸引更多的粉丝关注，实现引流。

2. 转发别人的朋友圈引流

想要通过转发别人朋友圈的内容，实现高效引流，也需要注意一些事项。

（1）评论转发。

对于转发的内容，加上自己的评论，更能引起别人的兴趣。并且，从一个人的评论中，就能看出这个人对待事物的态度，评论将更真实的自己展示给大家。如图32-3所示。

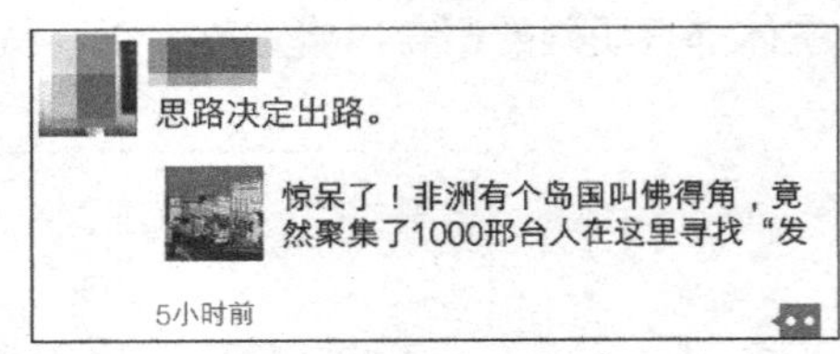

图32-3　评论转发

（2）转发热点内容。

一些热门的东西本身就是自带话题，转发之后，你也能够和大家一起评论、探讨，吸引更多的人参与进来，赢得更多的关注，实现引流。

（3）转发新颖的内容。

大家都会关注一些新闻更新速度比较及时的网站、APP等，如果你的朋友圈能够博采众家之长，做到新鲜好玩，又何愁吸不到粉呢？

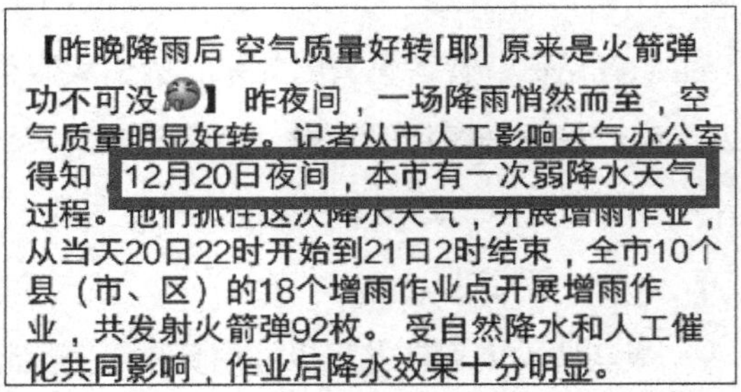

【昨晚降雨后 空气质量好转[耶] 原来是火箭弹功不可没】昨夜间，一场降雨悄然而至，空气质量明显好转。记者从市人工影响天气办公室得知，12月20日夜间，本市有一次弱降水天气过程。他们抓住这次降水天气，开展增雨作业，从当天20日22时开始到21日2时结束，全市10个县（市、区）的18个增雨作业点开展增雨作业，共发射火箭弹92枚。受自然降水和人工催化共同影响，作业后降水效果十分明显。

图32-4　朋友圈第一时间转载《牛城晚报》相关内容

新颖的内容不一定是热点，可以是各个领域最新的成果，或者某些不常见的内容。例如，2016年12月20日夜间，河北省邢台市在冬季却下起了雨，这虽说不上是热点，对于附近的人来说，却是新鲜事。如图32-4所示。

无论如何，对自己的现有粉丝负责，才会发掘出更多潜在粉丝，加到更多的好友。

☞ NO.33　朋友圈活动引流技巧

朋友圈更像是个大卖场，想要占有一席之地，着实不易，但通过朋友圈活动引流却可以创造一个“奇迹”。

那么，在举办朋友圈活动之前，我们需要注意些什么呢？想要调动大家的参与热情，就要花点心思了。

1. 活动方式最好是大家喜闻乐见的

比如：儿童比拼投票，360儿童卫视寻找代言人活动等。如图33-1所示。

图33-1　活动微信推送

2. 劲爆的文案支持

同一个活动，不同的文案，效果也是不同的。但是朋友圈活动文案，最好是短小的，很多人没有耐心或是不愿浪费太多时间来阅读过长的文案。例如，魔兽世界的宣传文案。如图33-2所示。

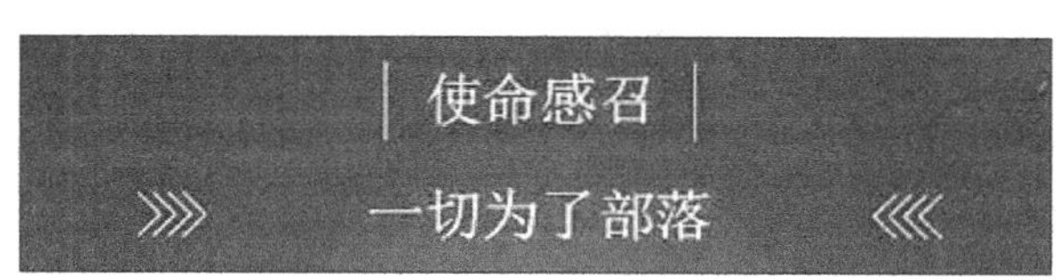

图33-2　魔兽世界的文案宣传

3. 简单的活动流程

参与方式、活动流程、奖品的发放，都应该简单化。因为在微信上参与活动的人，都是一些懒得去或者没时间去现场的人，过于复杂会打击大家的参与热情。

4. 做好前期预热

可以提前在朋友圈开展问卷调查，了解一下大家想要什么奖品、对什么活动比较感兴趣等。

5. 活动过程中，对大家的咨询要耐心真诚

了解了注意事项，接下来就是活动的举办流程。

（1）确定活动方案

如图33-3所示，为相关活动方案。

▍分享阶段

1. 社交属性。拉票，晒娃。

2. 及时反馈。投票后立刻就能知道自己距离前面还差几名，还差几票。

3. 快速进入。不用进入活动页面搜索，直接输入编号即可投票，最大程度上降低用户的参与成本。

图33-3　相关活动方案

（2）朋友圈发布活动计划

最好是上午8～9点之间，这个时间段，大家一般都在刷朋友圈，可以保证信息传递的及时性和有效性。

（3）引发围观

把大家活动的情况截屏发到朋友圈，这样可以鼓励更多举棋不定的“围观群众”来参加活动。

（4）做好记录

活动过程中做好记录工作；活动过后，做好总结工作，取长补短为下次活动做准备。

很多人会说，活动成功举办的标准是什么呢？那要看活动举办过程中有几点是重点为引流而确定的。

1）转发参与。

2）留下相关信息，微信号即可。

3）活动反馈。

4）参与转发，会有更多的人看到活动信息，但是要先加好友才能参加，引流的目的也就实现了。

☞ NO.34　自建微信群引流技巧

微信群相对来说是最快捷的引流区域，因为微信群有强大的群众数量做支撑，所以一旦建群成功，就会获得丰厚的“战果”。

那么，自建微信群引流过程中首先需要注意哪些事项呢？

按照一定的标准给自己的好友分类，例如兴趣爱好、活跃度、消费能力等都可以作为建群的标准，目的是给自己创建的微信群成员寻找共同的话题。

注意修改群名称时，公告提醒群友修改备注（可以是昵称加职业）。

了解了注意事项，接下来就可以创建微信群了。

1.登录微信界面，选择下拉菜单，找到群聊功能。如图34-1所示。

2.选择分好类的微信好友，在名称后面的方框打对勾即为选择成功，点击确定。如图34-2所示。

图34-1　微信群聊功能

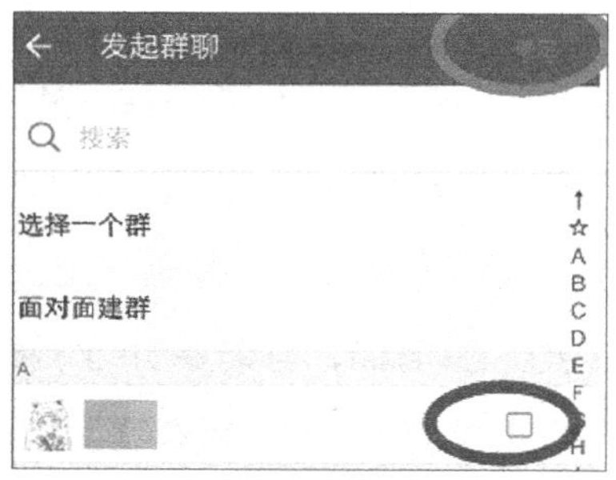

图34-2　建立微信群

建立了自己的微信群，想要实现引流，至关重要的一步是微信群的运行维护。方法如下。

1. 主动创造一些话题，例如娱乐新闻、八卦闲事、热点时事等，调动大家的积极性，让微信群保持热闹的状态。大家都很积极，才会吸引更多的人加入进来，实现更高效的引流。

2. 定期举办线下活动，例如，化装舞会、敬老院义工活动等，还可以定制一些印有商品LOGO的小礼品、带有二维码的统一着装等。通过举办活动，不仅可以巩固现有的粉丝，还可以吸引更多的围观群众加入进来，随着群体数量的增长，加到更多的好友也就成为一种必然。

当然，微信群引流的方式也可以借鉴前面提到的图文、视频、红包等方式实现引流。

☞ NO.35　加入微信群引流技巧

实现粉丝的成倍增长，不知是多少人梦寐以求的微信引流营销效果。可是，想要实现微信群引流人数的倍增，首先自己要加入很多微信群。

1. 百度搜索。很多微信群都会公开自己的二维码，扫码选择加入。

2. 借助各种渠道，如网盘、微博、贴吧等搜索微信群资源。只要坚持下来，你就会收获颇丰。

3. 通过福利、红包等方法，鼓励自己的好友推荐微信群给自己，如此反复，加入的微信群数量也会是裂变式增长。

加入了微信群之后，如何实现引流呢？

1.加入微信群，首先要引起大家的关注。大家对于陌生人的信任程度总是有限，所以引流的第一步，就是在微信群里混个脸熟，引起大家的关注。

以咨询、请教的方式，在群里发起一些问题，调动更多的人参与进来。自己发表的言论要做到新颖、有理有据，这样就会有更多的人注意到你。

经常在群里发一些行业干货，有兴趣的群友，自然会被你吸引到。

在群里发一些产品的代金券、红包等，经常给大家送点福利。

2.有了关注度，就可以向大家介绍一下自己，并告诉大家自己经常会发一些福利，分享一些行业干货在自己的朋友圈，彼此可以加好友。

通过多次的操作之后，我们可以总结一下如何添加微信群更有效。

1. 关于微信群的选择，可以偏于学习型、知识型等，这类微信群引流质量较高。因为对于群主来说，加入的人越多，大家一起分享的效果越好，而我们申请加入也更容易些。

2. 群成员具有突出目的性而组成的微信群更容易实现引流，我们可以经常根据大家的需求，发一些相关的内容。例如，在公务员考试群，可以经常发一些公务员的考试点总结、时事热点等，吸引大家的关注，大家想要得到更多的相关内容，就会私加你好友了。

3. 在发送申请信息时，越完善越能得到群主的信任，还可以顺便和大家打个招呼，给大家留下美好的第一印象。

微信群是不可忽视的引流阵地，只要掌握一些技巧，你也可以轻松上战场。

☞ NO.36　微信个人公众号涨粉技巧

微信个人公众号同样是一块适合营销的风水宝地，我们应该如何让自己的微信个人公众号涨粉呢？

1. 优质的内容是前提

只有坚持推送优质内容的公众号，才能吸引更多粉丝。而想要创作出优质的公众号内容，应该怎么做？

（1）明确公众号内容定位。

在特定的领域，专一的研究更能生产深度好文，而明确的定位更能吸引精准的粉丝，例如，公众号的起名就可以体现粉丝群体。如图36-1所示。

那我们应该如何定位自己的公众号？

首先，要对自己有清醒的认识，自己的产品属于哪个行业，公众号内容就要偏向于哪个方向。并且只有对行业有了深入的研究，才会产出优质的内容。

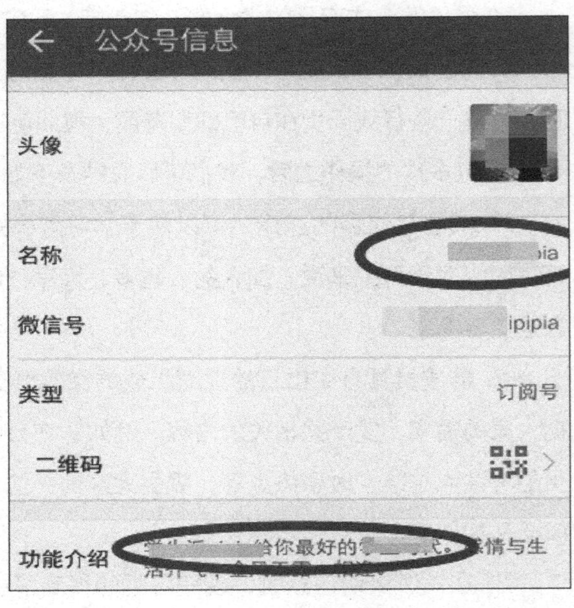

图36-1　公众号内容定位

其次，一个关注度高的公众号，一定不只是单纯，介绍商品，而是会经常性地给大家发一些专业性知识、软文，丰富粉丝相关领域的知识，或者给大家一些福利优惠券、红包等，给粉丝带来切身利益。

最后，想清楚自己的竞争优势。

（2）为内容打造一个有力的标题。

在微信公众平台中，想要脱颖而出，吸引粉丝的关注，你的内容首先需要有一个好的标题。如图36-2所示。

其实总结一下，点击率高的标题，一般具有以下几个特点：

与当下热点相结合。

用提问的语气，引起大家的思考。

从大家日常的生活场景出发。

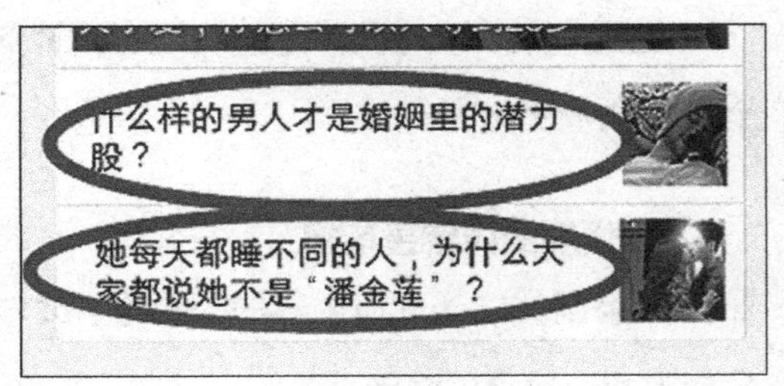

图36-2　吸引人的标题示例

（3）吸引人的内容大都具有实用、有趣的特征。

我们不禁要问，实用、有趣的原创内容具有哪些特点呢？

首先，回归事物的本质。通过一篇文章，把一个问题分析到位，透过现象看本质。

其次，语言犀利、语气调侃。现在很多文章告别了教科书式的语言，用清新的文风，幽默的语言开创了一片新的天地。

最后，在生活中具有启发意义。

经得起考验的内容自然能够引起大家的关注，粉丝量自然也就增加了。

2. 个人公众号互推

个人公众号在坚持原创内容一段时间之后，就会受到公众号原创协会的保护，其他公众号转载了你的内容之后，在文末就会主动推广你的公众号。如图36-3所示。

当然，在选择互推的对象时，可以是不同领域的公众号互推，粉丝群体看到不同类型的文章，感兴趣的话自然就会关注了。

总而言之，我们无论选择何种方式推广自己的公众号，产出的内容都是吸引粉丝的关键。

图36-3　个人公众号互推

☞ NO.37 微信个人公众号与个人微信号互通引流技巧

如果将个人公众号和个人微信号进行互推，会有怎样的吸粉效果呢？

1. 举办福利活动互推

两者互推引流，举办相关的活动不失为有效的方法。

例如，个人公众号A与个人微信号B，互推引流。

公众号A举行“优质公众号内容评选”活动，凡是参与投票的人，都可以参加抽奖活动，设定相关的奖品，如小手链等。

这时候，个人微信号B就可以在自己的朋友圈等渠道推广，B的粉丝只要点进去，就会参与，且有机会获得奖品。

当然，B举办活动的时候，A的推广也是同理。

福利对于粉丝的影响，效果还是很明显的。B的粉丝发现有福利活动，也就同时成为A的粉丝了。

2. 互动引流

上面提到的引流方法是针对A和B自己的粉丝，而两者也可以通过互动来吸引“过路粉丝”。

例如，公众号A发表一篇文章，B可以在下面发表高质量的评论，大家通过聊天的方式展示给更多的人，并介绍一些有趣的内容，吸引人们的注意。A评论时也是同理。如图37-1所示。

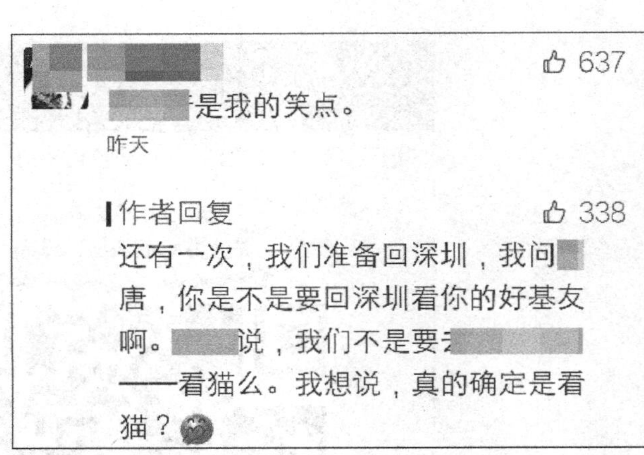

图37-1 公众号文章相关评论

互动之后，就会有很多人对文章的内容有了更深刻的理解，进而对文章感兴趣，从而关注公众号A，A的引流也就实现了。

合作互推引流，对于个人微信号和个人公众号来说，更像是彼此多了一个适宜的舞台，大家互相关注，为彼此的引流作贡献。

☞ NO.38　微社区引流技巧

对于微信引流来说，“抱团取暖”也成为新的潮流，如微社区引流，通过发帖、回复等功能，可以实现多人沟通与分享。

然而，想要真正玩转一个微社区，首先需要做好以下两点：

1. 分类粉丝，明确主体定位

通常，商品型微社区的目的性较强，操作不当容易引起大家的反感。建议新手不要尝试，可以从学习型、爱好型微社区入手。

通过分类，粉丝群体有了明确的定位，更方便引流。

2. 培养社区元老

微社区想要长久有效地运行下去，单凭自己是很难实现的，这时候你就需要帮手——社区元老。当然，社区元老的选择，需要谨慎。

值得信赖的亲戚、朋友、客户。

具备感召能力、日常维护管理能力，以及经济能力的人。

以上两点准备就绪，就可以建立自己的微社区了。微社区创建步骤比较简单，这里不再赘述。下面与大家分享如何运营维护自己的微社区，从而达到引流效果。

1. 线上讨论

日常的微社区维护，可以通过抢红包活跃气氛，同时发布一些行业干货或者分享一些产品使用心得、产品的效果推荐等。

下面以新品试用为例。

大家对于新推出的产品一般持观望态度，很少有人自愿“第一个吃螃蟹”。我们可以通过免费试用的方式，让大家了解新产品的特点、功效等。

以化妆品A新推出的产品B为例。

首先，举办转发免费抽奖活动，奖品设立是B。

其次，在所有的转发者中，根据点赞的数量，决定放入抽奖箱的名片个数（为宣传效果打下基础）。

最后，获奖者在微社区发布B产品的体验感受。

新品的前期预热实现了，大家也会在微社区进行更多的讨论，我们一定要保证自己的参与热情。当彼此有了共同的话题，便会主动相互加为好友。

2. 举办主题活动

微社区的成员都是彼此陌生的，想要维系微社区成员的积极性，线下主题活动也是一个很好的方法。其中，确定主题是关键，通常需要满足的一个要求是，既需要调动大家参与的积极性，又能够给大家一个舆论导向，实现自己的引流。

例如，A品牌化妆品举办的微社区化妆舞会，让大家聚在一起，秀出自己的化妆技巧，交流一些化妆心得，并评选出“化妆能手”，甚至可以获得A品牌的高档化妆品一套。同时，凡是参与者都可以获得旅行试用装一套。

这样的活动，丰富了大家的业余生活，微社区的成员也彼此熟络起来，相互之间加微信也就自然而然。与此同时，A品牌的宣传效果也实现了，何乐而不为呢?

微社区只是手段，引流营销才是目的，而大家的参与热情却是实现引流的基础。

☞ NO.39　微信公众平台导航网站引流

导航网站给大家提供了网站汇总，也为微信公众平台的引流提供了契机。

微信公众平台导航网站有很多，包括我扫网、聚微信、微信家园等，但我们应该如何“入住”呢?

以微信家园为例。

1. 登录微信家园平台，进入首页提交入口，选择注册，按照流程填写即可。如图39-1所示。

图39-1 微信家园相关操作

2. 进入页面，编辑资料，展示一个完整的“自己”，更能获得大家的信任。如图39-2所示。

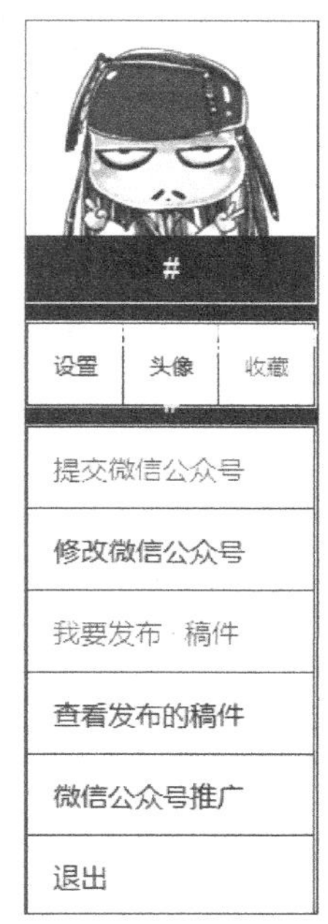

图39-2 微信家园注册编辑相关基本资料

只要能够在导航网站取得优质的排名，网站就会优先把我们的公众平台推荐给大家。

导航网站的搜索一般具有强大的搜索功能，通过微信号、主体ID、关键词等都可以一键搜索，实现关注。也就是说，我们在注册导航网站时，一定要全面填写注册信息，这样才能保证日后的方便使用。

其实，总结一下，微信公众平台导航网站引流技巧不外乎以下几点：

1.入驻微信公众平台导航网站，填写相关信息。

2.公众平台的更新。尽量发表优质内容，并在导航网站更新信息。

3.在导航网站建立、完善各种索引。这样别人在搜索相关信息的时候，你的公众平台只要符合要求，就会第一时间出现在搜索结果中。

4.在网站更新完公众号信息，选择一键分享到QQ、微博、个人微信号等，进行多渠道传播。

大家通过搜索关注你的公众号，或者在QQ、微博等渠道收集到相关信息，关注你的公众号，你的公众号粉丝就会逐渐增长，引流也就实现了。

微信导航网站在百度搜索中有很多，大家可以把自己的微信公众号提交到这些平台，有的是免费的，你也可以花钱置顶让这些平台来帮助推广。

第4章

百度系平台引流与推广营销16招

☞ NO.40　百度账号注册技巧与策略

作为时下最大的流量集聚地之一，百度日活跃人数达3亿，是不可错过的优质引流平台。而达此目的的前提，得先注册百度账号，并运用一定技巧和策略，让你的账号快速获得关注，进而有效圈粉。

1. 注册百度账号

（1）登录百度首页，点击右上角的注册按钮。如图40-1所示。

图40-1　注册按钮所在位置

（2）进入注册窗口后，显示手机号码和邮箱注册两种方式。选择手机号注册，点击左侧按钮，依次输入手机号、短信激活码、密码，勾选《百度用户协议》，再点击注册按钮。如图40-2所示。

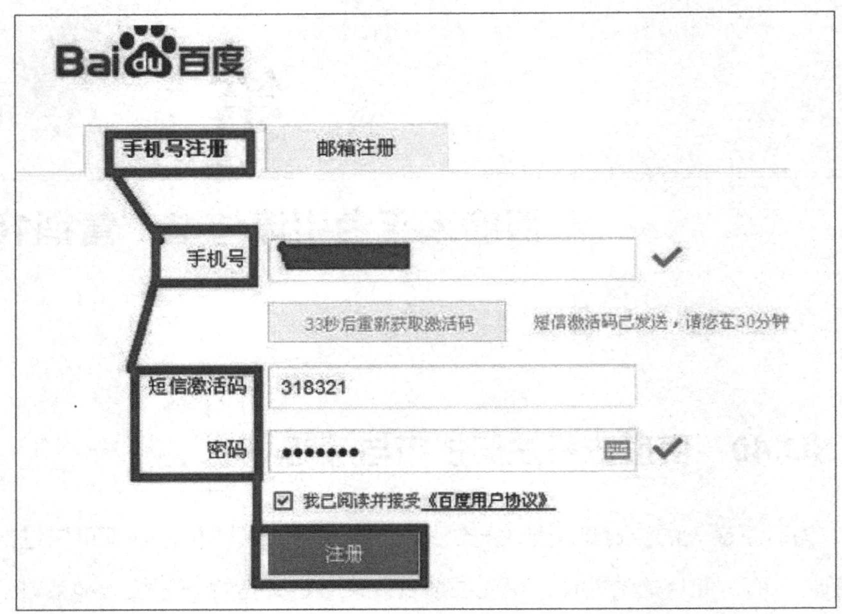

图40-2　手机号码注册

（3）使用邮箱注册。点击邮箱注册按钮，依次输入：邮箱、密码、验证码，勾选《百度用户协议》，再点击注册按钮。如图40-3所示。

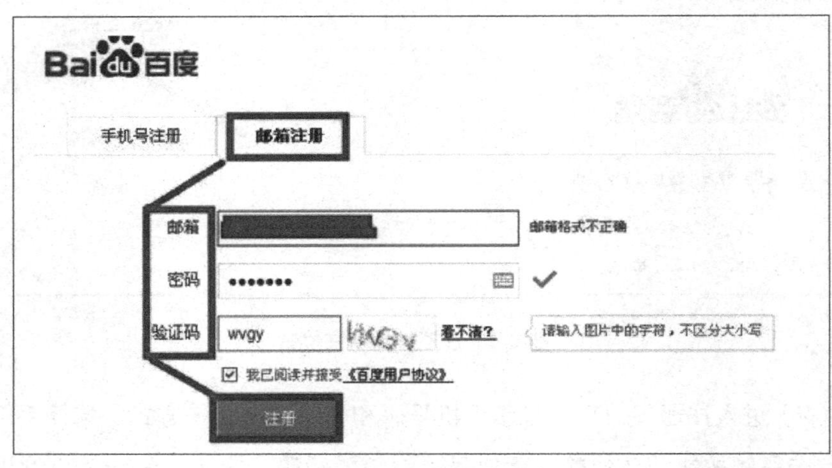

图40-3　邮箱注册

（4）登录邮箱，打开百度账号激活邮件，点击激活账号的链接。如图40-4所示。

图40-4　点击激活账号链接

（5）点击链接后，进入注册验证页面，完善手机号、验证码，点击提交按钮，生成百度账号。如图40-5所示。

图40-5　手机注册验证

2. 设置昵称、头像引流

（1）登录百度账号，在页面右上角找到"账号设置"按钮。如图40-6所示。

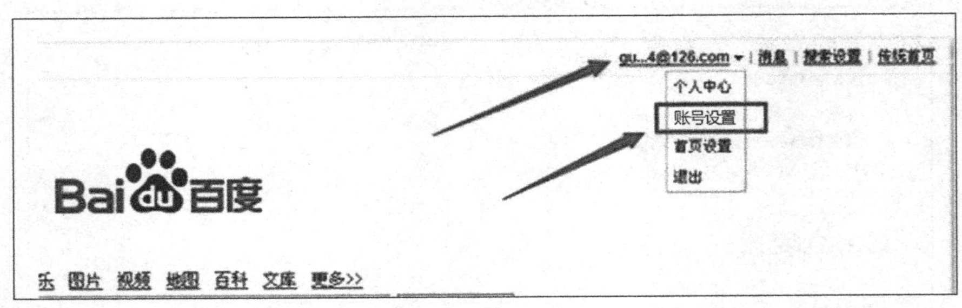

图40-6　账号设置

（2）进入后点击左侧"起一个名字吧"这句话，为自己设置一个识别度高的名字。如图40-7所示。

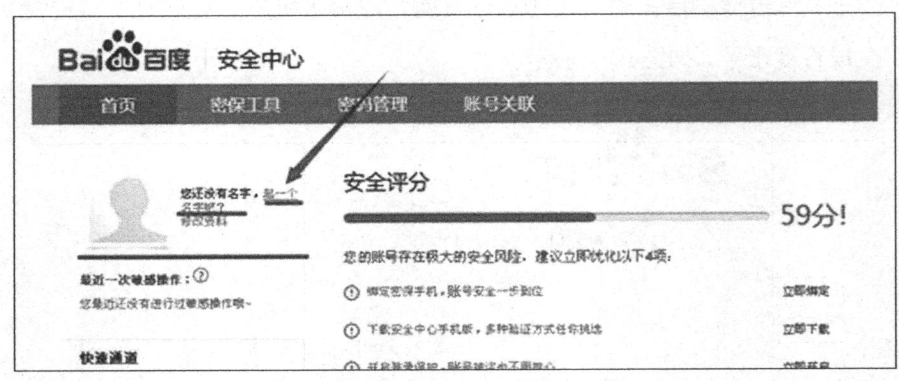

图40-7　昵称设置

（3）点击进入后，为自己设置一个识别度高的昵称。例如：女神的新衣、安心海外购，直观表达所从事的工作。甚至可以添加手机号码，如：买手老张138××××××××。点击继续按钮后设置成功。如图40-8所示。

图40-8 填写昵称

（4）回到上一个页面，点击“修改资料”，资料可根据自身情况撰写。

（5）点击左侧头像设置按钮，可选择自定义头像和推荐头像，这里更倾向于前者。建议放置本人照片、微信二维码或者代理、代购的商品、品牌等作为头像，更容易激发信任感，也更为直观。若条件允许，也可以将自有LOGO作为头像，显得更加专业。具体操作为点击“选择图片”按钮，找到原先保存过的图片即可。如图40-9所示。

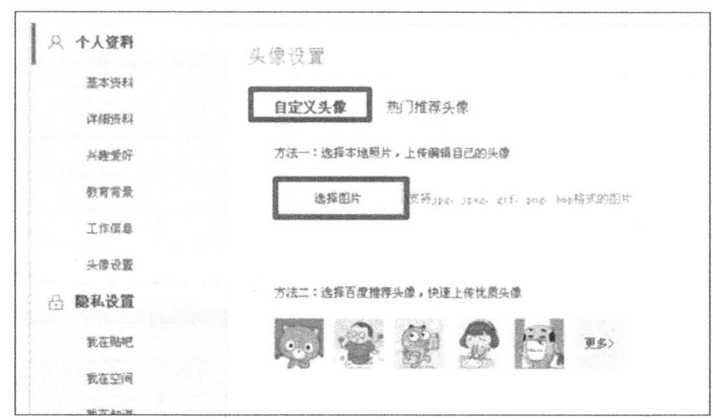

图40-9 头像设置

3. 快速提高账号等级引流

登录百度账号，进入个人中心，可以看到自己的账号等级，点击今日任务按钮，完成任务有助于提升账号等级。账号等级高代表活跃度强，更具有吸引力，同时给用户更专注的感觉，是有效的信任背书。如图40-11所示。

注册百度账号后，稍作修改就能提升引流能力，关键在于利用一切机会，向用户表达自己。

☞ NO.41　百度贴吧关注选择技巧

百度贴吧有众多分类，是用户活跃度极高的社区。想要快速精准引流，必须关注与自身需求相契合的贴吧，这里教会大家一些技巧。

1. 登录百度账号，进入贴吧。如图41-1所示

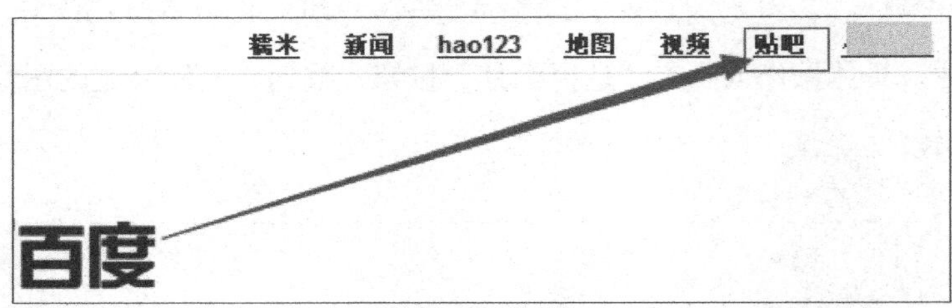

图41-1　进入贴吧

2. 贴吧关注技巧

（1）百度贴吧首页的左侧显示分类和细分选项，将鼠标放置选项中，可自动弹出隐藏选项，部分点击量较高的贴吧，会出现在推荐吧下方。最简单直接的途径，是关注与从事工作有关联度的贴吧。例如，你从事奢侈品销售工作，可以点击细分种类中的奢侈品吧，经常出现于此的用户，多半对奢侈品感兴趣。

（2）也可以关注某些群体类贴吧。例如，高校分类贴吧，当下很多大学生愿意投身创业热潮，如果想发展更多代理，不妨多收集大学生资源。除此之外，很多全职

妈妈也希望通过做微商，让自己有一份收入，这类人群经常光顾育儿、烹饪、追剧等贴吧。锁定目标用户后，多活跃于他们经常出没的贴吧，对精准引流有很大帮助。

（3）还应当关注所在地贴吧，同城流量也是优质资源，不妨多用本地化语言与对方交流，快速拉近距离；期初交流时，避免直接说引流目的，以免对方反感，多交流同城热点、新闻等。沟通时留意对方的兴趣点，话题多涉及他们热衷的事物，让用户主动与你沟通是引流的关键。

（4）关注与个体“标签”有关的贴吧。例如，星座吧、吃货吧等，用户特点与兴趣一目了然，能够在第一时间，用对方感兴趣的话题开始交流。

（5）进入贴吧后，可以直接看精品帖，一般精品贴的阅读量和回帖量最高。如图41-3所示。

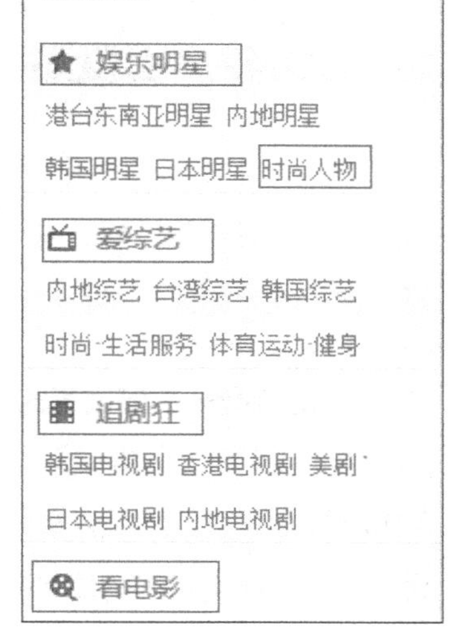

图41-2 贴吧分类

图41-3 贴吧首页——精品贴

（6）点击某个贴吧首页的群组按钮，会出现很多同样主题的QQ群，加入到群聊中，便于吸引更多用户。如图41-4所示。

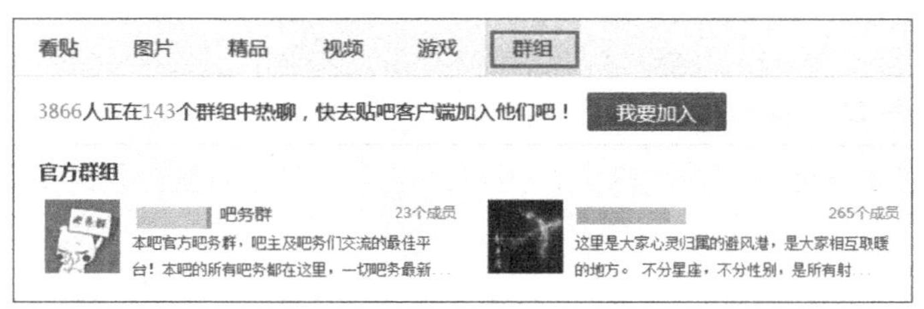

图41-4 贴吧首页——群组

确定好目标用户，就去关注与其相关的贴吧，用对方能够接受的沟通方式打开话匣，是必要的引流手段。

☞ NO.42　百度贴吧回帖引流技巧

在贴吧中回帖是提升活跃度的有效方式，就像参与讨论一样，你才有存在感。当用户愿意看你的回复，甚至与你互动时，才有助于引流，因此回帖的内容非常重要。这里教会大家一些实用回帖技巧。

1. 选择有一定阅读量的帖子

每条帖子左上角的数字，显示此帖的回复数量，一般选择回复数在500～3 000条的帖子，回复数量太多，回帖内容经常被忽略。同时关注帖子标题、是否为精品帖，此类帖子的流量基数较大。如图42-1所示。

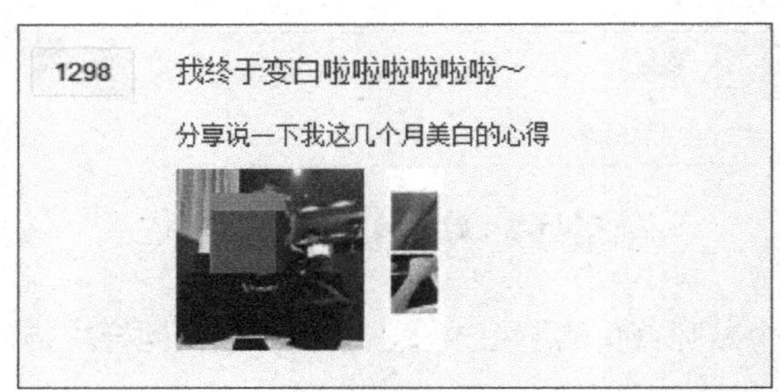

图42-1　帖子的阅读量

2. 巧妙利用回帖引流

（1）回复与标题相关的内容，例如，在美容吧里回复自己的美肤经验，或是表达困惑。

（2）申请百度小号，在回帖的过程中“制造”互动效果，也便于在需要时，将话题引到想要的主题中。

（3）纯文字回帖很难吸引用户，可以使用图片、视频、音乐、表情、涂鸦等功能，让回帖内容变得有趣。如图42-2所示。

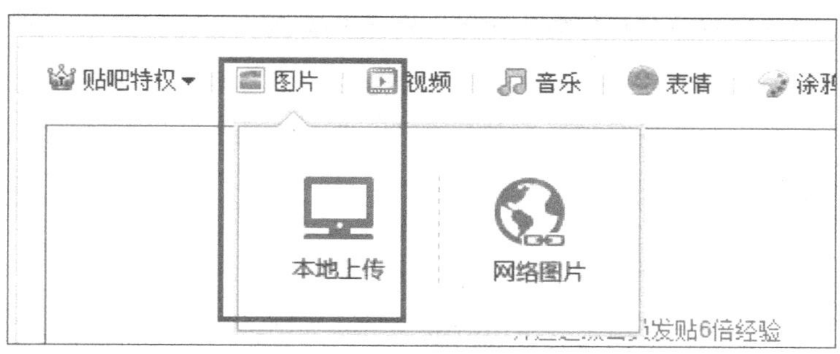

图42-2　回帖功能键

（4）单条回帖无需过长，也不要一次性表述过多信息，字数控制在120字以内。

（5）回帖时，避免直接写“加V×××××××”等个人联系方式，以防用户反感，且容易被百度管理员删除。

（6）利用百度回帖引流，有一个循序渐进的过程。就像面对面交流一样，得让用户关注到你的回帖，内容必须要能引起共鸣，表达方式尽量口语化。例如，去美妆吧回帖，你可以说：“我的脸是超级油田，每次上妆两小时后，就严重脱妆，曾经尝试过很多控油产品，但都不太理想，最近正在使用XX品牌隔离霜，效果不错。”可以在回帖时附上有对比效果的真人照片，增加说服力。

（7）及时回复用户留言，制造引发互动的关键点。从用户的留言中，捕捉其兴趣点，再进行有针对性的回复，增加亲密度。

（8）在百度贴吧回帖时，避免采用硬推广方式，多利用贴吧中的功能键。图文并茂才能引发用户关注，用自然的语言交流，以便快速提升亲和力。

☞ NO.43　百度贴吧发帖引流技巧

如果说回帖是参与某个话题讨论，那么发帖就是组织一场讨论，组织得好，对引流有很大帮助。现在就来说说百度贴吧发帖引流技巧。

1. 选择合适的贴吧

（1）人气不能过低，否则就算每天置顶也不会有人看；也不能过高，以免帖子很快被覆盖。

（2）在目标用户多的贴吧中发帖，同时要关注其他用户发相关帖子的时间，如果连续几天都有不少此类帖子，建议换一个贴吧。

2. 发帖引流技巧

（1）标题必须有吸引力，可以借助当下热点、运用适度夸张的词语、巧妙使用同音字和标点符号等，引发用户好奇心。例如，《你也可以年入十万》是典型的以“利”诱人；《30岁的人60岁的心脏》是在以“险”吓人；《用一份钱买两支口红》则是以“密”迷人。又如，近期某位男明星特别火，可以这样介绍他代言的护肤品——《你老公叫你回家敷面膜》。

（2）帖子的内容要有价值，语言精练，不宜过长，如果文字较多，以用户划三次屏幕能够看完为限；或是采用图文并茂的形式，在每段话后面，配上相关图片，每段控制在100字以内，同时要注意语言的逻辑性。

（3）在介绍某些产品的时候，有时并非能用几段文字说清楚。例如，介绍旅游路线、旅游地、留学路线等，需要用大量文字和图片来说清楚，就得用“多盖楼层”的方法，连续发几条帖子。介绍时同样运用上一条介绍的技巧，语言描述切忌太散，这样做也避免了被百度管理员删帖，部分优质帖子不仅能得到用户青睐，还有可能被管理员推到靠前的位置。

（4）利用发帖引流，要学会讲故事。如图43-1所示。

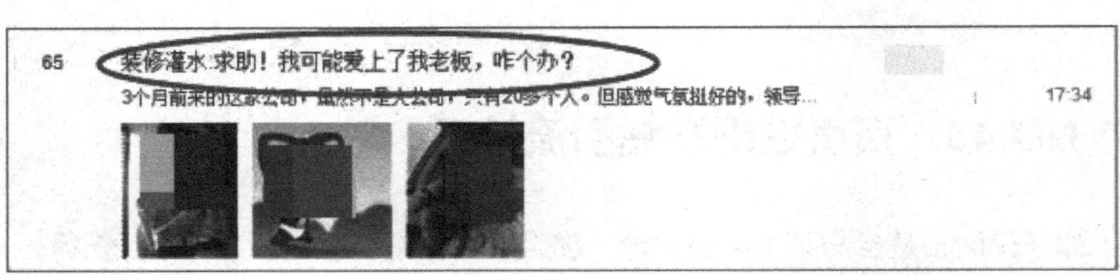

图43-1　故事型营销

乍一看，两篇帖子的标题与装修关系不大，其实是通过讲故事，把要推广的产品隐藏在文章中。

2. 设置精华帖、置顶帖技巧

（1）进入要设置的帖子，点击右上方的帖子管理按钮。如图43-2所示。

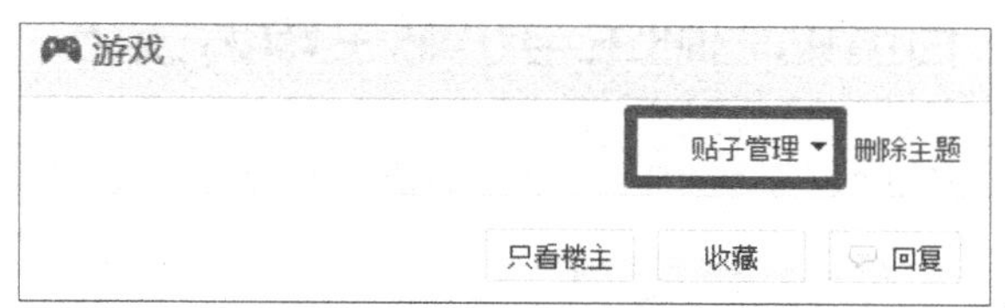

图43-2 帖子管理

（2）选项中出现设置精华帖、置顶帖按钮。如图43-3所示。

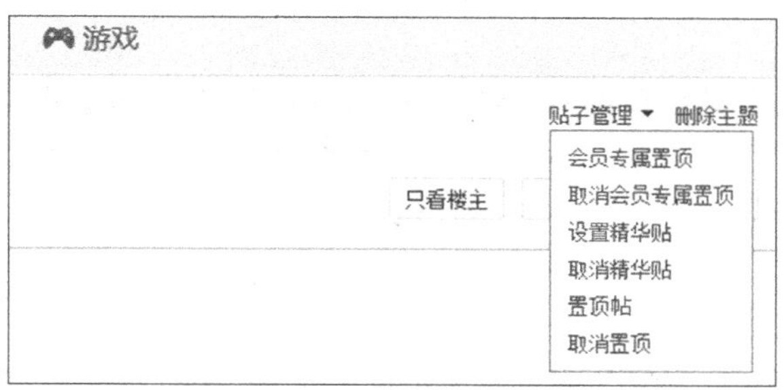

图43-3 设置精华帖

（3）点击设置精华帖，或置顶帖，对帖子进行分类，再点击提交按钮。如图43-4所示。

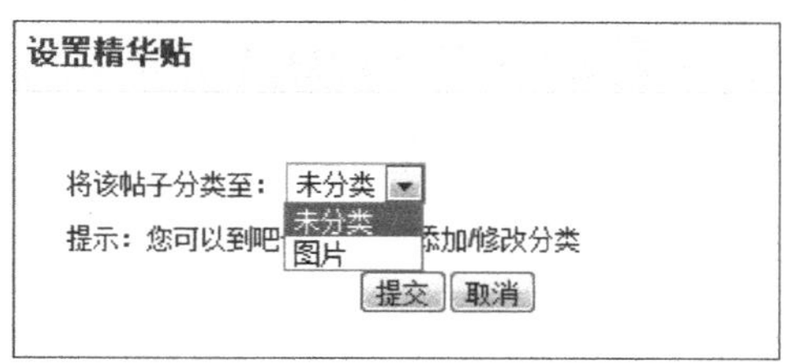

图43-4 帖子分类

优质贴吧、优质内容、位置靠前，是通过发帖引流不可或缺的三要素。也要避免在不同贴吧中发布一模一样的帖子，适当调整标题和内容，以防被百度管理员删除。

☞ NO.44　百度贴吧吧主与小吧主申请技巧

想要通过百度贴吧更多地引流，可以申请成为吧主。之后就可以对其他用户进行职务任命，如：图片小编、视频小编，当然也能将其撤职；置顶帖子和加精华帖；可以封贴吧中的ID号码和解封；设置友情贴吧、日历及名人堂等模块；提交贴吧分类；为精品帖起名、分类；给会员起名；恢复被删除的帖子；批准用户加入贴吧等。而获得这些权限的前提，是申请成为贴吧吧主，这里教会大家一些方法。

1. 小吧主虽然其权限仅限于删除帖子，但却能加速成为吧主。做到与吧主、吧务团打成一片，并且多发实用性强、优质的帖子，认真回复帖子、多与吧主交流是首要前提，同时要保持一定的在线时间。

做到了上一条，就可以尝试申请小吧主。找到自己感兴趣的贴吧，点击进入后，先关注此帖吧。如图44-1所示。

图44-1　关注贴吧

2. 在页面的右边找到“本吧信息”，将鼠标移动至那里，附近会出现“申请”两字，点击进去，可以看到申请小吧主的条件。如果条件满足，可以填写申请感言，不能胡乱填写，要做到语言真挚，尽可能打动吧主。填写完毕后，可点击提交按钮进行提交。如图44-2所示。

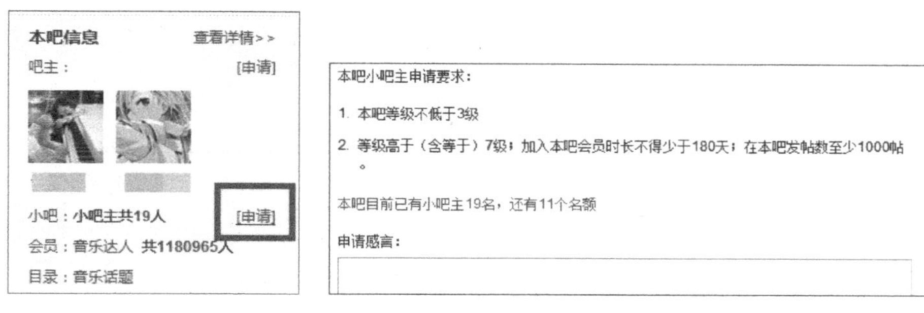

图44-2　申请小吧主

3. 申请吧主前，要与现有吧主打招呼，对方可以将申请吧主的条件设置为你符合要求的范围。

4. 写一篇高质量的贴吧吧主申请软文，是获得通过的重要环节。可以借鉴网上范文，再结合自身实际进行修改，软文中要强调"认可百度文化""热爱贴吧"等内容。

5.新创建的贴吧，创建人申请贴吧吧主的通过率一般较高，只要保证有一定数量的新帖即可。

成为吧主后，即拥有一定权限，可以邀请更多用户来自己的贴吧。

☞ NO.45　创建贴吧引流技巧

如果可以在百度贴吧中创建自己的贴吧，就有机会聚集更多用户。这里教会大家如何创建贴吧及一些引流技巧。

1. 创建百度贴吧

（1）进入百度贴吧首页，为自己的贴吧起个响亮的名字，在搜索栏中输入，点击蓝色标签，进入贴吧按钮。如图45-1所示。

图45-1　搜索贴吧名称

（2）如果此贴吧尚未被创建，页面会出现“创建做个女神吧吧”字眼，点击该功能键，即可创建贴吧。如图45-2所示。

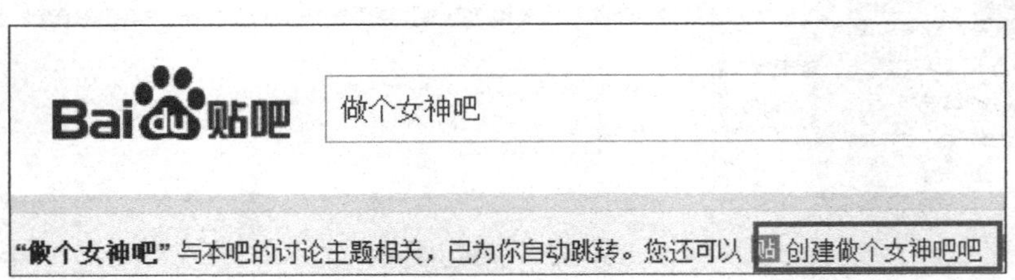

图45-2 创建贴吧功能键

（3）依次输入贴吧名称与验证码，点击创建贴吧即可。百度贴吧会在两个工作日内，告知贴吧是否创建成功。如45-3所示。

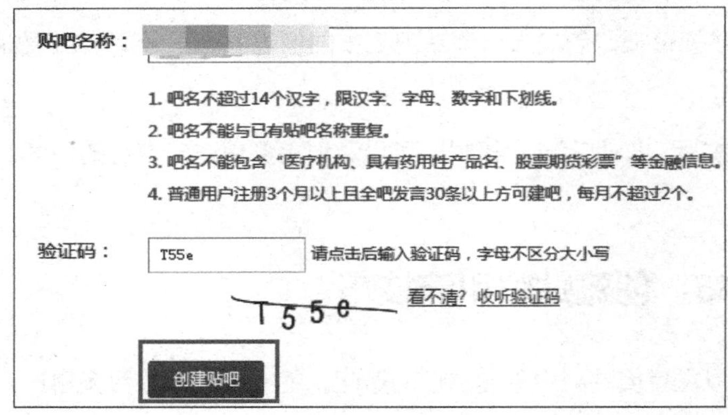

图45-3 贴吧创建成功

2. 创建贴吧引流技巧

（1）用户对你所创建的贴吧主题越感兴趣，引流效果越好，最简单的方法，就是与当下热点相结合。例如，近期火爆的电视剧、即将上映的大片、出镜率高的明星、新闻热点、百度热搜榜中的关键词，都可以作为帖吧主题。

（2）新创建的贴吧流量少，可以先用自己的小号在此签到、发帖等，并尽可能多地转帖，同时把贴吧链接分享在社交平台上。

（3）创建贴吧后，别忘了对贴吧进行一番装饰，整体风格应当与贴吧主题一致，相得益彰才能更好引流。

《锦绣未央》借助热点创建的“庶女有毒吧”，在百度贴吧中，被打上了推荐标签，很容易被找到。不难发现，这个贴吧的头像、背景图与主题十分贴合，展现出唯美的一面，同时贴吧的个性签名也与《锦绣未央》有关，非常吸引人眼球。如图45-4所示。

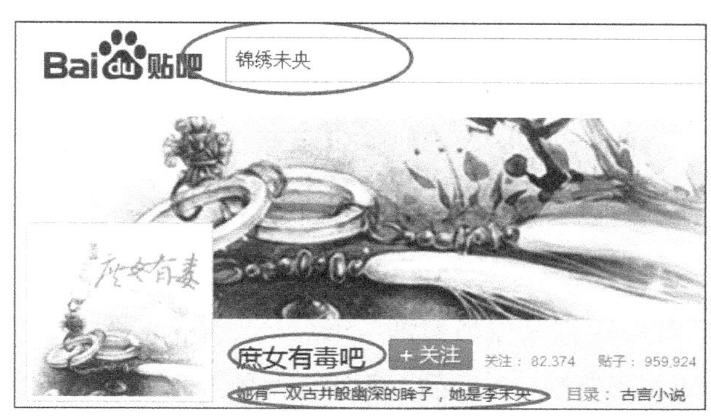

图45-4 贴吧装饰

（4）创建贴吧后，可以将自建的QQ群放于“群组”位置，以便用户加入。

有了自建的百度贴吧后，再运用前面几节中所提到的引流技巧，会令贴吧引流效果事半功倍。

☞ NO.46 贴吧小号与大号互动技巧

通过百度贴吧引流，不可避免要先申请多个账号，根据粉丝数量不同，区分大号与小号，两种账号产生互动有助于引流。这里就教会大家相关技巧。

1. 大号等级高、粉丝多，是引流的主力军，小号要配合大号进行发帖、回帖等行为。例如，大号发帖后，用小号进行回复；大号回帖时也可以这样做。值得注意的是，大号与小号的互动，要有一定时间间隔，在同一篇帖子上的互动不宜过于频繁。

2.了解贴吧大号与小号互动的几种形式

（1）通过小号引出大号的推广。

使用小号在百度贴吧中提问，将需求表达出来，再由大号介绍所要推广的产品，或者店铺链接。例如，用小号表述：希望别人推荐一款美白面膜，此时可以用大号回复，期间再进行几次互动回复，以增强真实感。

（2）用小号验证大号所推广产品的优势。

大号在贴吧中推广产品，小号可以从使用者的角度去告诉其他用户：这是一款不错的产品。

（3）大号与小号“互掐”，对不同产品进行比较，显示真正要推广的产品的优势。

不一定每次都通过大号引出要推广的产品，也可以尝试让大号、小号“互掐”，由小号引出真正要推广的产品。例如，大号先引出一款产品，再由小号介绍另一款产品，并着重介绍前产品没有的优势，将用户的兴趣引到小号介绍的产品后，再进行推广。

不论运用哪种互动技巧，都应当保持语言自然，避免因过度修饰而引发用户疑问。

☞ NO.47　“百度知道”提问引流技巧

在互联网引流大战如火如荼的今天，百度作为国内互联网流量聚集地之一，已然成为战略要地。这一节教会大家如何通过在“百度知道”中提问引流。

1.进入“百度知道”页面，点击右侧提问按钮进入链接，将问题输入提问框中，点击提交问题。可以利用推荐的标签对问题进行分类，并添加图片、发送位置等，资料越详细，并且保证分类正确，越容易引起用户注意。如图47-1所示。

图47-1 进入“百度知道”提问

2. 提问时不要用广告语，不留联系方式。即便想通过“百度知道”引流，也不要在提问中有太明显的宣传用语，更不能留下QQ、微信等联系方式，因为很容易被系统删除。

3. 想要留下联系方式或者链接，可以选择追问。如图47-2所示。

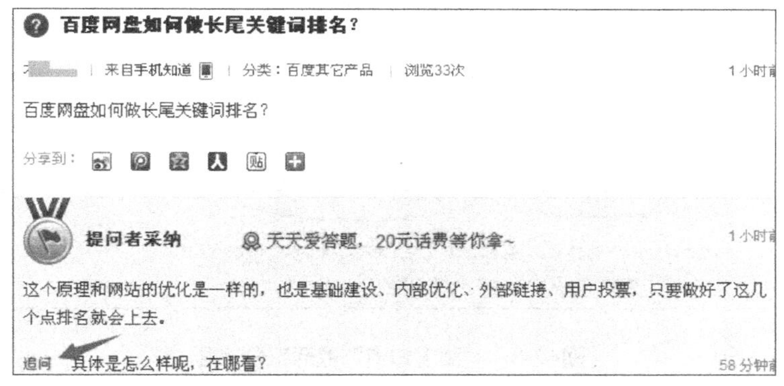

图47-2 “百度知道”追问按键

4. 准备两个百度账号，一个提问一个回答。如果两个账号都用计算机登录，很容易因同一IP地址，被百度管理员发现，建议登录手机客户端，尽量不要使用Wi-Fi，避免出现同一IP地址。

5. 提问时间只需简单描述问题，用另一个账号回答。当提问账号进行追问时，回答账号可以做详细的说明并留下链接，这时候提问号可以将该回答直接采纳为最满意答案。

（1）编辑百度提问时，多借助当下热点，因为这些热点本身就“自带流量”，会为引流增势不少。例如，话题可以是近期火爆的某款口红、某位明星同款的服装等。

（2）提问多用祈使句。有数据表明，“百度知道”中的提问，用祈使语气平均获得的回答最多，因此多使用态度真诚，彬彬有礼的提问，切忌使用“求救各位大虾”“我该怎么办”“跪求××”一类标题。

（3）控制提问字数。一般情况下，提问标题不超过20字，内容不超过100字，字数太多反而会减少用户的关注。

（4）采用悬赏方式引发用户关注。“百度知道”为问题最佳答案提供者提供了积分奖励，积分由提问者提供。如图47-3所示。

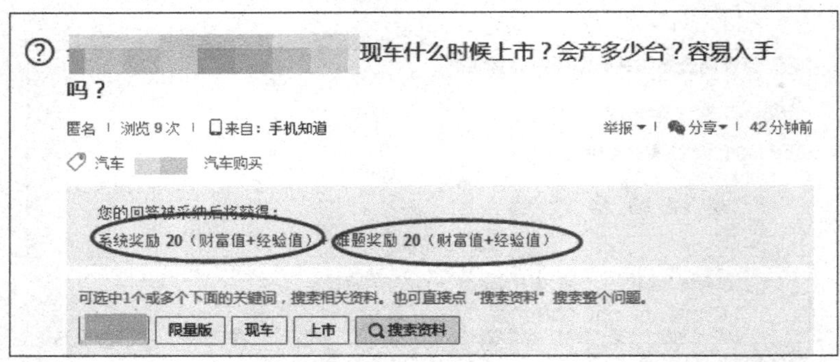

图47-3　“百度知道”提问积分奖励

经常活跃于“百度知道”，就有机会获得积分奖励，可用于日常提问。但并非每次都将积分给用户，可以不采纳为最佳回答，也可以将百度小号的回答设为最佳回答而得到积分。

（5）选择最佳提问时间。一天中，大部分用户会选择早上10点、晚上9点登录“百度知道”，在这两个时间段提问最容易引发关注。

（6）可以将提问转发到社交平台上，让更多人关注。如图47-4所示。

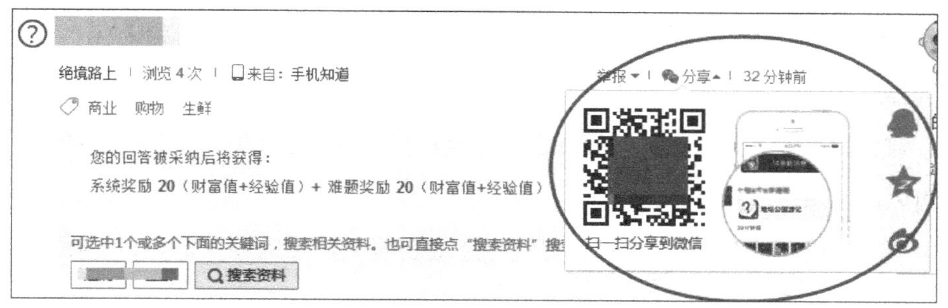

图47-4 "百度知道"提问在社交平台上分享

通过百度知道引流的前提，是在平台中提出优质的提问，了解以上技巧后，就可以尝试在百度知道中进行提问了。

☞ NO.48 "百度知道"回答引流技巧

运用"百度知道"引流，不仅要了解提问的技巧，还需掌握回答的技巧，以便优化回答方式，让更多用户看到你的推广。

作为百度自有平台，"百度知道"有着得天独厚的排名优势，因此不少用户在此有广告推广行为。想要获得更佳引流效果，不妨借鉴以下经验：

1. 打开"百度知道"，点击问题按钮，在下拉菜单中选择擅长的问题分类。

2. 或点击全部问题按钮，进行精确筛选。如图48-1所示。

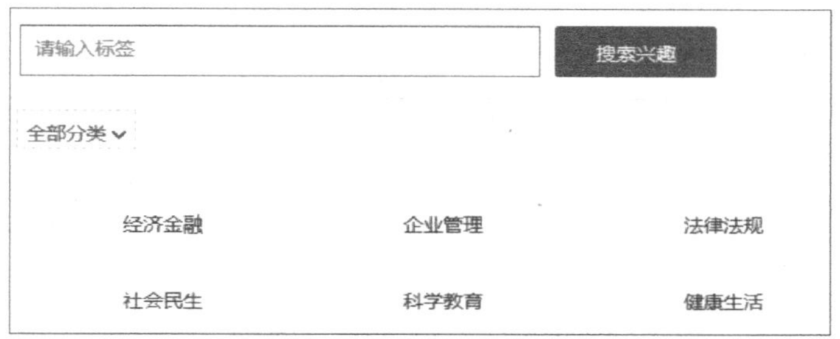

图48-1 精确筛选提问

可以在筛选栏中选择与需推广产品有关的问题，也可以通过输入标签，找到与需推广产品有关联的提问，或是参与高分悬赏、热门提问。此类提问关注的用户多，对引流有很大帮助，这些标签中，也有其他微信营销团队的培训课，找到它们后可以加以借鉴。

除了回答自己所擅长领域的提问，还要多搜索热点问题，例如，近期流行趋势、热门话题等。

3. 回答问题时，除了文字外，还可以通过添加图片、视频、位置等方式，令回答变得有趣。如图48-2所示。

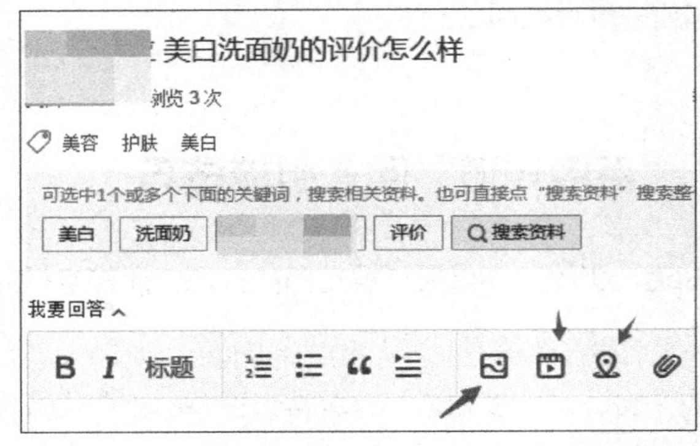

图48-2　"百度知道"功能键

图中三个功能键分别表示图片、视频、定位，回答该问题时，可以将这个产品的使用方法通过视频介绍的方式展现出来，或粘贴使用该产品后的真人照片，都比纯文字更具说服力。

回答问题时分步骤进行：第一步，先讲述自己的观点，或者向用户解释原因等。例如，某用户提问，如何保湿皮肤，你可以先向用户讲解有关皮肤保湿的若干知识点。当用户觉得你的回答很专业并产生兴趣时，有可能会进行追问。第二步便是向用户推荐产品，如果用户在追问中表现出很浓厚的兴趣，可以将推广链接留在回答栏。如图48-3所示。

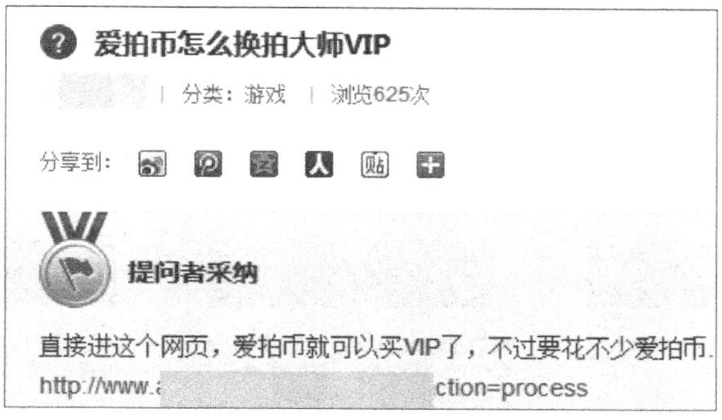

图48-3　回答中留下推广链接

通过“百度知道”引流，不能生硬地将联系方式或者要推广的产品写在回答栏中，应当先对用户进行精确定位，再通过调动用户兴趣的方式，把推广渗透到回答的内容中。

☞ NO.49　百度地图引流技巧

利用百度地图标注，能够为本地线上线下商户提供新型引流途径。电商同样可以在百度地图上自主管理引流信息，让客户全方面了解并找到你。

1. 标注内容

在百度地图标注中心http://biaozhu.baidu.com/#/，可以添加公司名称、地址、电话，以便目标用户能通过地图推荐的最快捷路线，找到店铺位置。

2. 标注步骤

进入百度地图标注中心，在左侧“标注认领地点”“我的地点”“品牌连锁认证”中，选择所需要的标注功能。如图49-1所示。

图49-1　百度地图标注中心功能

以最常用的标注认领地点为例，点击“标注认领地点”，在网页上方出现“添加新地点”“认领我的地点”或“批量操作”，如图

49-2所示。其中，"添加新地点"适用于地图上没有商户地点的情况，而"认领我的地点"则属于对已有地点的认领。

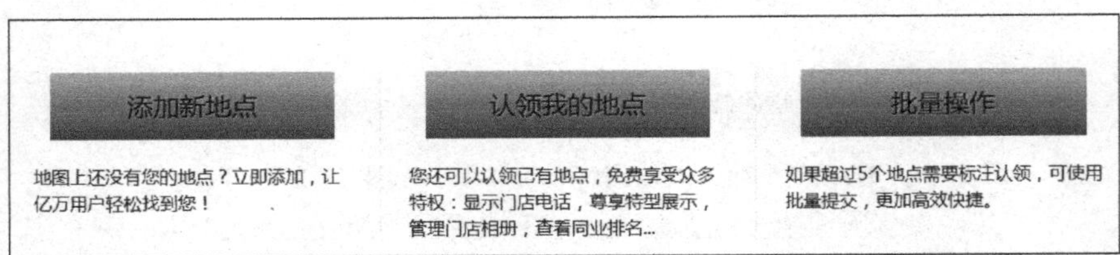

图49-2 "标注认领地点"功能

（1）添加新地点，需要按照提示，输入地点名称、地址、精确位置、电话和所属行业，此外包括提交人姓名、手机号、门脸照片等也需要填写。如图49-3所示。

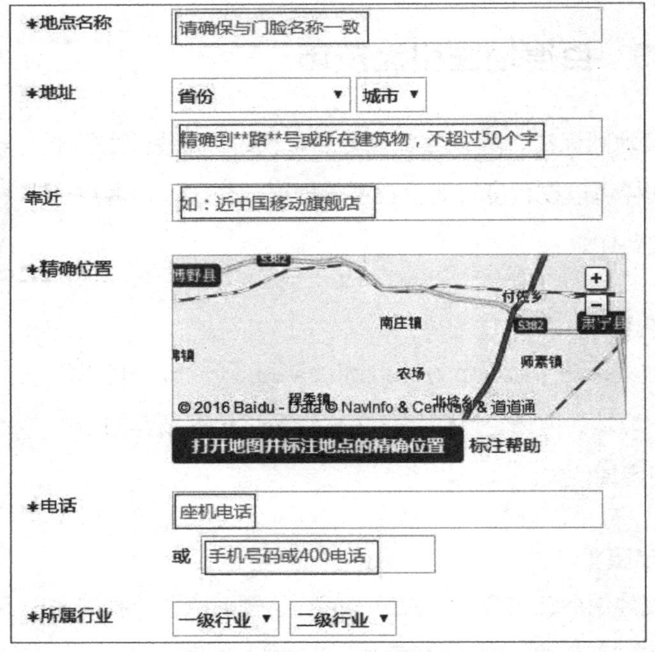

图49-3 "标注认领地点"中的添加新地点步骤

（2）认领地点，则首先需要选择地点，随后提交认领资料包括身份证照片、营业执照照片等，并等待审核反馈。如图49-4所示。

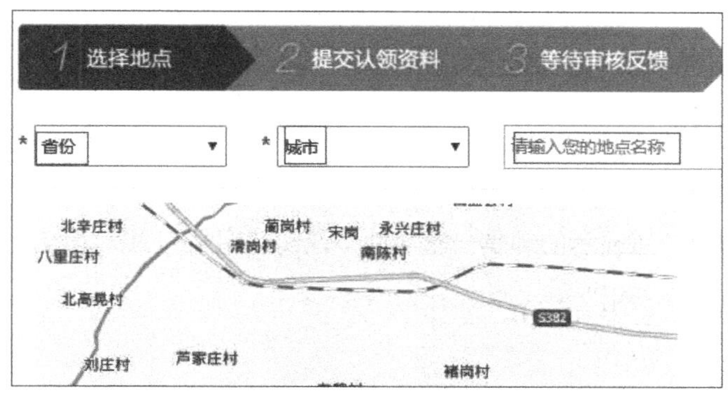

图49-4 “标注认领地点”中的认领地点步骤

3. 优化原则

在百度地图上有了标注地点，并不代表引流的成功，还需要注意优化。

（1）浏览量和停留时间。百度地图浏览量越高，百度地图排名越高。最好还要有用户较长的停留时间，停留时间越长，百度地图排名越高。

（2）使用好的商户名称。较短的商户名称，能够让分散的搜索权重集中起来，百度地图排名自然会提升。

（3）正确使用百度地图标签，能够提升商户和客户需求的相关性。

（4）如果条件允许，可以组织团队收藏百度地图，收藏数量的增加，也会提升排名。

☞ NO.50 百度百科引流技巧

百度百科是百度所推出的内容开放、自由的网络百科全书。其最常见的引流方式，是设置经常被搜索的关键词，并对该关键词作出描述、解释和介绍，在最后留上链接或网站名称。

具体需要注意的原则如下。

1. 要有一定等级的百科账号，这样你对百科词条的建立或编辑才会得到高效的认可和通过率。一般推荐满级号即15级的账号进行操作。

2. 将想要发布的信息放在此条的段首位置。这样，百度搜索页面中就能够直接显示引流内容。

比较有意思的是，截止到2016年5月13日，在百度百科中搜索"百科词条"这一关键词，段首位置显示的却是一家女性小说阅读网站的引流内容。这也可以看成引流方法的"活学活用"。

☞ NO.51　百度文库引流技巧

通过长尾关键词的优化，电商企业能够获得更多意向度高的潜在消费群体。利用百度文库进行相关长尾关键词优化，也能实现引流效用。

百度文库属于在线互动式文档存储分享平台，该平台上有达到千万量级的网友分享文档、宣传价值。

1. 设置文库标题

不妨找到专门做百度文库的团队或个人，在其文库中分享和产品有关的文章。例如，"减肥养生食品注意事项""财务软件产品使用注意事项"等标题，都能上传到百度文库中。

类似文库的标题设置中，最好应包含想要推广的企业产品或服务的长尾词，这样就能通过提升文库排名的方式来吸引不少流量。如图51-1所示，为某财务软件百度文库标题。

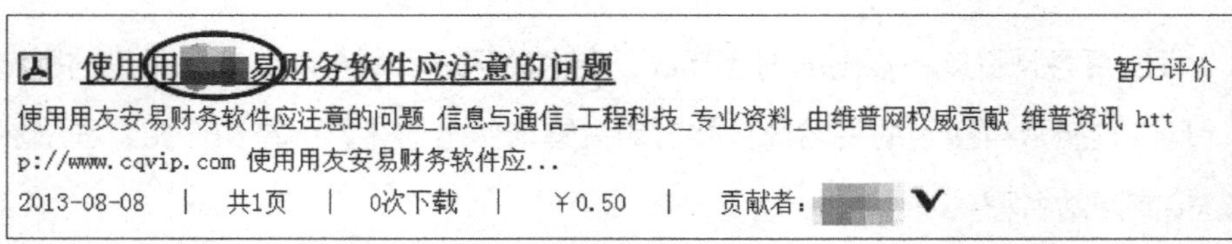

图51-1　百度文库标题设置技巧

此外，还要注意下面的细节。

（1）标题不要有广告意味，最好选择比较含蓄的文档标题，如“加入XX技巧大全”“购买XX需要注意的事项”。

（2）标题不要和已有的文档标题重复，否则会难以被准确搜索到。如图51-2所示。

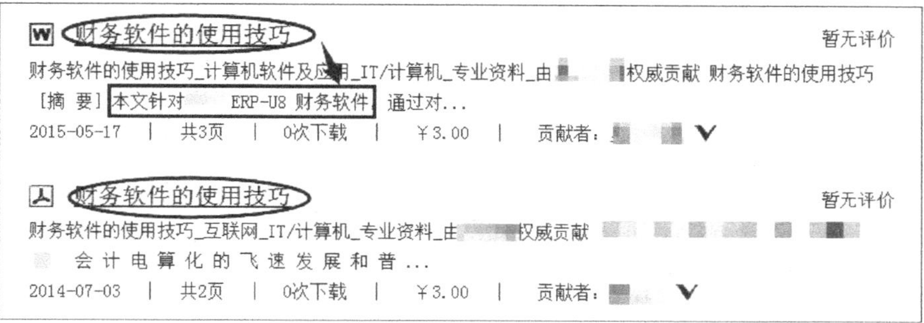

图51-2 标题重复的文档很难被准确搜索到

2. 文库内容

想要让百度文库迅速收录企业的文案，并提升到较高排名，必须着力提升文章的内容质量。

（1）最好撰写或整理一些原创度较高的软文内容。在百度文库中，以职场或生活内容为主题的文档较受网友欢迎，其次则属于网络推广方面的文档。通过博采众家之长，再引入关键词，就能打造出不错的营销推广。

（2）在软文中发布一些外部链接，从而提高链接的权重。但注意不要添加过多链接。

（3）文档排版应美观，首段空两个字符，段落间距为1.5倍，字体为黑体或宋体，体现出正规规范的特点。

（4）文档字数要充足，不少于1 500字，不低于2页。这样能够让用户感到阐述全面具体，深有帮助，他们才能阅读下去并给予评价。

（5）做到图文搭配，让用户阅读理解起来比较轻松。

（6）文档格式以PDF为佳，不要在文档中插入联系方式如电话号码、微信号和QQ号等。

3. 注意事项

（1）用户习惯通过在文库分类中进行搜索来寻找文档，因此在选择分类时要做到准确对应，从而提高文档审核通过的概率。

一家留学服务的电商机构，分别在澳洲留学、英国留学、雅思考试等分类中都发布了文章，这就比简单地选择高中教育要好得多。

（2）可以利用百度允许声明版权的特点，在声明中加入作者姓名、公司名字或网站网址。不过，在添加版权时，千万不要用加粗、颜色等手段加以强调。

（3）百度文库文档排名受到网友评价、下载的直接影响，评价越好、下载越多的文档，排名越靠前，因此可以通过多个小号来给予文档好评。可以通过威客网站等方式，组织团队进行阅读量、下载量和好评量的提升，也可以通过切换IP和清理Cookies、加入百度文库互助群等方式，进行免费提升。

（4）聘用有经验的操作团队负责发布，效率会大大强于企业自身团队。如果团队自己操作，尽量提高账号等级，账号等级越高，文档通过率越高。

☞ NO.52　百度网盘引流技巧

百度网盘属于百度云中的重点服务项目，是百度力推的云存储服务。通过网盘，用户能够将自己的文件轻松上传到网盘，并可以跨终端随时查看和分享。

1. 热门资源引流

打开百度网盘首页，右上角发现“热门资源”。点击“热门资源”，并在其中“赞”和“评论”数量较多的资源后发表“评论”。将引流所使用的关键词插入这些“评论”，就能起到相应作用。

2. 网盘引流

（1）建立网盘，上传有价值的资源。例如最新影视资源、高清音乐、高清图片等。

（2）设置密码，去产品推广对应的目标消费群体集中地（包括论坛、贴吧、微信群、QQ群）进行发布。

（3）通过话术和资源展示，吸引到希望下载的用户，以分享网盘密码的方式，获得用户的联系方式（邮箱、微信号等）。

☞ NO.53　百度搜索下拉框引流技巧

百度搜索下拉框功能，是指无论在移动设备或PC端访问百度首页并搜索关键词时，百度会自动推荐和该关键词相关的长尾词，以便用户直接搜索而不需要再打字。

例如，搜索“帆布鞋”，会出现“帆布鞋品牌排行”“帆布鞋店加盟”“帆布鞋厂家批发”等。

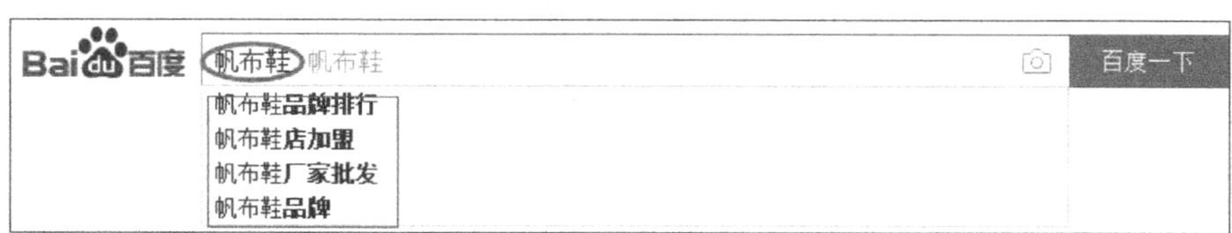

图53-1　百度搜索下拉框营销

百度下拉框算法很简单：系统记录关键词每天搜索量，同时记录相关词的搜索量，并将结果加以保存，再按顺序展现在下拉框中。一定周期内，搜索量越大的词，下拉框中排名越会靠前。

利用这一算法，可以有效引流截流。

1. 软件点击

使用市场上现有的软件，如互点宝、推百拉软件等，在其平台上注册之后，和所有用户集中起来形成数量庞大的点击团队。当某个用户在软件中设置了某长尾关键词后，软件系统就会调用其他所有用户的计算机程序，对长尾关键词进行搜索。当搜索量达到一定数量和维持一定时期后，百度下拉框就能推送该长尾关键词。

2. 人工点击

（1）组织员工或邀请朋友，在一段时间内维持每天的搜索和点击。

（2）如果拥有自己的网站，可以在网站页面上设计弹窗，将关键词的百度搜索结果链接地址应用到弹窗中。当访问者打开正常页面之后，自动弹出的即为百度搜索结果，相当于自动搜索该关键词。

（3）没有自己的网站，可以直接找到一些访问量不错的站长合作，只需要花较少的成本，也能带来每天几百个的IP弹窗点击量，从而间接提高关键词在百度搜索下拉框的排名。

☞ NO.54　百度直达号引流技巧

百度本地直通车，是百度推出的帮助本地服务商家高效引流客户的推广方式。电商可以在百度移动开放平台建立官方账号，并通过移动搜索、@账号、地图、个性化推荐等不同方式，直接获得强大的客流支撑。

海底捞火锅成立十余年来发展速度很快，但线上电商领域始终没有做大。为此，他们开发了百度直达号功能，任何一个客户在手机百度搜索框输入“@海底捞”并百度，即可直达海底捞服务（图54-1），进行线上预约并到店消费，实现了每日新增400单左右的流量增加。

图54-1 百度直达号搜索商家可直达

自助开通的方法分为以下四步骤。

（1）登录百度账号，进入直达号官网首页zhida.baidu.com，进入后点击网页蓝色按钮“自助开通”（见图54-2），或点击首页最上方的“立即开通”。如果没有邀请码，最简单的方法就是编辑邮件标题“申请直达号邀请码—公司名称”，然后发送邮件至ext_lightAPP@baidu.com，工作人员会在5个工作日内给予回复。

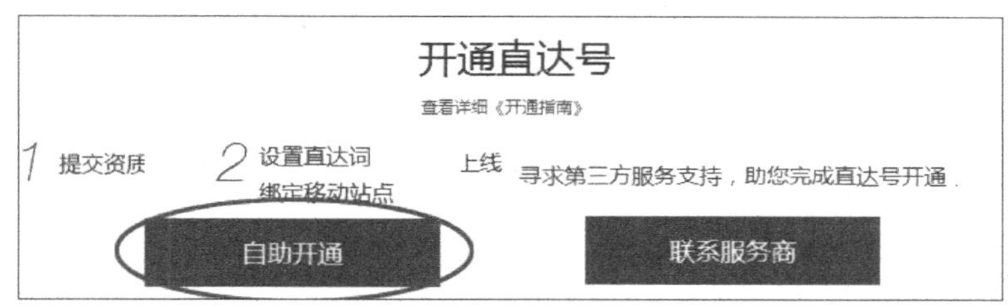

图54-2 自助开通直达号

（2）填写资质信息，在信息填写页面中填入行业分类、企业名称、营业执照注册号、营业执照扫描件、企业法人姓名等。所有信息都应该如实填写。

（3）设置直达号关键词和接入轻应用。关键词内容很重要，必须要确保其在百度搜索中是唯一存在的品牌名，并能够作为未来客户能够@商家的关键词。关键词一旦设定，就无法修改，设定完成等待申请的时间通常是5个工作日。

（4）百度直达号开通并接入轻应用之后，电商就可以在其平台上对接商品、介绍商品，电商引流的渠道也就此打造完毕。

☞ NO.55　百度经验引流技巧

百度平台的多数引流策略，正在于“分享”，如百度知道、百度传课等，都是在信息分享的过程中，植入自己的内容，从而起到引流目的。百度经验（http://jingyan.baidu.com/）也是如此，它同样利用“分享”的模式，提升用户看到自己、搜索到自己的概率。

登录百度首页，即可清晰看到“经验”的模块，点击进入，即能进入百度经验。确定好经验的名字，然后点击“发布经验”，即可进入经验发布页面。如图55-1所示。

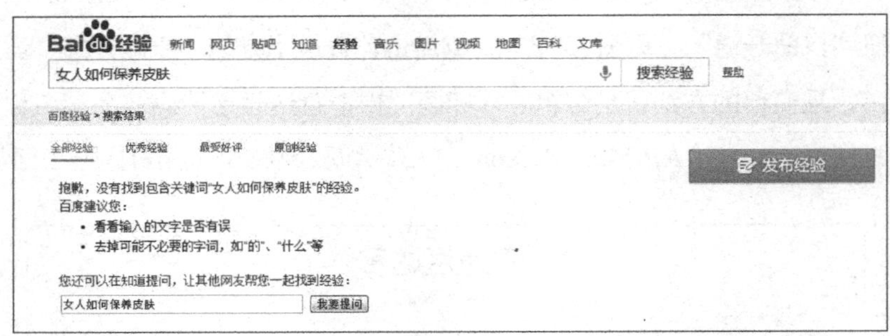

图55-1　“百度经验”发布页面

百度经验的发布很容易，一个“标题+内容”即可轻松完成上传。并且，其因为系百度旗下产品的缘故，与百度知道相似的是：百度经验将会优先出现于百度搜索的首页之中，关注度和点击率都会大为提升。作为国内占有率第一的搜索引擎，可以说使用好百度旗下的各类产品，引流效果就会迅速攀升。

百度经验的发布方法很简单，但要想达到更好的引流目的，必须遵循以下原则。

1. 标题越精准越好

百度经验的标题，尽可能简洁、精准，剔除过多不需要的修饰词。例如“女人如何保养皮肤”，简单的几个字直接说明了受众对象和方向：女性，护肤。这样，一旦用户键入相关关键词，百度就会精准呈现，否则就将被其他类似的经验内容占据优先位置。

2. 选好分类

填写完标题后，我们会看到分类栏，如图55-2所示。不要小看这一点，如果分类不够精准，如“女人如何保养皮肤”的分类选择到了“计算机”，那么不仅不会有人关注，甚至还有可能因为内容不符被管理员删除。

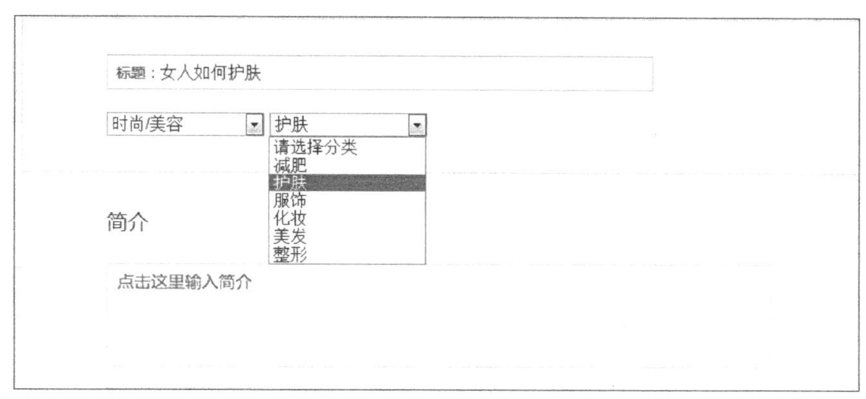

图55-2 百度经验分类设置界面

3. 图文结合，杜绝水印

图文结合一直都是网友热衷的阅读方式，单纯的文字内容，会大大降低互联网时代用户的阅读欲望。所以，在发布内容时，尽可能去找一些与内文相结合的图片，甚至就是你代理的品牌图片，从而达到“软广告”的目的。

但是要切记：无论我们的图片有怎样的目的，绝对不能有水印。百度经验对此有严格规定，一旦图片含有水印，那么就有可能遭到删除。所以即便需要使用产品图片，也一定要尽可能到官网下载高清无水印的，避免违反百度经验规则。

4. 关注左侧边栏

当我们使用鼠标滚轴进行页面上滑或下滑时，会发现左侧边栏会有一个窗口一直跟随。不要小看这个窗口，百度经验的规则、一些使用技巧都在其中显示，点击按钮即可查看。轻松一点，即可达到相应板块，这样就有利于我们在编辑较长内容之时，一键到达需要修改和填写的栏目，从而大大提升效率。

5. 引流的关键在昵称

因为规则的原因，所以百度经验之中，与百度知道相似的是：不能出现过多的商业内容、电话、联系方式等。因此，百度经验的引流，重点在于昵称。需要特别说明的是：百度旗下的各个平台，其账号是可以互通的，如百度知道的账号，同样可以用于直接登录百度经验。所以，起一个能够准确引流的昵称，在使用百度时所有平台都可以同步展现，这样就可以实现“昵称”引流的目的。

第5章

阿里系平台引流与推广营销15招

☞ NO.56　淘宝自然排名优化引流技巧

淘宝购物的日渐风靡，获得了一大批用户的拥护，很多人从中看到了商机，想要在这个竞争激烈的平台上分得一杯羹。可是，淘宝的产品分类已经日趋完善，无论你销售何种产品，都不乏竞争者，所以，淘宝自然排名优化引流就至关重要。

一般，通过用户搜索关键词，淘宝搜索引擎就会把相关产品展示给用户，而其凭借的依据是什么呢？如图56-1所示。

图56-1　淘宝综合信誉较高店铺示例

1. 宝贝描述

淘宝官方搜索对于店铺排名的衡量，取决于商品的规范性和商品信息的准确性。官方对于商品品质的衡量，倾向于商品的性价比，更加重视消费者的体验；对商家的要求是，准确填写商品的属性、类目等，以免误导消费者。如图56-2所示。

（1）淘宝店铺需要确定专一的类目，五花八门的商品反而不利于引流固定客户。

（2）确定商品的固定风格。例如，你经营的是女装，就可以细化到具体的风格，奢华高贵、清新文艺或者韩范儿等。专注于店铺的个性化服务，更能获得淘宝引擎的流量。如图56-3所示。

图56-2　卖家上新商品描述

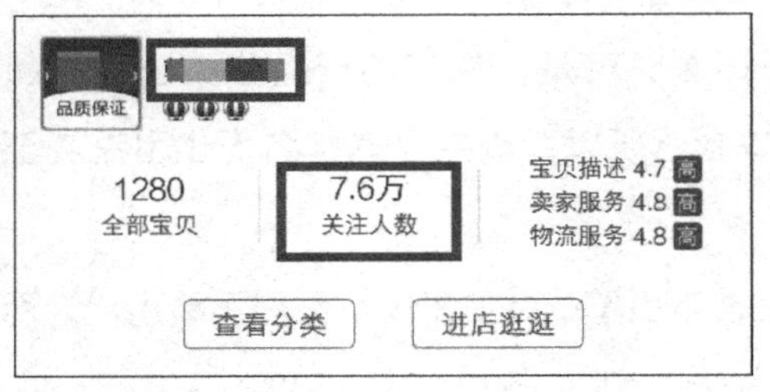

图56-3　关注度较高店铺的风格示例

（3）具体并谨慎填写宝贝描述，优化商品标题，方便大家通过关键词搜索你的商品。如图56-4所示。

（4）除了对商品进行详尽的评述、上传商品照片等，关键还是把好商品的质量关。

店家的诚信经营，加上优质的商品，才是真正吸引粉丝的关键。

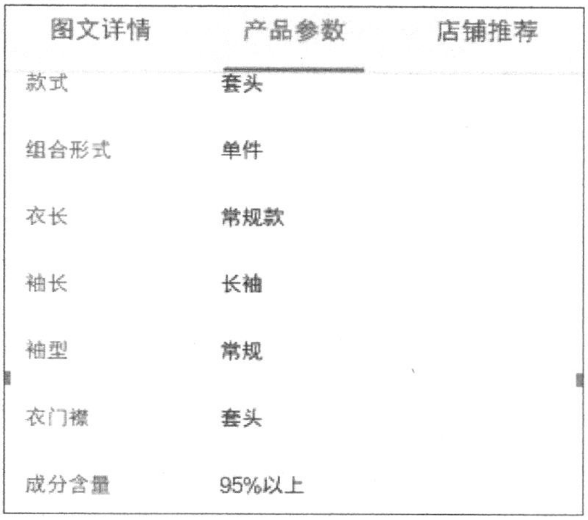

图文详情	产品参数	店铺推荐
款式	套头	
组合形式	单件	
衣长	常规款	
袖长	长袖	
袖型	常规	
衣门襟	套头	
成分含量	95%以上	

图56-4　具体的宝贝描述

2. 卖家服务

淘宝店铺的综合排名里，大家认可度较高的一般是商品质量值得信赖、客服服务尽职尽责、售后体验让大家满意的店铺。

（1）设置客服系统自动回复功能，解决客户经常提出的疑问。如图56-5所示。

（2）客服的功能更像导购，在客户浏览店铺商品的时候，提供人性化的服务。

（3）消费者购物，难免会有带回家又不满意的情况，良好的售后服务也成为衡量店铺的重要因素。如图56-6所示。

及时、优质的服务，才是店铺的金字招牌，海底捞可以，你的店铺也可以，同时这也是你吸粉的杀手锏。

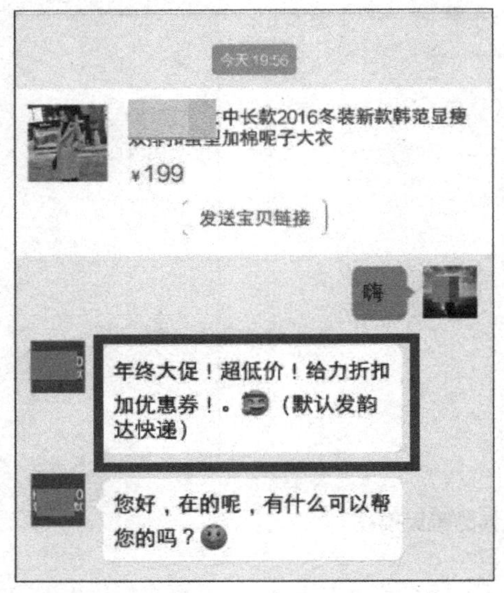

图56-5　店铺的自动回复

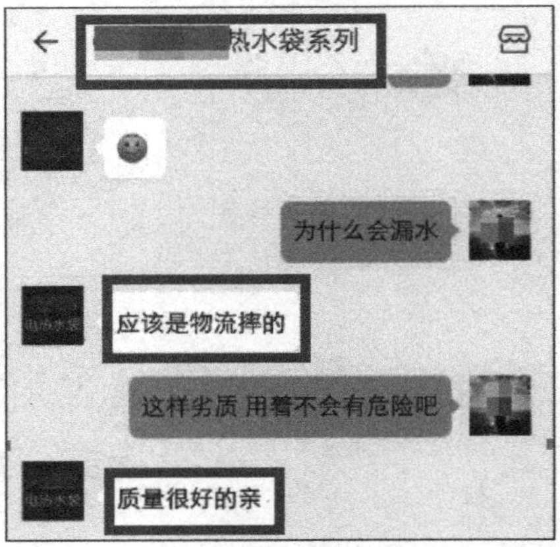

图56-6　客服良好的服务

3. 物流服务

发货速度、物流的更新、物流过程对商品的保护措施、送货服务等，都成为店铺物流服务的重要评价标准。

（1）选择一家快递公司合作，最好是速度和质量都能够达到标准，且价格也相对合理的。

（2）店铺对于商品的物流信息，要及时监督更新。

（3）对于消费者的物流咨询，客服要做到尽力协调。

淘宝的自然排名得到了优化，大家在搜索相关类目时，你的店铺商品就会更靠前，从而得到大家的关注，达到吸粉的效果。

☞ NO.57　淘宝店铺装修引流技巧

好马配好鞍。在淘宝平台上想要脱颖而出，耳目一新的店铺风格，往往会格外吸引大家的目光，帮助店家实现引流。

当然，我们可以直接在淘宝上购买店铺模板，挑选风格适宜的即可。如果本着节俭的风格，也可以自己设计装修。

然而，淘宝店铺虽说不比实体店，不需要设计草图，但是也不能马虎。

1. 店标、店名的确定

作为店铺的形象标识，店标、店名不可忽视。

（1）给店铺取一个好听的名字，可以把消费群体、店铺的优势等体现出来。

（2）选择合适的图片作为店标，并与店铺风格、商品形象相适应。

（3）百度搜索美图秀秀，点击在线图片处理。

（4）选择“美化图片—打开一张图片（店铺图标）—文字”，编辑店铺名称，应用在图片上即可。

（5）直接把做好水印的图片保存分享。

店标和店名设计好以后，按照淘宝申请开店的操作提示编辑上传即可。

2. 店铺首页布局

店铺装修的重中之重，当属首页的图案和商品排列。

（1）登录淘宝客户端，进入自己的店铺，选择店铺装修。如图57-1所示。

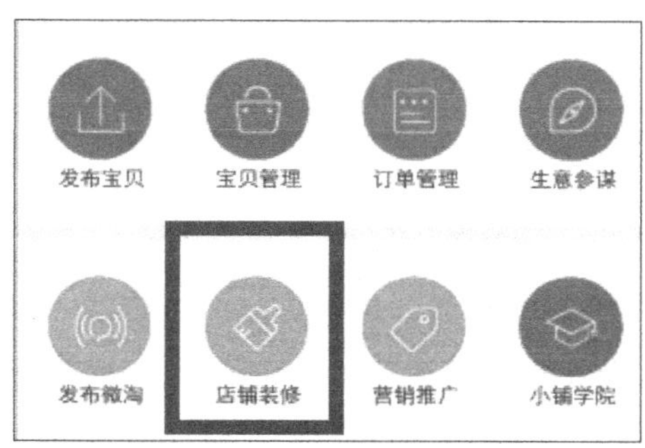

图57-1　淘宝店铺页面显示

（2）淘宝店铺免费提供的模板有三种：排行榜模板、上新模板、大图模板，而我们需要根据自己的店铺装修风格和设计的宝贝排列，选择合适的。如图57-2所示。

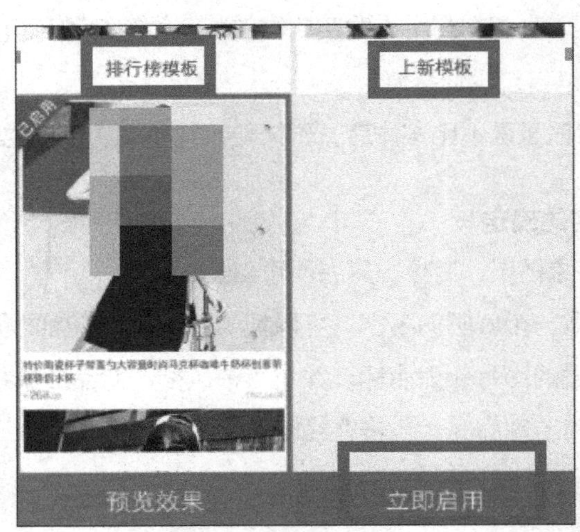

图57-2　店铺免费装修模板

（3）点击左上角的装修设置，选择店铺招牌，选择合适的图片，就可以为我们的店标和店名设置背景了。如图57-3所示。

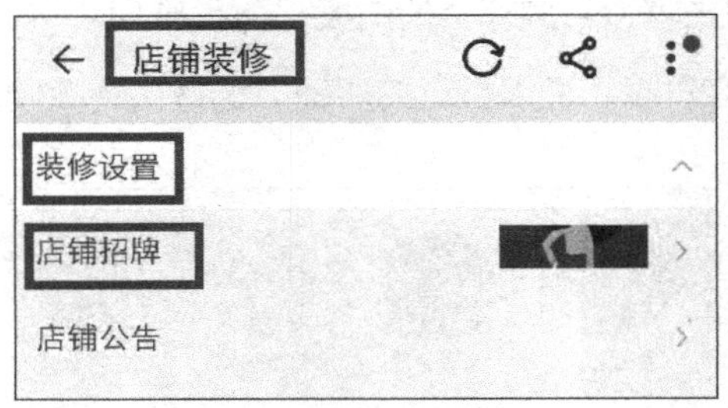

图57-3　设置淘宝店铺背景

（4）设置店铺的公告栏。公告栏位于店铺首页的醒目位置，是不可错失的广告机会，可以把店铺的“上新”、优惠促销、特色商品等在这里展示。

第一步，进入自己的店铺，点击装修设置，选择店铺招牌。

第二步，点击店铺公告，编辑内容，选择保存即可。

第三步，浏览编辑效果。

通过设置以上内容，我们可以设计出符合自己要求的店铺风格。

3. 宝贝分类

我们可以借鉴一下关注度和销量比较高的淘宝店铺，进行商品的分类。如图57-4所示。

那我们应该如何在自己的店铺，设置宝贝分类呢？

（1）登录淘宝客户PC端。

（2）选择“卖家中心—已卖出的宝贝—店铺管理—宝贝分类管理”。如图57-5所示。

（3）点击添加手工分类，把设计好的分类名称和图片添加上即可。

（4）保存更改。

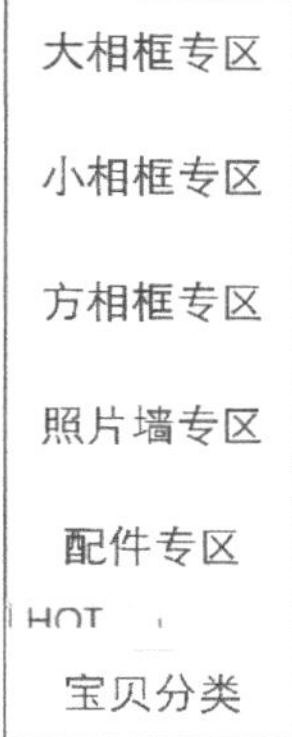

图57-4 明细的宝贝分类

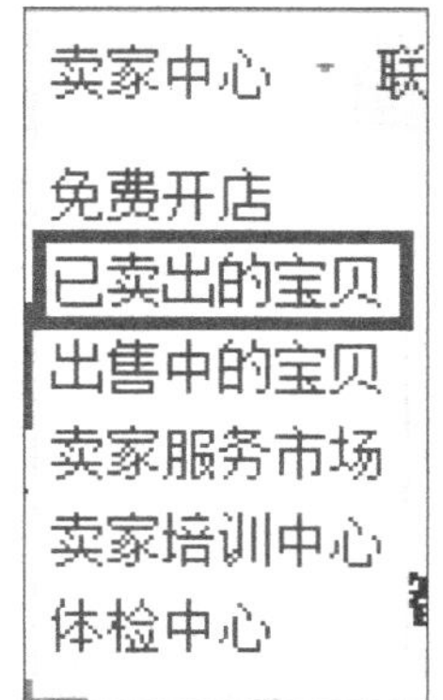

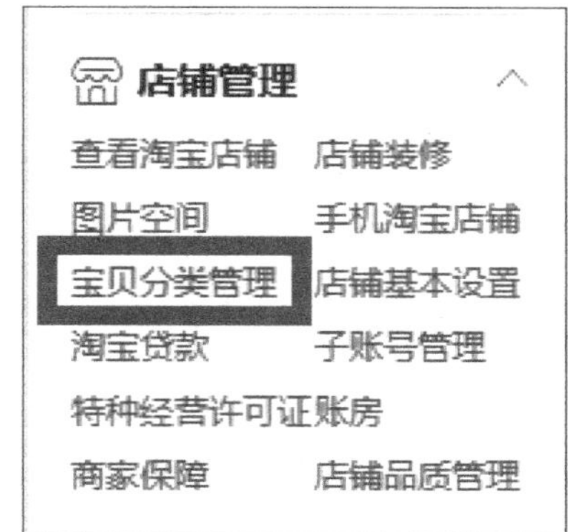

图57-5 宝贝分类操作过程

设置好宝贝分类，更便于消费者选择所需商品，也更利于店铺吸引粉丝的关注，给大家留下深刻的印象。

4. 宝贝图片

电商营销，潜藏的一大卖点就是商品的图片。通常，拍照的角度、光线、背景等，都是不可忽略的因素，这里我们就不过多强调了，只是需要提醒的是，宝贝的图片也属于店铺装修的一部分，切不可大意。

当然，我们在选择商品照片时，还要将商品的正面、背面、侧面分别进行展示，因为很多买家对于商品的挑选还是很仔细的。

当大家关注到店铺的精心设计，且又能够快速地找到自己所需的商品，再加上你精心的服务，自然会关注你的店铺。

☞ NO.58　淘宝官方活动引流技巧

通过参加淘宝官方活动，可以让更多的人关注到我们的店铺，吸引更多的粉丝，实现引流。

不难发现，淘宝的官方活动主要包括：类目活动、渠道活动、平台活动三类。

1. 类目活动引流

如果是新建的店铺，最好是多参加类目活动，以夯实自己的基础销量。

（1）登录淘宝平台，选择“卖家中心—营销中心—活动报名”。如图58-1所示。

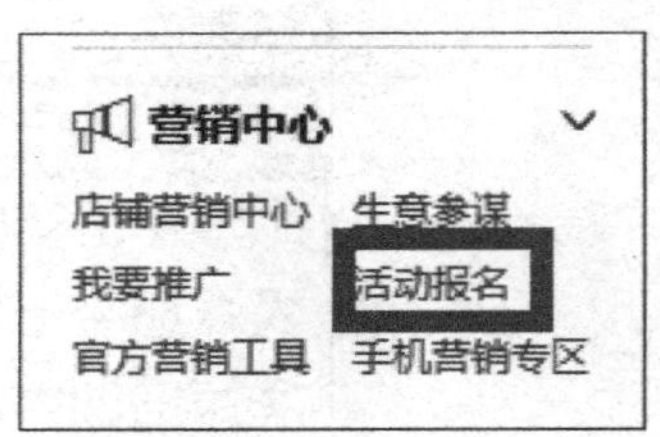

图58-1　活动报名

（2）查看活动列表，筛选出你能参加的类目活动。因为很多类目活动会对店铺的信誉度、建立时间等加以限制。如图58-2所示。

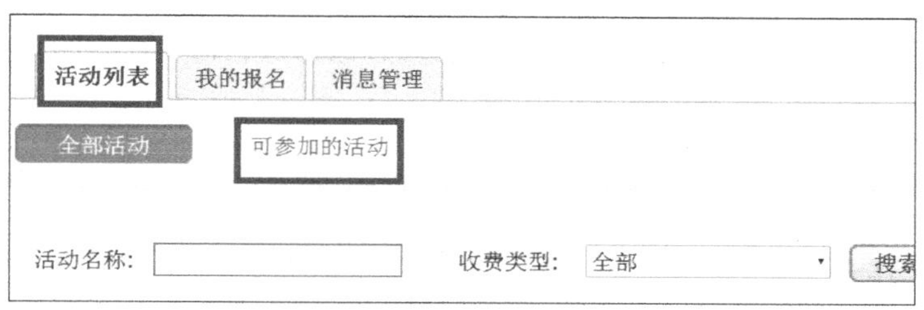

图58-2　筛选可参加的活动

（3）选择合适的类目活动，点击进入，按照提示步骤操作即可。如图58-3所示。

（4）报名之后，相关的审核信息会在消息管理中通知，按照提示操作。

（5）规划推进活动，如优化图片、装修店铺、检查商品的价格、库存、培训客服引导等，做好前期准备。

（6）通过微博、微信、QQ、百度等多渠道推广，把活动消息传出去，吸引大家的关注。

活动本身的热度，加上商品的品质和自我推广，吸引粉丝效果很不错。

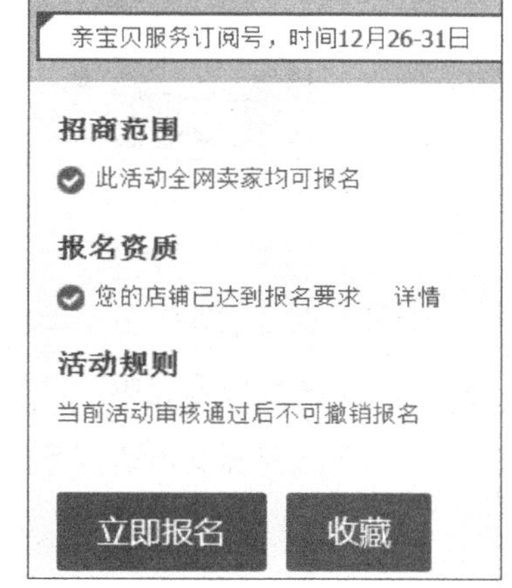

图58-3　报名参加活动

2. 渠道活动引流

如果店铺有了一定的流量，不再满足于类目活动带来的粉丝，就可以参加渠道活动了，如天天特价、免费试用、有好货、聚划算等，都是拥有大批粉丝的渠道。我们可以参加相关活动，如天天特价，实现更大程度的引流。

（1）在卖家中心，选择营销中心，点击店铺营销中心，选择品牌活动——天天特价。

（2）在右侧选择我要报名，点击进入，日历显示橘色的日期是可以选择报名的。

（3）点击可报名的日期，查看日常活动，选择适合自己店铺的具体活动。如图58-4所示。

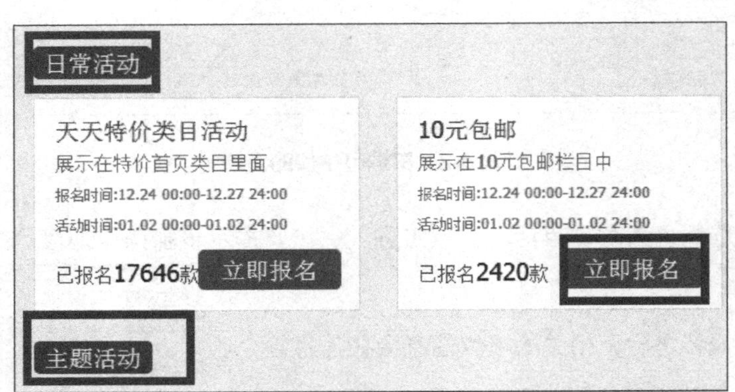

图58-4　查看日常活动

（4）点击立即报名，参看报名详情，符合要求的话，点击报名。

（5）按照报名表单，填写参加活动的商品信息和商家联系信息。

（6）选择提交申请，等待淘宝系统审核。

天天特价拥有的粉丝量是毋庸置疑的，只要能够顺利参与进来，并提供优质的商品，必然会达到意想不到的吸粉效果。

3. 平台活动引流

平台活动一般是指淘宝整体的活动策划，如双十一、圣诞节、春节等，都会有相关的活动举办。这类活动的重要性显而易见，例如双十一的威力，大家都体会到了。

只要竭尽全力进行评测、参与，每一个参加活动的店铺都会有回报。尤其是吸粉，对于已经发展较为完善的淘宝官方活动来说，已经不算什么难事。

☞ NO.59 淘宝第三方免费活动引流技巧

除了通过淘宝平台的活动引流，我们还可以在其他平台进行引流，如淘宝第三方免费活动就是很好的契机，包括米折网、淘宝达人、微博红人、微信平台等，无不是集合淘宝资源形成的第三方平台。而我们应该如何利用这些第三方平台实现引流呢?

1. 评论引流

我们以淘宝达人为例。

想要通过免费活动引流，交流分享至关重要。大家既可以借着平台宣传自己的商品，实现引流，还可以彼此交流行业相关干货，一举两得。

（1）关注粉丝量比较多的淘宝达人，比如你经营的是女装，就可以在相关网站搜索同类达人。

（2）在达人发表帖子、清单、单品等之后，积极评论分享。当然，评论不是硬性的广告，而是相关的知识普及和对商品的分享、风格的推荐等，以引起大家的关注。

（3）达人的粉丝对商品感兴趣，就会看到下面的评论，并和你互动，或者浏览你的主页，进而看到你的店铺，也为你的淘宝店实现了引流。

2. 多渠道分享

第三方活动引流，主打的是淘宝平台以外的流量，而微信、微博、百度等都是拥有众多用户基数的，是多渠道引流的不二之选。

（1）选择淘宝店铺优质商品（爆款是第一选择）。

（2）进入商品界面，点击右上方的三个点，选择分享到微信、QQ、微博。

（3）分享的同时，加以评论，就可以把三方的粉丝吸引到淘宝店铺了。

其实，第三方活动引流非常简单，可以说是以最小的代价，最大化吸引粉丝。而我们需要做的是长期的坚持，以及平台选择的审时度势。

☞ NO.60　淘宝直通车、钻展、硬广引流技巧

淘宝直通车、钻展、硬广作为多年的引流方式，拥有一大批粉丝，如果能够充分利用的话，也可为淘宝新手铺就一条高效的引流之路。

1. 淘宝直通车引流

直通车发展至今，已经有9年多了。现在的直通车推广大致是两个方向：一个是传统的低价引流，另一个则更注重质量。我们以直通车低价引流为例。

（1）淘宝店铺开张一段时间，拥有了良好的综合排名之后，就可以申请加入直通车，推广引流了。

（2）选取商品，拟定商品关键词，编辑直通车标题，同时分类目，新建商品推广计划。

（3）关键词出价，最好高于市场平均水平，并进行实时数据监控，对关键词的点击率等及时进行对比分析，快速修改关键词推广。

（4）充分利用直通车的各项功能推广引流。例如，设置定向智能推广，向相关用户自动推广，以吸引大家关注。

由此看来，直通车引流拼的也是商品的质量和文案以及图片的优化。

2. 淘宝钻展引流

实体店宣传经常采用的手段是打广告，而淘宝店铺想要做自己的广告怎么办？淘宝官方平台为大家提供了展示的机会——钻展。

然而，作为电商新手，我们是否也可以利用钻展引流呢？

（1）钻展的操作并不难，淘宝卖家系统都有新手指导，这里不再赘述。如图60-1所示。

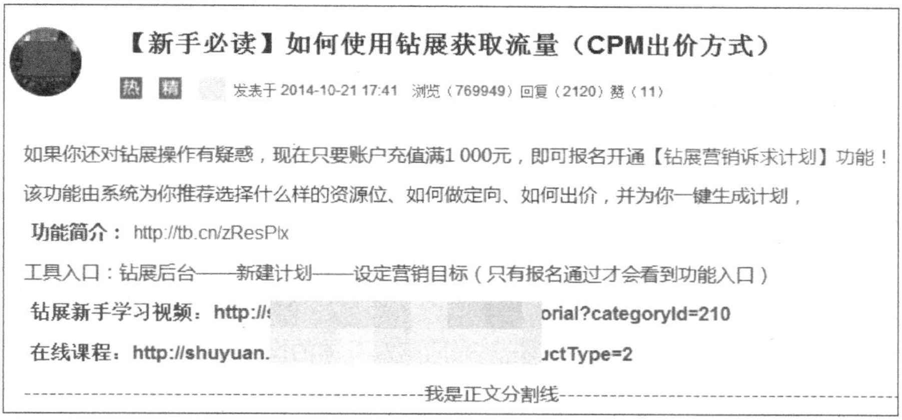

【新手必读】如何使用钻展获取流量（CPM出价方式）

热 精 发表于 2014-10-21 17:41 浏览（769949）回复（2120）赞（11）

如果你还对钻展操作有疑惑，现在只要账户充值满1 000元，即可报名开通【钻展营销诉求计划】功能！

该功能由系统为你推荐选择什么样的资源位、如何做定向、如何出价，并为你一键生成计划，

功能简介： http://tb.cn/zResPlx

工具入口：钻展后台——新建计划——设定营销目标（只有报名通过才会看到功能入口）

钻展新手学习视频：http://s…orial?categoryId=210

在线课程：http://shuyuan.…uctType=2

---我是正文分割线---

图60-1 钻展新手指导部分内容

（2）选择钻展的资源位。广告效果怎么样，位置十分重要。所以，新手店铺最好选择站内展位，一般是选择带有“网上购物”名称的，便于操作。

（3）制作广告创意，可以找专业的人来设计商品广告。

（4）按照“创意管理器—本地上传—填写基本信息—等待审核”过程操作，添加创意信息，并创建推广计划。

（5）确立推广信息，选择定向方式，设置出价。最后的目标是，以最低的成本投放，获取最高的流量回报。

其实，钻展引流的关键在于：展位的选择、创意设计、受众群体。如果我们对钻展的各个细节精心设计，受众、内容均取得良好效果之后，引流也就自然而然实现了。

3. 淘宝硬广引流

硬广推广其实就是自己进行品牌推广。而淘宝店铺如何对自己的品牌进行推广，实现引流呢?

（1）分析日常流量，评估出客户群喜欢的活动形式。

（2）确定创意活动形式，以推广品牌为主。

（3）为顾客开出十足的诱惑条件，吸引大家的关注。例如，入店可参与抽奖、分享有奖等，都是不错的引流方式。

淘宝平台为店铺新手提供了很多机遇，只要耐心研究、分析，无论是淘宝直通车，还是钻展、硬广推广，都可为你实现引流提供帮助。

☞ NO.61　淘宝论坛发帖引流技巧

淘宝论坛占有淘宝平台大量的流量，对于店铺商家来说，是一块让人直流口水的肥肉。可是，为什么大家每每都是败兴而归？具体的操作要领是什么呢？

1. 如何在淘宝论坛发帖

论坛引流，不会发帖等于徒劳。所以，下面我们简单介绍一下，如何在淘宝论坛发帖。

（1）百度搜索淘宝论坛，并登录。

（2）选择自己想要发表帖子的板块，点击进入。如图61-1所示。

图61-1　论坛板块

（3）点击发帖，选择帖子的形式，发表话题或者发起投票，编辑内容。如图61-2所示。

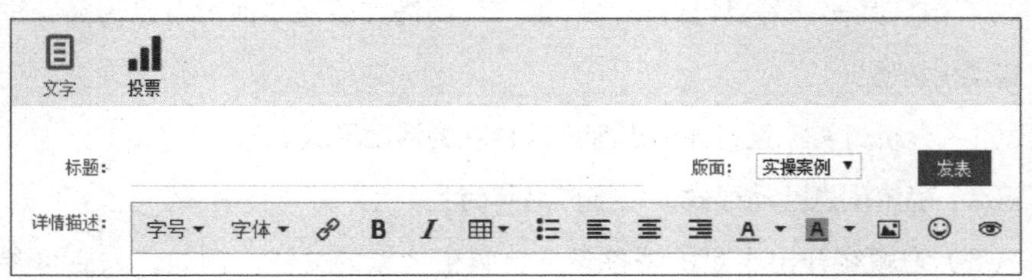

图61-2　编辑帖子内容

（4）编辑完成，点击发表。

学会了如何在淘宝论坛发帖，也就掌握了实际的操作技能，接下来就可以在论坛发布内容引流了。

2. 淘宝论坛发帖引流

引流，一直是大家关注的一个话题，那在淘宝论坛平台，如何做好引流呢？

（1）精心选择发帖版面。

淘宝论坛支持发帖的版面有很多，想要吸引大家的注意，就要选对版面。

第一步，根据自己店铺经营类目，选择合适的板块。

第二步，根据自己的论坛“地位”，选择合适的人气板块——过热板块容易被埋没，过冷又没有足够的关注度。

第三步，内容配图，更容易吸引大家的目光。所以图片的选择需要综合考虑是否属于时下热点图片，是否与帖子内容相符等各种因素。

（2）发表优质的帖子。

我们需要时刻调研分析什么样的帖子才是大家欢迎的类型。就目前而言，销售知识型和装修帖备受关注，可以参考试用。

（3）细心设置论坛头像和签名。

一篇帖子吸引了大家的目光，大家就会前往你的个人中心，查看你的相关信息。而一个令人耳目一新的头像会给人留下很好的印象。

第一步，论坛的头像设置，可以选择店铺的头像或者时下的热点图片。

第二步，论坛的签名，可以简单地介绍一下自己的店铺，也可以公布店铺最近的优惠活动。

（4）多渠道宣传。

我们可以把帖子分享到微博、微信等公众平台，感兴趣的人就会关注我们的论坛信息，也就实现了吸粉。

淘宝论坛引流过程中，发帖虽易，实现个人论坛空间吸粉却很难，所以这就需要我们掌握发帖引流的技巧。

☞ NO.62　淘宝论坛回帖引流技巧

很多人在淘宝发帖之后，选择了置之不理，最后反而质疑发帖的引流功能。殊不知，论坛回帖至关重要。

1. 及时回复他人对自己帖子的评价

淘宝论坛发帖之后，我们要及时关注帖子的情况，有评论的话，要做到及时、谨慎地回复。因为每一次的互动都会刷新帖子的排名，让别人有机会看到你的帖子。

所以，面对大家的一些问题，如商品方面的咨询等，都要耐心回复，发表有见解的深度好文——优质的内容才是吸引大家的前提。

2. 利用热点帖子引流

当然，我们可以自己发帖引流，也可以利用热点帖子引流。下面介绍一下具体的操作方法。

（1）搜索相关板块的置顶帖子，位置越靠前的，往往越会受到大家的关注。如图62-1所示。

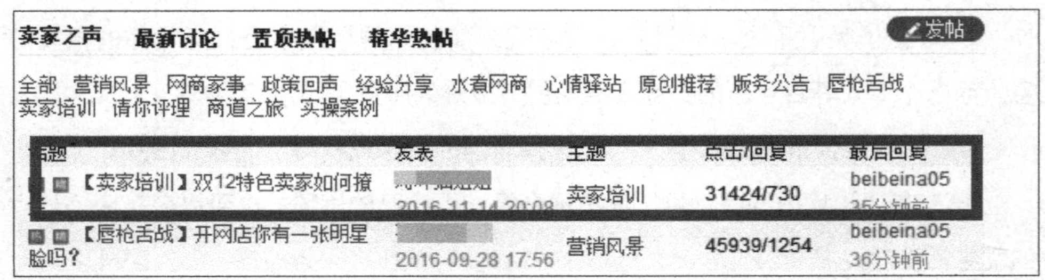

图62-1　论坛热门帖子

（2）编辑内容，点击发表。如图62-2所示。

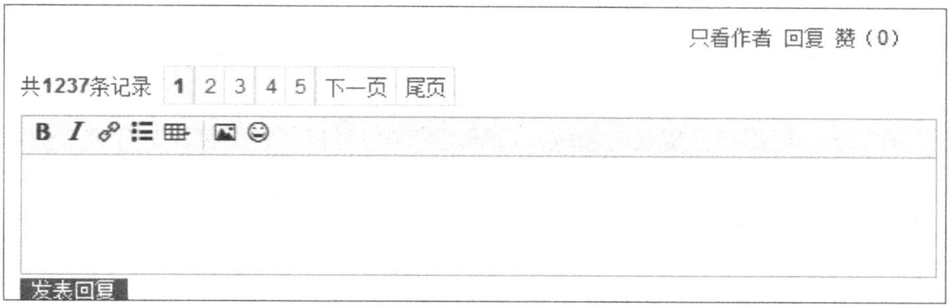

只看作者 回复 赞（0）

共1237条记录 1 2 3 4 5 下一页 尾页

发表回复

图62-2　编辑回帖内容

具体的操作流程如下：

第一步，认真分享读帖的感想，和大家产生共鸣。

第二步，回复内容，插入个人信息。比如，个人观点加上留言。如果想要深度讨论，可以加上个人联系方式。

第三步，可以在别人的回复里和大家讨论、分享，吸引更多人关注。

淘宝回帖引流，其实和QQ空间留言回复、微信公众平台评论回复引流异曲同工。而我们想要达到良好的引流效果，个人信息关键词植入非常重要。

☞ NO.63　淘宝客推广引流技巧

在推广费用水涨船高的趋势下，很多人瞄上了另一种推广方式——淘宝客。

做淘宝客的渠道很多，包括微博、微信、QQ等。而且，淘宝平台还提供了专门的推广渠道，如达人订阅号、服务号。

下面我们以淘宝达人订阅号推广为例，详细介绍一下如何通过淘宝客实现引流。

1. 主体信息设置技巧引流

淘宝服务号的注册很简单，百度便可轻松找到相关教程。下面重点给大家介绍一下注册信息设置技巧引流。

（1）定位服务号群体。

第一步，进行市场调研分析，定位自己服务号的粉丝群体。例如，学生是个比较庞大的群体，又具有独立的购买能力，我们的服务群体就可以定位为学生。

第二步，根据自己擅长的领域，精细定位服务号群体，细化商品分类。例如，可以把学生群体按照体育用品、服装、学习用品等进行二次分类。

（2）账号信息设置引流。

第一步，设置昵称，最好可以体现账号主体的相关信息，体现粉丝群体。以母婴推广为例，宝娃辣妈、育儿圈等都是通过昵称就可以体现账号服务主体的例证。

第二步，设置头像，风格与服务号的整体风格应保持一致。可以结合商品的特点，比如，推广女装就可以把头像设置成衣着有品位的美女。

第三步，完善个人简介。精炼在13个字以内，展示在达人首页，吸引大家的关注，从而实现服务号吸粉。

完善了淘宝达人的基本信息，搭配上多渠道的宣传，便可最大程度吸引大家的眼球，获得大家的关注。

2. 账号主页内容推广引流

很多人会认为推广热门商品，既可以博得大家的眼球，又便于获得利润。其实不然，热门商品通常有很多账号在同时推广，想要据此吸粉作用不大。

那我们应该如何选择推广的商品呢？

（1）登录淘宝联盟，筛选商品分类，找到自己推广的品类。如图63-1所示。

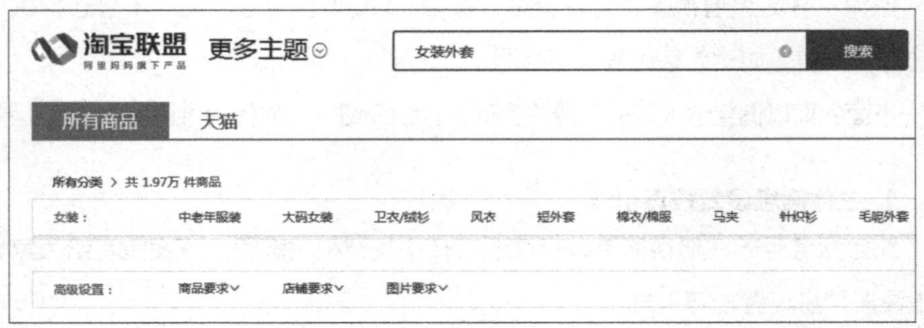

图63-1　登录淘宝联盟

（2）选择推广率较高，佣金范围是自己能接受的商品。如图63-2所示。

（3）选择商品要有自己的风格，或清新简单，或帅气简练，形成自己的推广风格，做到小而精，才更容易吸引定向粉丝。

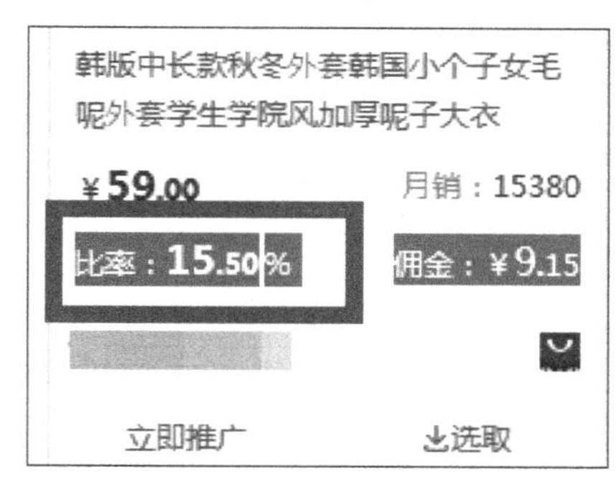

图63-2　具体选择商品示例

3. 推广文章涨粉技巧

选择商品只是第一步，生产优质的推广内容才是引流的直接手段，而我们想要编辑出博得眼球的内容，需要注意以下几点：

（1）细化商品的专业知识。

例如，本次推广的商品是牛仔裤，我们的内容切入点可以是如何选择牛仔裤、牛仔裤的特点等。介绍一些与商品相关的知识再推荐相关的产品，更容易吸引大家的关注。如图63-3所示。

（2）商品推荐，以试用评测的口吻书写。

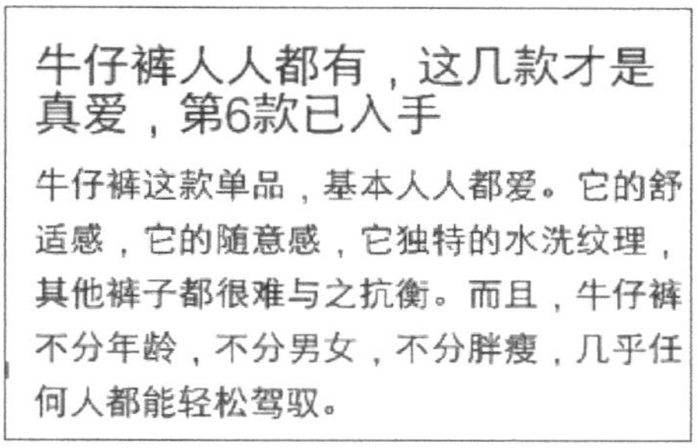

第一步，商品描述，要把商品的特点、用途、材质等写清楚。

第二步，避免使用空泛的词语，要具体到每一个细节。例如，评测商品时，要写出具体用途，效果是什么，至于好用与否留给粉丝自己判断。

牛仔裤人人都有，这几款才是真爱，第6款已入手

牛仔裤这款单品，基本人人都爱。它的舒适感，它的随意感，它独特的水洗纹理，其他裤子都很难与之抗衡。而且，牛仔裤不分年龄，不分男女，不分胖瘦，几乎任何人都能轻松驾驭。

图63-3　相关专业知识

第三步，内容要首尾齐全，避免没有收尾就草草结束文章。

当然，除了这些，还需要有一个新颖的标题，可以与当下的热点结合。如果能够从热门的电影、娱乐新闻等出发，利用社会热点结合推广的内容，涨粉势在必行。

淘宝客的推广引流是一个长期的过程，做好自身建设是根本。

☞ NO.64　淘宝商品评价引流技巧

凡是有过淘宝购物经验的人，无不了解淘宝过程的评价板块。购物评价不仅可以增加用户的账户等级，也是引流的有效途径。

1. 规划评价内容

消费者淘宝购物之前，习惯看一下商品的评价，收集一下大家的意见，这就为我们评价引流带来了契机。问题是，什么样的评价内容更容易吸引大家的关注呢?

（1）体验式商品评价。

大家看评价的目的是想要了解购买过该商品的人的反馈，而我们放一些无关紧要的内容在评价里，大家自然不会关注。所以，体验式评价需要将购买过该商品的消费者的试穿感受和照片发表在评论里。如图64-1所示。

宝贝特别好看，穿上特别韩范显腿长、显年轻、显fashion，　码数大小也合适，我167，53kg卖家推荐的L，想要那种短的感觉，所以我买的M正好。颜色也特别好看，浅蓝色有点偏灰，正好是我喜欢的颜色，而且超级暖和穿着，质量上已经对的起这个价格了，就是一百多块钱的衣服，不足的是细节方面做的不够好，比如袖子做的不够细致，衣服缝好多会漏棉花出来。

图64-1　具体的商品评论

我们的评价应该针对商品的体验进行总结。当然，我们的目的是评价引流，而不是单纯地评价一下商品，这就需要我们找准机会把自己的联系方式留在评价里。所以，我们可以写好联系方式放在照片里，也可以作为第三方推荐。大家看到了，在好奇心的驱使下，就会通过联系方式与你联系。

（2）文字与图片搭配。

浏览一下淘宝平台上的一些商品评价，不难发现，一些热门商品的评价甚至有上万条，但是评价放照片和追加评论的却是少数。如图64-2所示。

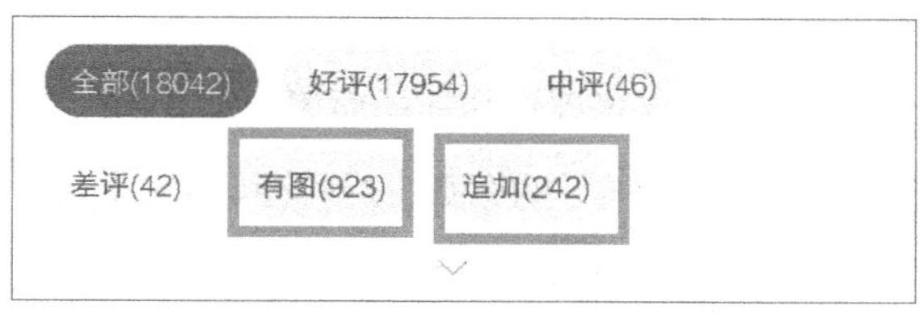

图64-2 具体评论分类图示

所以，想要让自己的评价显示在靠前的位置，采取文字搭配图片的形式，或者追加评论都是很好的方法。图片的内容或者追加的内容，可以直接是你的联系方式。

只有你的评论浏览量提高了，你的粉丝量才有机会增长。

（3）幽默评价法。

关于淘宝评论，如果能够结合商品的特点，加上无厘头的调侃，则会频频引起大家关于网购的共鸣。如图64-3所示。

9、野生榛子

差评榛子壳很硬，吃完这一斤，我的牙都快掉了，为了增加质量多收邮费，还往箱里塞一块破铁。

解释：你细看那块铁，中间是否有个螺丝，再往下看，是不中间有条缝，沿着这个缝用力分开，这块破铁就是给你夹榛子壳用的特制钳子！

图64-3 幽默的淘宝评论

我们也可以充分利用幽默的评价引流。当大家关注评论时，如果被你幽默的文风吸引，便会直接粉你。

2. 具体的评价引流过程

淘宝购物的商品评价模块是很多人会忽略的板块，购物完成之后，如果消费者没有留言评价，系统就会默认好评，而如果操作得当的话，这里的流量不容忽视。

（1）根据自己的需要，搜索淘宝热门商品，选择价格合理的购买。

（2）具体分析一下商品下面的热门评论具有哪些特征。例如，分析可知，经验式的商品推荐加上图片秀是这条评论靠前的原因，那我们就可以遵循“商品推荐+经验分享+个人信息+穿衣效果图”的原则，进行评价吸粉。

淘宝评论里，很多都是为了返现。凭着认真谨慎的态度，加上专业的商品分析，以及细心耐心的回复，实现引流只是时间问题。

☞ NO.65　阿里旺旺群引流技巧

阿里旺旺作为淘宝店家和顾客沟通的渠道，起着媒介的重要作用。同时，阿里旺旺与QQ、微信等移动社交媒体异曲同工，其专属的群功能也具有引流作用。

1. 添加阿里旺旺群引流

阿里旺旺是淘宝商城的必备社交手段，所以添加阿里旺旺群也是不错的引流方法。

（1）登录阿里旺旺账号。

（2）选择添加联系人，点击群查找选项。

（3）查找与你的商品相关的阿里旺旺群。

第一步，通过百度搜索、好友推荐等途径，收集与你的商品相关的阿里旺旺群号，按群号查找。

第二步，通过分类查找，选择商品分类或者填写关键字，就可以条件搜索相关的阿里旺旺群。如图65-1所示。

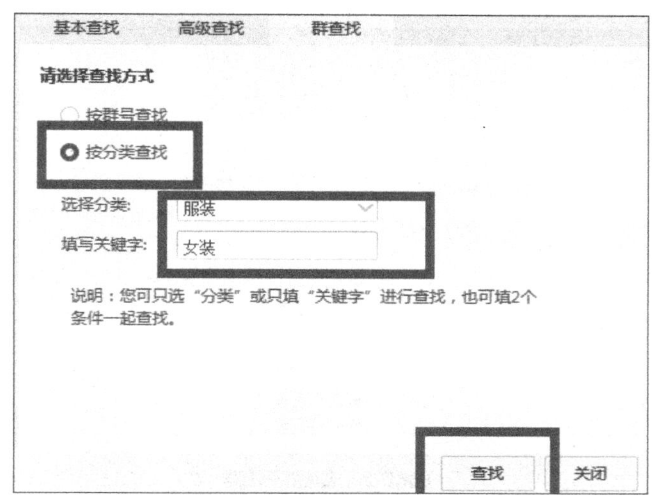

图65-1　搜索旺旺群

（4）点击群名称，在群资料介绍中，选择立即加入。可以在申请信息上，加上一些对自己的精简介绍，以提高通过率。

（5）入群之后，主动和大家打招呼，与旺友尽可能多地进行交流互动。

第一步，经常性地和大家分享一些与群主题相关的内容，吸引大家的关注。切忌直接发广告引流。

第二步，与旺友一对一私聊，从兴趣爱好出发，寻找共鸣，先成朋友，再吸粉。

通过你每次有质量的发言，或者找到与大家共同的兴趣爱好，都可以让你得到大家的认同、关注。

2. 创建阿里旺旺群引流

很多人选择自己创建旺旺群引流，这样在群里发言的限制就少了，可以更直接引流。那么创建旺旺群引流，有哪些技巧呢?

（1）登录阿里旺旺客户端，选择旺旺群标志。

（2）点击创建，添加相关信息，点击提交。如图65-2所示。

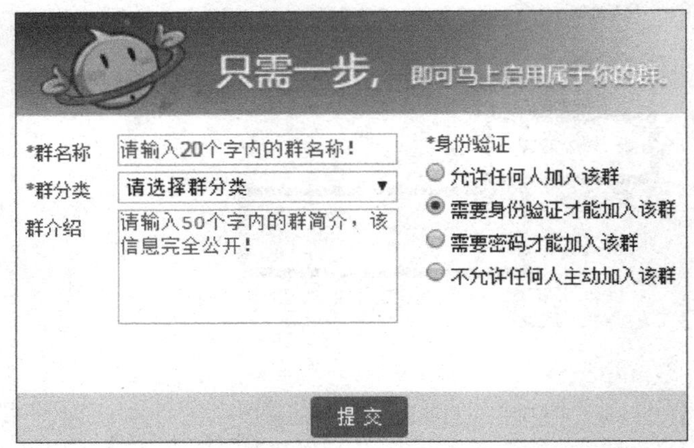

图65-2　创建旺旺群

（3）创建完成，可以先把自己的旺旺好友拉进群。

（4）开展奖赏活动，每个人只要推荐10人以上加入旺旺群，就可以领取红包。红包金额依据人数而定，并且告诉大家此活动长期有效，以鼓励大家积极地拉好友进群。

（5）注意日常维护，平时可以和大家在群里多做一些小游戏，如抢红包，分享小知识等，为引流做好铺垫。

一般而言，习惯使用旺旺沟通的群体，多是淘宝店家或者淘宝资深粉丝，而我们想要将其收入囊中，不拿出点真本事，还真过不了关。

☞ NO.66　淘宝互换链接、收藏引流技巧

淘宝店铺人气不足，流量不够，除了自己想办法引流，还可以求助等级比自己高的商家，通过互换链接的方法，相互引流。

1. 登录淘宝客户端，选择卖家中心选项里的“装修店铺”。

2. 在店铺装修里添加友情链接模块，并设置相应的选项。

3. 选择编辑按钮，就可以直接添加友情链接了。

4. 添加“友情”店铺的ID，系统就会自动链接两个店铺。

5. 选择发布，淘宝网内部的友情链接就建立成功了。

通过上述操作，可以实现店铺的友情链接，而且彼此在交换链接的同时，买家信息也实现了共享。这就扩大了你的店铺数据的拥有量，在搜索引擎的页面排名也会有所提高，进而提升了浏览量，也就实现了引流。

除此之外，淘宝电商无人不知，衡量一个店铺的热度，收藏量是至关重要的考评因素。那么，如何提高淘宝收藏量呢？

1. 淘宝收藏助手软件刷量

软件互刷其实就是指店主之间相互收藏。你只需注册一个淘宝小号，并登录收藏助手，开启自动收藏功能，达到一定的收藏量，就可以发布自己的店铺和商品链接，其他人就会帮你刷量了。

2. 有礼收藏

想要提高自己的收藏量，也可以通过送优惠券、小礼品等激励大家主动收藏，毕竟价格优惠是淘宝网购盛行的原因之一。如图66-1所示。

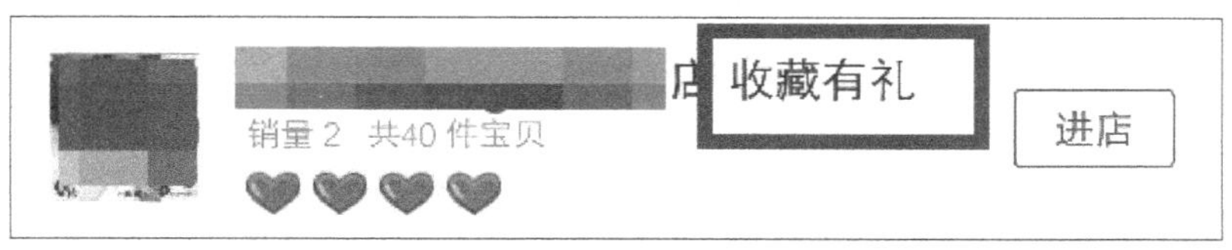

图66-1 店铺收藏有礼

总之，淘宝互换链接、收藏是为电商提供的一种增加产品曝光、提升粉丝量的强大工具，形成资源共享，解决成交难题。

☞ NO.67 阿里诚信通引流技巧

淘宝、天猫作为阿里系平台的重要组成部分，主要业务是零售，但彼此也有侧重点。例如，阿里系平台由三部分组成，除了零售业务，另一部分就是以批发业务为主的阿里巴巴，而诚信通则是核心，主要作用就是解决网络贸易信用问题。

或许，也正是因为信用的力量，通过诚信通更容易实现引流。

1. 开通诚信通

对于阿里巴巴平台上的批发商来说，想要获得大家的信赖，开通诚信通增加信誉度就意味着已经成功了一半。

（1）百度搜索阿里巴巴，点击进入并登录。

（2）选择诚信通服务，单击特权体验馆。如图67-1所示。

（3）选择加入诚信通（会员的注册信息需要是企业注册），并填写相关信息。

（4）开通诚信通是有偿的，根据提示付款。

（5）确认认证信息，选择“我的阿里—应用市场—我的订单—已付款订单”。

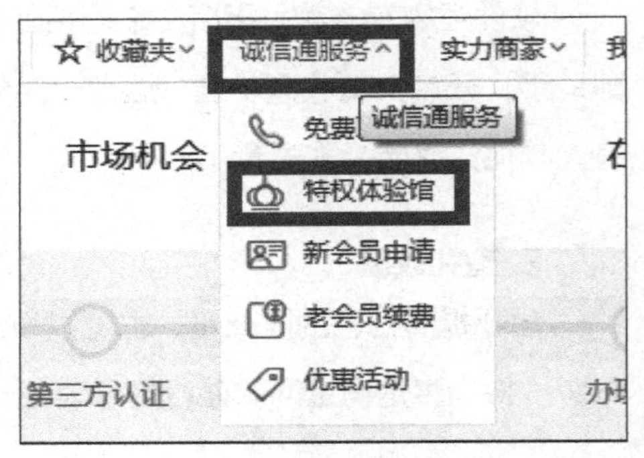

图67-1　选择诚信通服务

（6）提交确认。

经过认证之后，你的阿里巴巴店铺也就开通了诚信通服务。只要用户在阿里巴巴搜索相关商品，开通诚信通的店铺就会在商品右下方显示黄色的字。

（7）点击诚字进入，即可看到注册店铺的相关信息。

开通了诚信通的店铺，就成为了诚信通的会员，也就拥有了很多特权，相当于加入了会员制的网上贸易服务系统，发布的商品信息可以得到优先展示，还可享受无限的空间展示等服务。

2. 诚信通引流

在阿里巴巴开通诚信通的关键是，增加了店铺的引流渠道。

（1）网上名人堂引流。

作为诚信通的一个独立板块，网上名人堂是以卖家故事为主题特色，旨在培养明星卖家的平台。

第一步，讲述店铺动人的故事。当然，不一定每个店主的人生都是跌宕起伏的，我们可以讲述自己创建店铺背后的故事。重要的是，故事要与店铺的主题特色相容。

第二步，经常和大家互动、分享、交流，加深彼此之间的联系。

毋庸置疑，成为卖家明星，自然会吸引来很多“追星族”。

（2）旺铺招牌引流。

毫无疑问，精心设计的店铺更容易让人记住，而诚信通提供的另一个特权就是赠送旺铺招牌，让店铺有自己的标识。店铺有了自己的标识，也就相当于提高了可识度。

（3）微博橱窗引流。

微博的橱窗功能，提供了将店铺信息一键分享到微博的功能，从而也就可以进一步利用微博的众多功能进行引流。

简而言之，成为诚信通的会员，享有很多特权，可以使你由被动引流变为主动引流。

☞ NO.68　支付宝吱口令引流技巧

通过支付宝加好友的方式有很多，吱口令就是其中之一。支付宝好友之间的功能越来越丰富，更加方便了我们的日常生活。那么，我们应该如何通过吱口令加好友呢？

1. 登录支付宝，选择朋友选项。

2. 选择朋友页面右边的“+”，点击添加朋友。如图68-1所示。

3. 选择我的吱口令，吱口令就自动生成了。如图68-2所示。

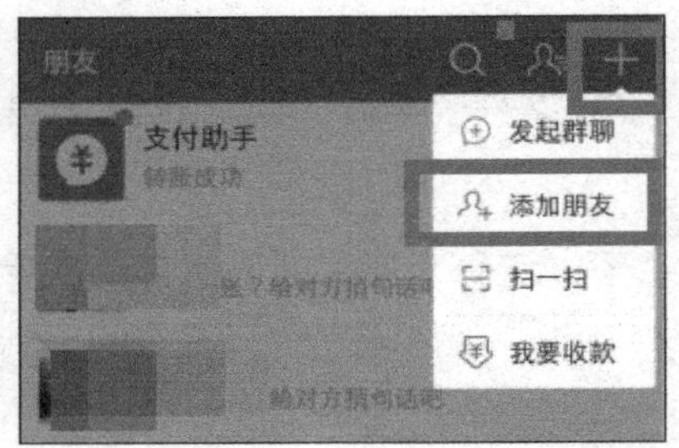

图68-1　支付宝添加朋友选项

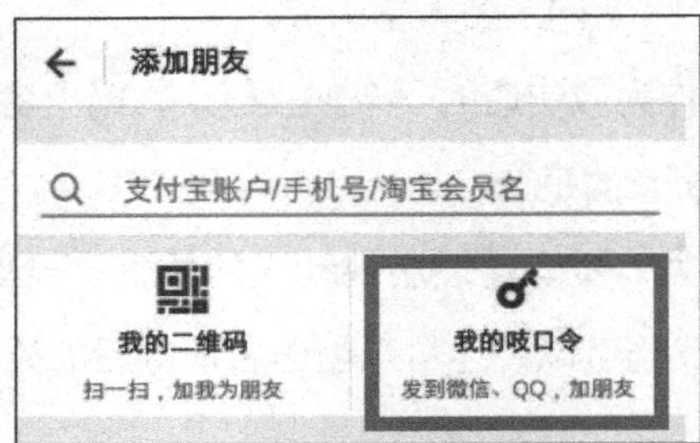

图68-2　我的吱口令

4. 可选择粘贴到QQ、微信。QQ和微信好友看到了，就会添加你的支付宝好友了。如图68-3所示。

例如，2016年盛行一时的新春集福卡活动，用户每添加10个好友，就会获得3个福，集齐5福就有机会平分春晚2亿红包。

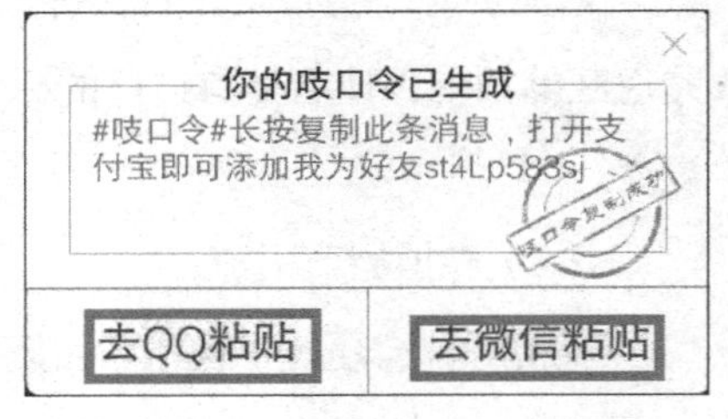

图68-3　吱口令分享

其实，仔细推敲，支付宝此举就是为了实现其社交应用的目的，让用户逐渐习惯支付宝的社交功能。

为了有机会参与分红包活动，最便捷的办法就是形成吱口令分享到QQ、微信。好友只要复制链接，打开支付宝，就可以添加支付宝好友，从而实现引流。

☞ NO.69　支付宝群聊引流技巧

支付宝既然要向社交领域发展，群聊功能自然是必不可少的。这个功能类似于QQ、微信的群聊，用户可以一起交流、分享，还可以享受支付宝群的独有服务。

群聊功能是支付宝9.0版本新增的功能，更方便用户彼此分享淘宝链接、参加优惠活动等。

1. 登录支付宝，选择通讯录，点击群聊。

2. 创建普通群，或者创建特色群。

3. 选择添加联系人，单击好友后方的方框，选定。

其实，新版支付宝中，单单一个优惠群就足以赚足眼球了。

第一步，创建支付宝优惠群。

第二步，联系商家，要是有优惠活动，你可以帮助传播优惠券。

第三步，把创建的优惠群多渠道分享，并列明合作的商家，标明想要优惠券的加支付宝群。

当然，支付宝活动优惠群只是举例，通过吃货群、社交群、资源群等引流也是同理。

第6章

新浪微博引流与推广营销11招

☞ NO.70 微博内容引流技巧

微博如何才能靠内容赢得粉丝？每篇140字的内容，除了各领域的专家和明星等可发挥强大的粉丝效应外，其余的微博恐怕无法崭露头角。所以，普通的微博内容引流也需要掌握一定的技巧。

1. 确定话题，@相关账号，网页链接再配上合适的图片或者动图

所谓话题，就是在搜索内容时，可以很容易找到这篇微博的内容所属类别。如图70-1所示。@的相关账号应该是相关行业、领域的大号或者自己的个人微博，网页链接可以是自己的商品网站。

因为定时发送的内容很多时候都是已经没有阅读价值的旧信息，对于粉丝来讲毫无意义。只有能对粉丝产生影响的微博内容，才会形成凝聚力。所以，图文并茂的微博内容更能吸引粉丝，但图片需要尽量选择清楚、好玩、信息量大的。

图70-1 奥运"惠"

2. 语言风格活泼

语言风格上要结合互联网的特点，相对活泼一些。可以使用流行的网络语言，但内容上坚持传播正能量、有趣、实用、有利益四个标准。

从阐述方式上来说有以下两种：

（1）做这件事出于什么原因？为了谁？能带来什么样的效果？把这些关键点要表达出来。

（2）从兴趣爱好出发，链接自己关注的事物，再激发他人欲望，引发其行动。

3. 尽量发布原创内容，转发内容时也要有自己的理由

每个人都有自己独特的人生经历和情感世界，以及独特的为人处世方式及个性魅力，所以发布的内容可与自己的商品或者机构、品牌相关，即使是转发的内容，也要有自己的理由（以吸粉为第一衡量标准），这样才能吸引更多的粉丝。如图70-2所示。

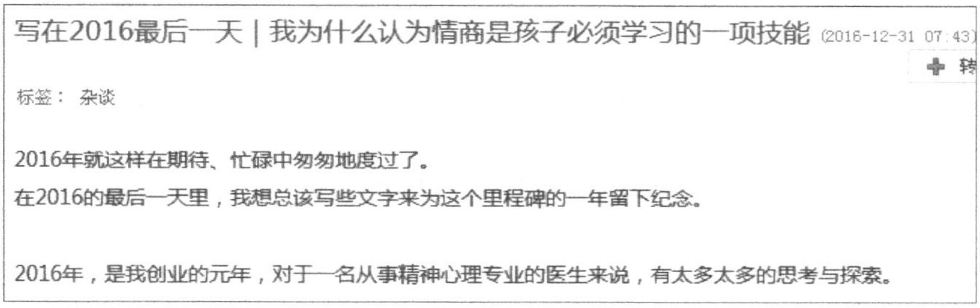

写在2016最后一天 | 我为什么认为情商是孩子必须学习的一项技能 (2016-12-31 07:43)

标签： 杂谈

2016年就这样在期待、忙碌中匆匆地度过了。
在2016的最后一天里，我想总该写些文字来为这个里程碑的一年留下纪念。

2016年，是我创业的元年，对于一名从事精神心理专业的医生来说，有太多太多的思考与探索。

图70-2 写在2016最后一天

4. 微博内容可以随时随地发

也可以选择上下班或者午后、晚上睡前等粉丝集中活跃的时间段，每天发布5～10条为宜。

修炼好内功才能吸引更多的粉丝，一条没有实质性内容的微博，是不可能聚集人气的。

☞ NO.71　微博头条文章引流技巧

尽管我们每天都在刷微博，但如果问你如何发布头条文章，也许你并清楚。而不得其要领，犹如为微博头条文章引流埋下了一颗定时炸弹。所以，接下来我们一起分享一下微博头条文章的发布过程。

1. 微博头条文章发布流程

（1）打开新浪微博，登录自己的微博账号。

（2）登录后点击“首页”，然后会有提示，此时窗口下方出现“头条文章”的按钮，点击后进行发布操作。如图71-1所示。

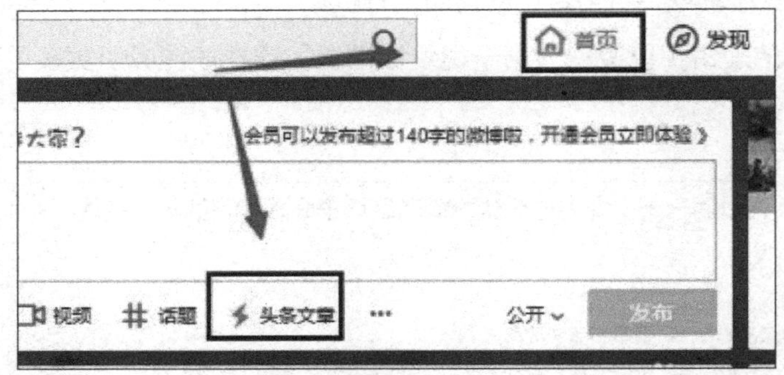

图71-1　头条文章正文发布界面

（3）打开如下窗口，窗口页面中会出现标题、正文等灰色文字提示，输入完成后点击右上角的“下一步”按钮，进行下一步操作。

（4）发布头条时，在窗口点击“…”按钮，会出现相应的下拉列表，点击下拉列表中的“投票”按钮。

（5）点击后打开如下窗口，在此窗口打开默认页面“文字投票”选项卡。按照窗口提示，进行输入、选择、添加、设置等，完成后点击下方的“发起”按钮。如图71-2所示。

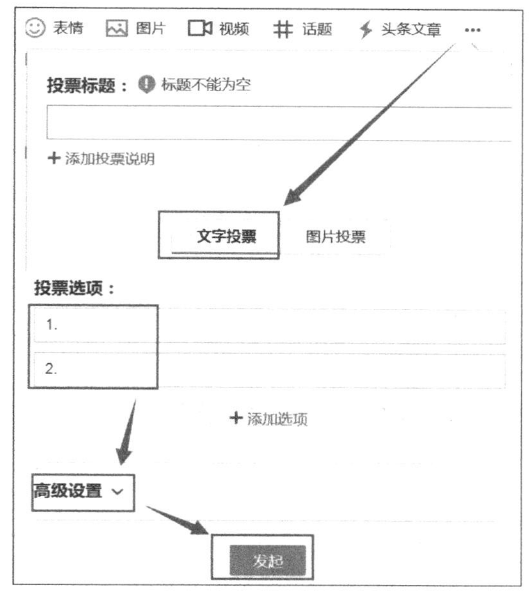

图71-2　文字投票界面

（6）在此窗口中点击“图片投票”选项卡，打开窗口。在此窗口中输入相关内容，进行设置，并点击下方的“发起”按钮。

把上述流程完成后，点击发布即可。

2. 微博头条文章引流技巧

想要通过微博头条文章实现引流，写好一篇微博头条文章至关重要。

（1）紧抓当前时事及社会热点，利用流行词及热门事件的热度。

所谓时事热点，就是最近发生的新鲜、热辣、热门的话题及新闻。如近期的“何洁离婚”“跨年演唱会”等事件。流行词就是网络使用频率较高的，比如“word天哪”“老司机”“A4腰”“套路”等，都能够引起粉丝的关注。

（2）文章从内容排版上要清晰，小标题要重点突出。

有质量的头条文章应该是思路清晰、有条不紊的，这样才能凸显“权威”的感觉。而为了引流成功，内容排版上更应该上下连贯，在小标题上标注，突出重点。

（3）文章标题要吸引人眼球。

好的标题凝聚了文章的核心，也是引流成功的关键一步，直接影响引流的成败，所以一定要拟一个具有震撼力、趣味性、神秘感的标题。

（4）要软广，不要硬广。

想要让用户读过你的文章后，有所启发尤其是更愿意关注你，写广告之前要想好内容和目的，广告最好放在开头第二段。如果没有很高的写作技巧，也不应该把广告放在最后，因为文章不够吸引人，读者根本不会读到最后就会关闭网页。

微博的头条文章本身就具有一定的推广传播功能，因而能够在客观上起到聚拢粉丝、引流的作用，只要在内容上稍加用心，引流效果将会更凸显。

☞ NO.72　微博搜索引流技巧

“互联网+”时代，人们获取信息的渠道在很多时候已经变成微信或者微博。前面章节中已经讲过如何通过微信引流，接下来分享一下如何借助微博搜索引流。

1. 利用热点及热门话题引流

国内使用率最高的搜索引擎依旧是百度搜索，所以我们可通过百度风云榜来查找一下当下的热点和热门话题。

（1）随意点开一个实时热点，即可看见这里有一块专属的微博展示区。

（2）可以根据当天的实际情况随意选一个热点，然后复制这个热点标题。

（3）把这个标题和部分内容复制粘贴到自己的微博上。

（4）在复制粘贴的内容最后加入自己的广告、图片或者你的网站链接、联系方式，然后点击“发布”按钮。

（5）检验。我们可以通过百度检查一下这个地方是否出现了我们的广告。

这种利用搜索热点来引流的方法，可以吸引很多“看热闹不嫌事大”的人。

2. 利用明星效应，在他们的微博评论里做广告

明星的微博粉丝数量群体是庞大的，所以在明星微博上做评论广告无疑是一个很大的引流平台。

（1）百度搜索热门明星。

（2）充当粉丝在他们的评论里做广告。

当这些明星的粉丝在微博里搜索自己想看的内容时，你的广告或者是联系方式等便会出现在他们的视野中，感兴趣的人便会主动关注你，或者与你联系。

无论采用微信搜索还是微博搜索进行引流，都是根据平台的特点和规则将你的产品和品牌展现给用户，以最直观的方式吸引他们的关注。

☞ NO.73　微博话题引流技巧

微群与QQ群与微信群一样都是即时社区互动的一种工具。正是基于其强大的社交功能以及强大的话题性、互动性、传播性，很多商家通过建立自己的微群，通过话题互动，不断丰富自己的粉丝群。

微群就是让志趣相投的朋友们通过微博，更加方便地进行沟通和交流。如果你的微群讨论的话题刚好与你的产品或者服务相关，那么所有这些参与者就是你的潜在目标客户。

而且，你只需通过微博搜索#话题名称#的形式，就可以找到目标群体。同时，微博标签是用户自行设定的，一定情况下体现了用户的偏好和特点，我们完全可以根据这些标签，对用户进行分类，找到跟自己产品或者服务相关的潜在消费群体。

例如，某个微群主要是谈论“育儿经验藏”这个话题的，而你的目标客户恰好就是初为人父人母的年轻人，此时你就可以通过在微群当中分享他们感兴趣的育儿经验或者理论，吸引这一群人关注你的微博。

1. 每天都要有贴近微群主题的、引导性话题讨论，并请大家踊跃回复或者投票。

2. 每天要有实用、实时性的与微群主题相关的好文章奉送，便于用户的转发和评论。

3. 根据群主题设置3个简单且参与性强的话题对新入群成员进行引导。

在群公告“话筒”部分，可添加所在同城群成员普遍感兴趣的话题，而且话题一定要具有爆点，比如要新鲜、贴近生活、有震撼力、可分享。

4. 以群公告的方式发起话题，引发互动，或者通过挑选群里活跃的用户、热门事件的当事人参与话题讨论。除此之外，也可采取问答的方式，在群里号召群内用户对最近的民生问题热议。如图73-1所示。

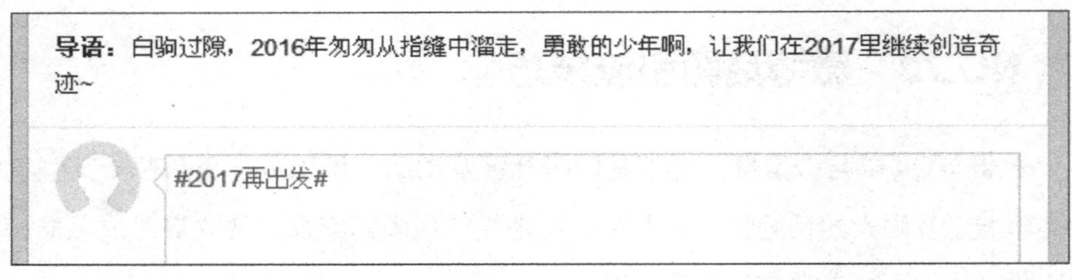

导语：白驹过隙，2016年匆匆从指缝中溜走，勇敢的少年啊，让我们在2017里继续创造奇迹~
#2017再出发#

图73-1　群公告

微群话题引流无非是通过发布大家共同关注及感兴趣的话题，引发粉丝互动，通过转发、互粉、评论等方式吸引更多的粉丝关注。

☞ NO.74　微群引流技巧

“广州交警”新浪微博建立了“广州交通管理讨论”微群，平日里严肃执法的交警们开始通过微群的形式与广大网友探讨广州交通管理的各种问题，一时间这一微群引发社会广泛关注，粉丝量也是暴涨。

这一惊人的引流效果让很多人羡慕不已，但我们首先需要明白的是如何建立微群。

1. 创建微群的流程步骤

（1）打开新浪微博客户端，登录自己的微博账号，进入到微播主界面后，点击主界面最下方的消息菜单。

（2）在应用搜索中输入微群，点击下面的新浪微群。如图74-1所示。

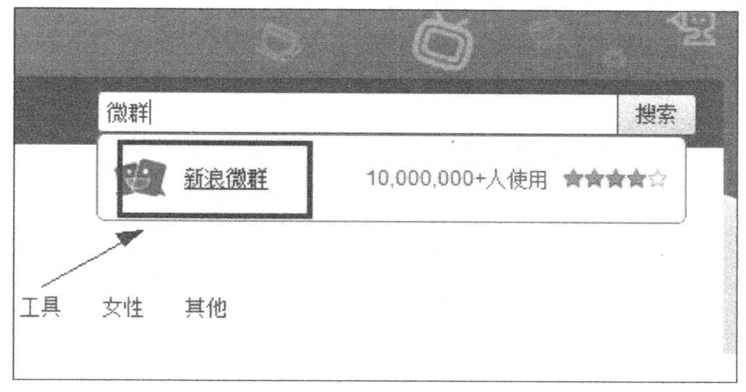

图74-1 新浪微群

（3）进入新浪微群页面后，点击“创建微群”。

（4）进入创建微群页面。在这里可以选择建立公开群和私密群，而且具体需要满足的条件都有详细介绍。如图74-2所示。

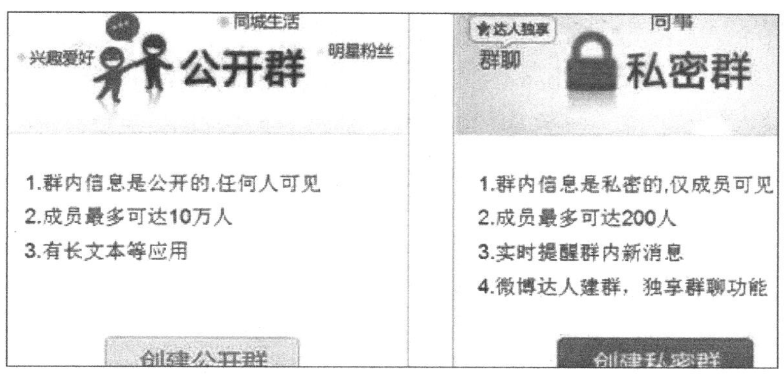

图74-2 公开群和私密群

（5）按照要求填写好群资料，设置群内容，上传头像，邀请好友。如图74-3

所示。

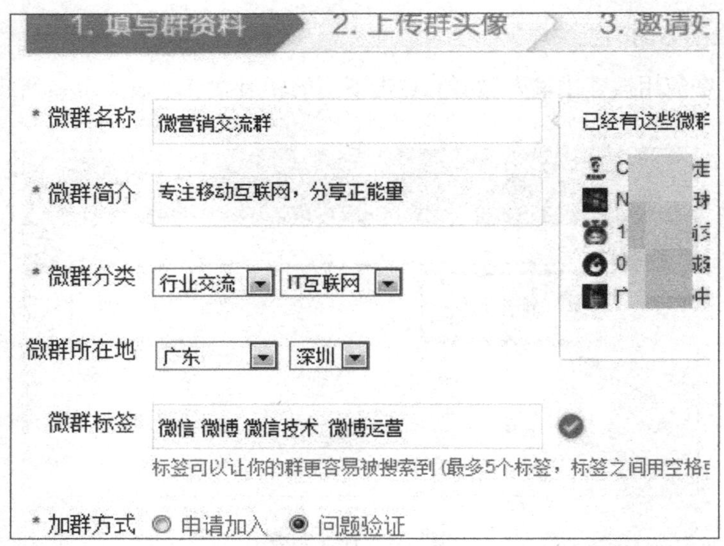

图74-3　上传相关资料

（6）完成创建。

2. 微群引流技巧

（1）起一个好听的群名称。

第一步，群名称要有亮点，既能体现自己的产品或者服务，又符合大家关注的兴趣点，这样才能发挥引流和吸粉的效果。例如，你关注的是家庭教育领域，可以叫“新父母育儿心经”“育儿百事通”之类的，而如果单纯地叫“育儿群”就显得很普通，调动不了大家的兴趣。

第二步，名字要凸显主题，即让人一看见群名称，就知道群内主题的主要内容和方向是什么，比如“世界真奇妙”“潮流时尚”等。

第三步，名字要简练，比如“爱音乐”“爱运动”，相比“运动，我们马上开始”更让人耳目一新。

第四步，名称切不可大而散，否则群友加进去之后，不知道应该聊些什么内容，只会导致两个结果：一是大家无所不聊，群内容严重水化；二是无人发言。

（2）合适的头像设置。

（3）微群正上方的群公告很重要。群公告是群内最重要信息聚合地，但由于现阶段字数和易发现程度都有一定局限，所以更加需要群主、管理员们重视起来。它是群内容的方向标，也是吸粉的专属地。

所以，群公告的编写要有逻辑、有条理、有引导、有新意。

（4）要多组织相关线上线下的活动，目的是充分调动粉丝的积极性，增加用户粘性，最终达到高效引流的目的。

值得注意的是，在微群内发布活动时候，需要同步发送到微信群、QQ群等用户扎堆的地方，这样可以对活动起到很好的宣传效果。在活动进行时，可以及时发一些活动照片到群内，引导没有参与的用户在未来积极参与。活动结束时，组织用户发布活动反馈，如集体合影、活动感概等，可扩大活动的影响力，想要参加下一次活动的人，也会和你联系，或者关注你的微博。

新浪微群约有74万个兴趣群，2 572万个爱好者，353万个群话题，并且每天有2 000多个新群诞生，现已有1 930位明星入驻新浪微群。由此可见，微群引流的未来发展前景之广阔。

☞ NO.75　微博私信引流技巧

微博私信可以简单理解为朋友之间私密信息的沟通，而依靠私信争取更多的粉丝，也是达到有效引流的一种不可或缺的方式和方法。

首先我们来分享一下如何发私信？

1. 登录新浪微博，输入新浪微博的账号密码。

2. 在新浪微博的首页中，找到发私信选项。

3. 点击发私信的选项即可进行编辑。

4. 输入发私信的账号，以及发私信的相关的内容。如图75-1所示。

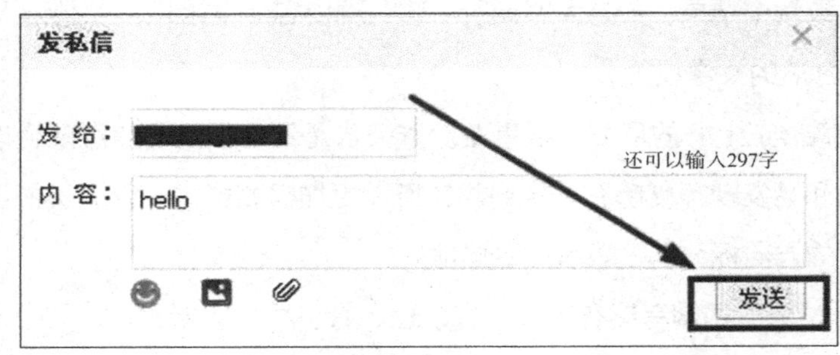

图75-1　编辑私信内容

5.在我的私信中，就能够看到你所发私信的内容。

私信的发送无论从人数还是字数上来讲，都是有一定限制的，而且频繁使用私信发送广告，对于粉丝数量较大的客户来说，有点不合适。

那么，如何推送私信，推送给谁，怎么样推送才能做到有效引流呢?

第一步，确定要推送的内容。选择关注度较高的内容主题是推送的基本原则，可以是当下最热点的话题。同时，私信内容不易过长，最好20秒之内可以读取到重要信息。一般情况下，按照人的浏览习惯，一行大约15个字为宜，而且最好能在两行之内，抓取到关键词。

第二步，明确私信要推送给谁。推送的用户群的确定，对于推送内容的转化率十分重要。一个大V的传播效应，胜于十个甚至百个普通用户。所以，大V是首选推送对象，其次是官博(官博类推送仅限于主题针对性强的，类似于某活动，某讲学类推送)。以往我们采取的是直接从用户地址信息栏拉人名，直接信件发送。实践证明，这样做的效果并不理想，二次转播率极低。

因此，建议转换思路，关注一下每天我们收听的用户转发的微博，长期关注某些特定用户，会发现某阶段他所关注的话题集中在哪几个方面，哪一类的微博是他在转发，哪一类微博他会做评论，哪一类是他自身关注的焦点和热点。关注周期不易过长，3天左右就能发现某些大V的兴趣点，然后选取与之契合的微博热点信息进行推送，这样的私信推送就会有的放矢，二次转播率会大大提升。简而言之，就是投其所好。

第三步，确定采用何种方式推送。要有针对性地推送，增加针对性头衔，或者某人昵称，哪怕最简单的“您的意见对我们很重要”之类的语言，推送效果都会大大增强。

总之，在这个充满了各种关系的社交时代，利用私信引流已经成为一种趋势和必然，是获取忠实用户的直接方式之一。

☞ NO.76 微博评论引流技巧

芙蓉姐姐曾在微博晒出自己的“玉照”，并附言“有没有小龙女的味道”，而后还做了流口水的表情。网友的评论更是独到，“有小龙虾的味道”“有股技师的味道”……网友的评论助推芙蓉姐姐又一次成为大家热议的话题人物。而这一事件的背后，我们也不难发现，芙蓉姐姐通过让更多人评论获得了惊人的关注量，这不也正是一种巧妙的引流方式吗？

对于电商来说，每天加个几十人并不难。而对于想要进行精准推广的电商来说，首先要做的就是找到目标微博大V，并判断这个大V粉丝群是否符合自己产品的销路。这个大V微博上的文章内容及互动形式是符合粉丝群体的需求的，只有与我们的商品相契合，进行评论时才能把粉丝引流到自己的微博上。

1. 寻找大V中的意见领袖

就新浪微博来说，持有百万以上粉丝的大V超过3 200个，而持有千万以上粉丝的大V超过220个。这些大V在行业中普遍被称为“意见领袖”，不但带动了微博用户的活跃度，也能将自身粉丝数直接转化为自己的收入。

2. 在大V微博上刷评论

刷评论时需要注意，刷评论的内容要写得精彩。正所谓同样是广告，文采好的、透着青春活力的、实用的广告，用户更容易接受。

由于新浪微博不允许刷重复的评论，所以你可以每刷一条评论，修改一下文案里面的文字或标点符号。

刷评论不是你刷一条，它就会永远保持在评论排名的第一条。只有那些被点赞的次数较多的，才会排名比较靠前。因此，我们可以多注册几个新浪微博的小号，或者上淘宝买些小号，然后对自己的评论进行点赞，使之排名靠前，让更多粉丝能够看到，效果就会更凸显。

想要在微博上取得信任，不能操之过急，追求量的增长，而应该稳扎稳打，注重细节。如图76-1所示。

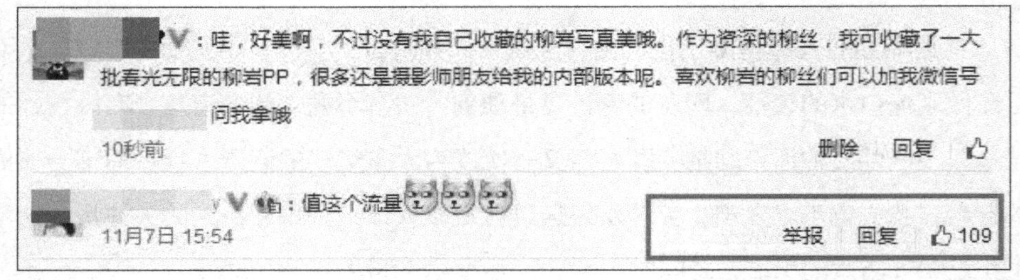

图76-1　排名靠前的评论

操作了一段时间以后，可以去淘宝买个“微博刷评论点赞软件”，或者上百度找个免费版本的，替代你重复的人工刷评论点赞、管理多个微博小号的工作，提升一下推广效率。

当然，你还可以通过对热点事件进行评论的方式来形成讨论的气氛，这也是一种活跃微博粉丝的重要方式。

☞ NO.77　微博转发抽奖引流技巧

微博上的抽奖活动一般分为两大类：一种是通过微博转发活动平台发起，抽奖活动很集中，但抽奖人数也很多，有的达到几十万人以上，而且很多是用机器抽奖，导致中奖率很低；另外一种是直接在微博上转发的活动，参加人数较少。无论是哪一种转发形式的抽奖活动，一定程度上都能起到引流的效果。

1. 针对微博转发平台进行的抽奖引流活动

（1）登录自己的微博，然后搜索微博转发抽奖平台，点击进入应用。

（2）进入微博转发抽奖平台后，左侧点击友情链接。如图77-1所示。

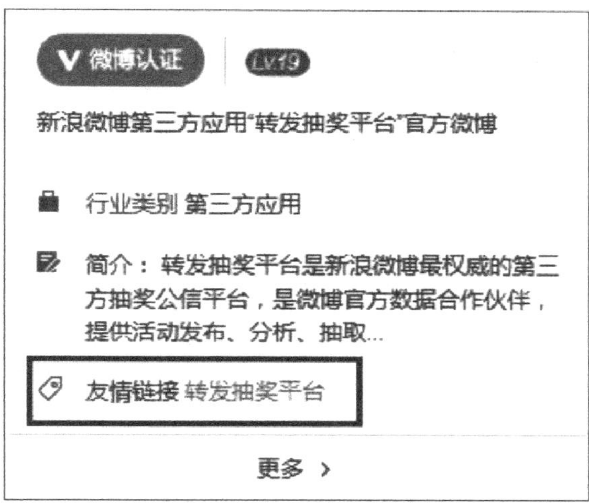

图77-1　友情链接“转发抽奖平台”

（3）点击“开始使用”。如图77-2所示。

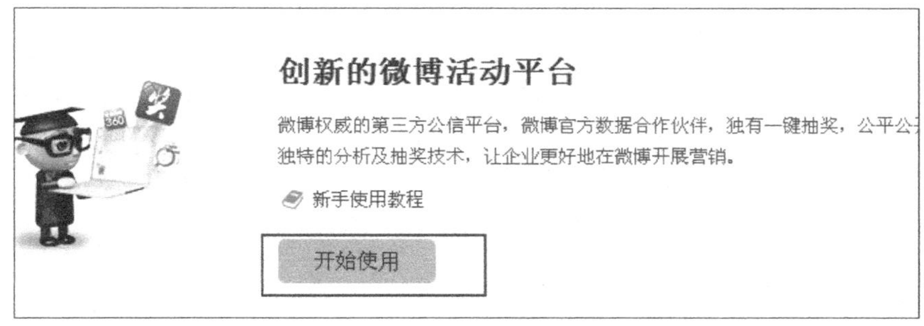

图77-2　创新的微博活动平台界面

（4）进入授权界面，重新输入微博账户密码，并登录。如图77-3所示。

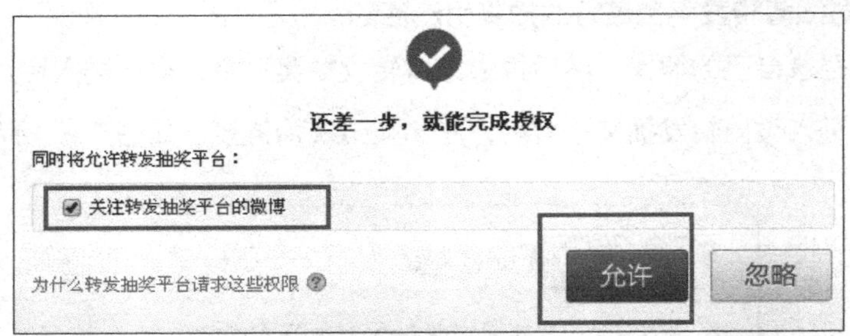

图77-3　授权登录界面

（5）进入授权界面，点击“允许”。

（6）发布新的活动，或者对已有的活动进行转发。抽奖活动可以直接在这里发布，也可以自己在微博直接发布。如图77-4所示。

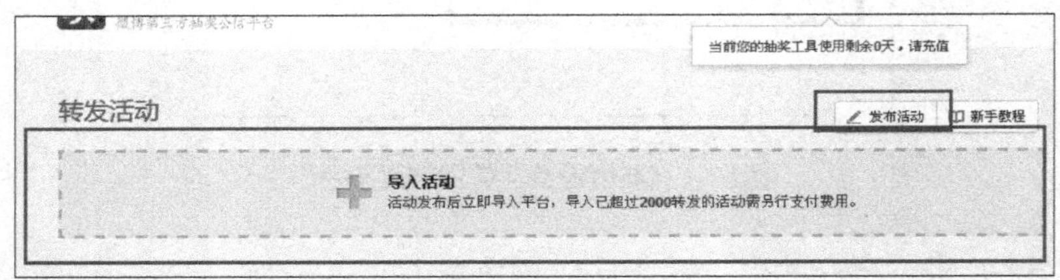

图77-4　发布抽奖活动

（7）选择导入方式，点击从微博导入。如图77-5所示。

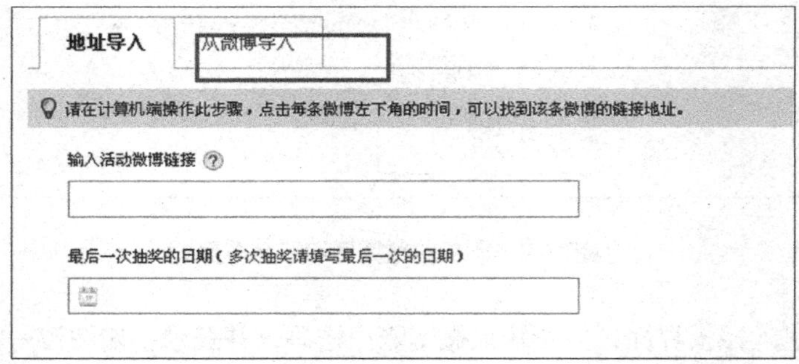

图77-5　导入方式

（8）选择自己发布的一个微博活动。

（9）设置结束日期，点击导入。

（10）点击开始抽奖。

（11）出现提示，点击确认。

（12）设置奖品、得奖人数、参与规则。

（13）点击抽奖。

（14）确认开始抽奖。

导入数据，得到抽奖结果。参与抽奖的人数越多，证明引流的效果越强。

2. 针对个人的微博转发进行的抽奖引流活动

通过个人微博转发抽奖，只需转发好友即可。如图77-6所示。

图77-6 个人微博转发抽奖

然而，通过个人的微博转发进行的抽奖引流活动，想要取得更好的引流效果，一定要满足以下几个条件：

（1）注意抽奖条件，比如关注活动发起者，需要@几位好友等，而且这些好友必须是关注自己的粉丝等。

（2）抽奖前一定要先养微博，培养粉丝，在有要求@好友时，可以有选择地@，以免引起对方厌烦而取消关注。

微博已经成为人们生活的一部分，也成为商家宣传的主要阵地之一。其中的抽奖活动更是吸引众多粉丝前来参与，甚至有时转发抽奖活动可以吸引到十几万的转发量，一定程度上起到了引流的作用。

☞ NO.78　微博大号转发引流技巧

我们知道个人主页的每条微博下方都有阅读次数，而现在这个阅读次数增加了新功能，点击之后会弹出一个对话框，显示“让各路大侠帮你转发，更多人看到你的微博！”然后会推荐两个草根账号，以及其粉丝数、推广价格。比如“热门时尚资讯”推广价格为50元。

其实，新浪于2013年就已经将草根大号统一收编至微任务平台，有偿发布或者转发商业信息都必须通过微任务，新浪微博收取30%的平台使用费。微任务以前的使用者限定为企业认证用户，但从发展趋势上来看，新浪已经将微任务推广至更多的普通用户。

然而，真正想要通过微博大号成就引流营销，需要做好以下功课。

1. 微博大号转发

所谓大号就是对外账号，主要维护的账号，也称红人，具有一定数量的粉丝（一般情况，最低十万个粉丝，目前多数高质量红人粉丝数量均突破百万甚至千万）。并且是具有较高影响力的以营销为目的商业微博账号，比如现在很多明星都是微博转发广告文案的高手。

一般来说，这样的微博大号分为三类：一类是名人、明星微博大号，粉丝量过千万，但转发的费用较高；一类是认证加V用户，一般为真实的个人微博，粉丝约为50万以内；一类是草根微博大号，这类账号多为内容类，仅为盈利而存在，比如冷笑话精选，微博搞笑排行榜。草根微博大号是新浪微博最早的一批用户，粉丝数量大，具有较强的传播力。目前多数经典微博营销案例都离不开草根微博大号的力量。

2. 开通微博粉丝通相关服务

“粉丝通”会根据用户属性和社交关系将信息精准地投放给目标人群，同时“粉丝通”也具有普通微博的全部功能，如转发、评论、收藏等 。

（1）登录新浪粉丝通账号，点击进入后台投放页面。

（2）点击 “创建微博推广” 。当然，这需要依据你的投放目标，如果是普通用户的话，就选择第一个，如果是要推广应用的话就选择第二个。

（3）设置名称，编辑准备投放的微博内容。需要注意的是，内容必须符合相关规定，不能有虚假信息，否则将不予通过。

（4）选择投放目标和设置价位，建议在目标投放上做到较为细致的分类，并设置好合理的价位和日限额，这样才可以做到有效推广，最后点击“确定”，就可以进行推广了。需要注意的是，先给账户充值。

微博大号都是各行业垂直大号，经过官方长期的运营和引流，已经拥有几百万甚至上千万活跃度非常高的忠实粉丝，可以通过覆盖式传播，迅速提升品牌、产品的曝光度、知名度。

☞ NO.79 微博蹭热点引流技巧

2016年12月6日中午，罗晋发微博公开与唐嫣的恋情，消息一经发布，立刻登上当日微博热门话题榜首。很多品牌厂商也来凑热闹，各种花式蹭热点。如图79-1所示。

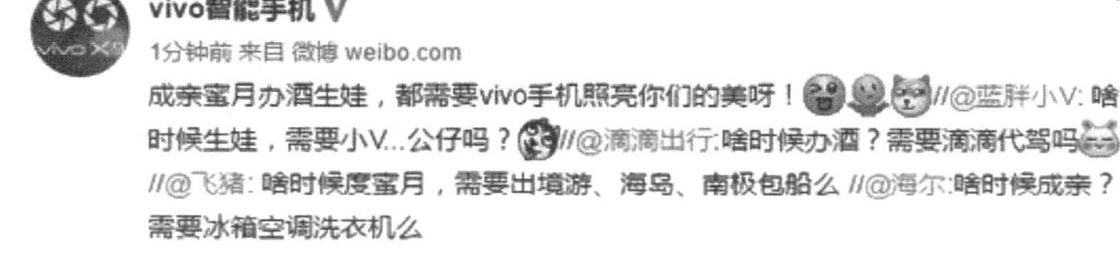

图79-1 罗晋与唐嫣微博公布恋情

下面来总结一下如何利用微博蹭热点引流。

1. 寻找微博热点话题

（1）在微博页面点击搜索栏，下面会出现一些热点，点击查看完整热搜榜。如图79-2所示。

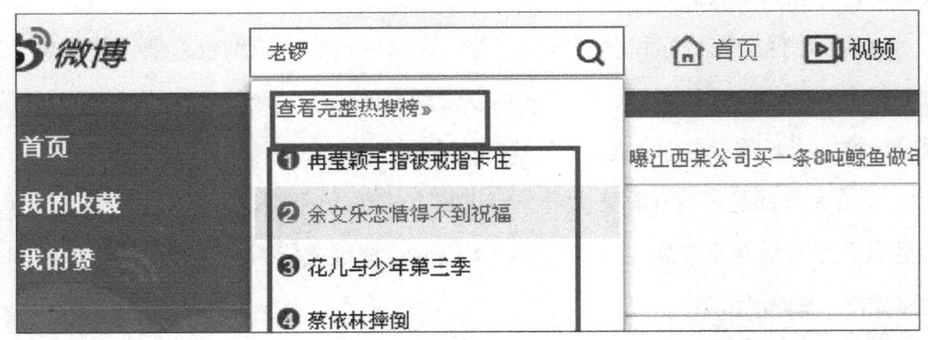

图79-2　查看完整热搜榜

（2）查看各类热点搜索的话题。如图79-3所示。

图79-3　网罗各类热点

2. 找到适合的话题导入，争当热点话题主持人

（1）登录自己的微博账号，右侧点击进入热门话题。

（2）进入页面后，可以看到“创建话题”。

（3）选择创建话题的类别。

（4）输入创建的话题内容，点击立即创建即可完成。如图79-4所示。

3. 基于微博特点，做好文案软文

某净水器品牌，曾在2016年3月22日世界水日这个特殊的日子，发起了一个节约水资源的公益话题，援引人民网的新闻和图片，既宣传了公益，又促进了引流。

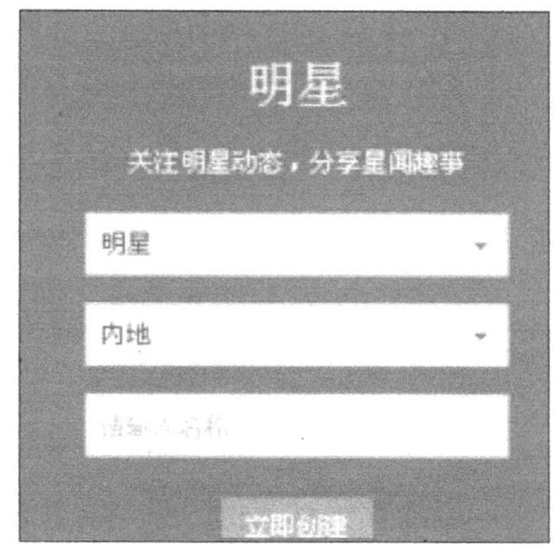

图79-4 立即创建明星话题

4. 利用社交关系、粉丝及大V转发进行二次曝光

微博热点话题受到的关注度较高，只要登上榜单就能迅速吸引网友们的关注和转发讨论。但是，并非所有话题一经发布就能成为热门话题，那些非热门话题的主持人该怎么办呢?这种时候，平时积累的微博资源就能派上用场了。

除了直接组织粉丝群的人去转发、评论，共同营造热议氛围之外，企业或个人还可以通过私信方式，邀请甚至按照行业价格请微博大V、微博达人参与到此话题讨论中，使该话题“二次曝光”的影响能达到最大化。如图79-5所示。

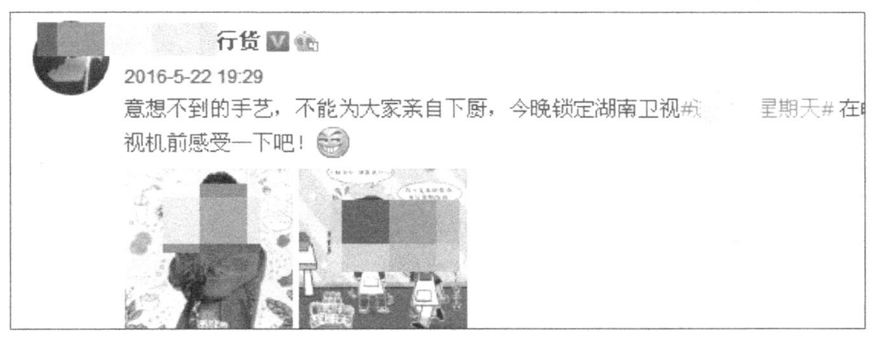

图79-5 二次曝光

显而易见，只要能登上榜单就能迅速吸引网友们的关注和转发讨论，但首先需掌握技巧和手段，才能真正达到引流的效果。

☞ NO.80　微博@网红引流技巧

网红作为互联网经济崛起后出现的独特群体，使人们进入了网红经济时代。网红对我们生活的影响力及舆论的引导力已随处可见，而且对品牌及产品的引流及推广作用也与日俱增，其中微博@网红引流又是一种新方法。

1. 通过浏览器搜索最热的网红。

2. 登录自己的微博账号。

3. 发布某个招募网红的活动。

以聚美优品为例，霸道总裁陈欧曾于2015年8月28号发出招募网红的微博，随即引发过千转发量，网红、粉丝纷纷踊跃报名，评论达18 000条。同年10月，陈欧更是开始带着一些网红一起玩耍，微博转发最多的时候达到近十三万条。聚美优品显然“醉翁之意不在酒”，而是为了通过@网红，达到“双十一”引流营销的效果。如图80-1所示。

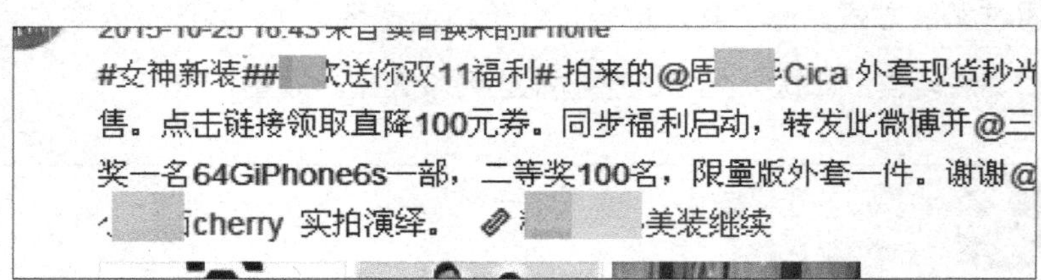

图80-1　陈欧微博

至于如何写好@网红的活动文案，也有一定的技巧。

（1）通过视频教程，达到快速引流吸粉。比如说化妆、卸妆、健身、试衣等，也可以是生活小常识，宝贝详情等。

（2）活动文案的语言要接地气，有互动性，缩短与用户的心理距离，达到引流的效果。可以发些美食、旅游的照片或者感受，甚至是心灵鸡汤，也可时不时给粉丝带些小礼物，或者一段时间内抽一次奖，让粉丝感受到，你不是单纯卖货，这样能提高粉丝的积极性和热情，增加用户黏性。如图80-2所示。

图80-2　网红博文语言风格

（3）活动文案是为了吸引注意力，而配图则可以是为了产品的销售，所以要充分利用网红的自身优势，结合所要营销的产品进行提前预热。如图80-3所示。

这件celin*我在洛杉矶买的…试的时候非常低胸 让c家的师傅帮我修改 当时我一直把肩带拉很高 她和我说nonono 不可以太高 一点点低胸更美 事实是她修改完我穿上简直太满意太美 我做了100%全羊毛的给你们 因为其他材质打样出来完全就没有了这个感觉 它配任何大衣都好看 很高级感 除了价高没啥缺点

图80-3　配图

可采取九图九链的形式。链接+美图，直达粉丝界面，可让粉丝第一时间看到产品的信息，并可根据图片，直接点击对应链接。

4.编辑好软文@相关网红。

我们期待社交电商爆发的同时，更要加大对微博@网红阵地引流的重视。

第7章

视频网站引流与推广营销10招

☞ NO.81　视频内容制作技巧

引流的方法有千万种，如果一定要为这些方法排序的话，“视频引流”当属第一，为什么？因为在视频时代，视频带来的流量是其他媒体无可比拟的。

但究竟什么样的视频才能吸引人呢？

1. 原创

千篇一律的内容已经让观众产生视觉疲劳，只有创意、贴有个性标签的东西才能鹤立鸡群。例如，网络红人papi酱。papi酱的每一段视频都是原创，且每一个原创视频都有数十万观众观看。

2. 对观众关心的问题，予以回答

这一技巧通俗的说法就是对症下药，因为没有什么比有效解决观众问题的视频更能吸引人。比如，关于做菜的视频，对于那些不会做菜或只会番茄炒蛋的吃货而言，这样的视频犹如“救命稻草”。而这些做菜的视频自然能够吸引这些吃货浏览、关注甚至分享。

3. 讲故事

没有人愿意看广告，但故事永远不会过时。因此，我们可以将个人品牌和企业品牌转化为一种价值主张，赋予其一个感人的故事，这样的视频就可以很好地吸引人、打动人，并让人们自愿转发我们的视频，帮我们进行传播。

掌握了制作视频内容的技巧，接下来需要掌握制作视频的流程步骤。以美拍为例。

（1）下载并打开美拍APP软件。

（2）点击“摄像”。如图81-1所示。

图81-1　摄像按钮

（3）任选一种登录方式，登录美拍。如图81-2所示。

图81-2　登录美拍

（4）登录成功后，再次点击“摄像”，然后点击“短视频”。如图81-3所示。

（5）确定前置拍摄或后置拍摄后，选择拍摄时间。如图81-4所示。

图81-3　开始拍摄

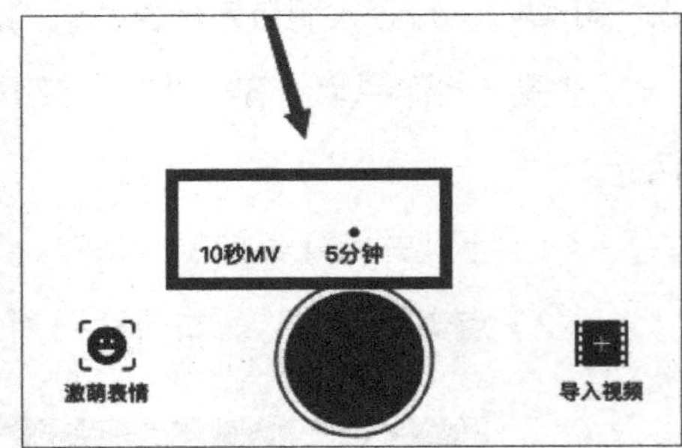

图81-4　拍摄设置

这里有一个好玩的功能。如果拍摄内容是关于人物的，我们可以点击“激萌表情”，从中选择一些萌萌哒的装饰。如图81-5所示。

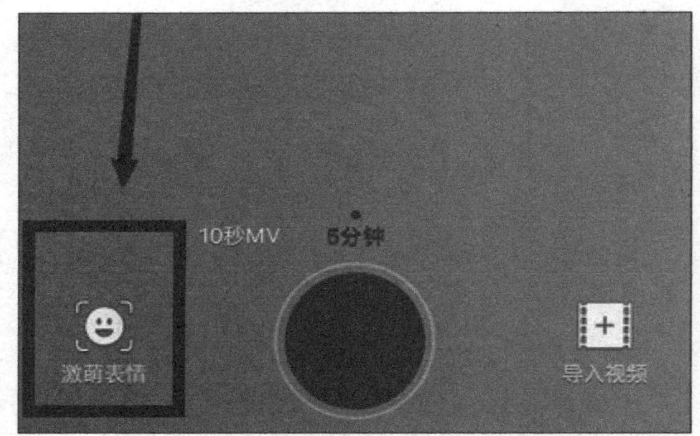

图81-5　激萌表情

（6）长按“拍摄”按钮，直至摄像完成，然后点击“√”。

（7）根据个人需要，选择“滤镜”“MV”“编辑”，然后点“下一步”。需要注意的是，“编辑”只适用于5分钟视频拍摄。

（8）根据个人需要，添加描述以及确定是否同步至微信朋友圈、QQ空间等。然后，点击“分享→”。如图81-6所示。

图81-6 拍摄完成

如此一来，视频就算制作完成。

可以看出，拍摄视频很简单。但是，拍视频不是目的，目的是通过视频有效引流。因此，在拍摄视频时，需要注意以下二点：

4. 拍摄手法

一些视频之所以能够给人一种惊艳的感觉，除去内容的作用外，还取决于拍摄视频时的采光角度、环境选择。

5. 分享意识

拍视频就是要吸引人的关注，而虚假、做作的视频只能适得其反。因此，在录制视频内容时，一定要遵循分享原则，把自己的一些干货与大家共享。

以上是拍摄视频的技巧，以及拍摄视频时应该注意的事项。只要你掌握这些技巧，知晓这些注意事项，通过视频内容引流将会是易如反掌的事情。

☞ NO.82　视频发布网站选择技巧

正所谓“撒大网捕大鱼”。我们拍摄的视频只有全方位、大范围曝光，才能更广泛地得到大家的关注。然而，视频网站有很多，究竟应该选择哪一个呢？

1. 了解各个网站的优势所在，有针对性地投放视频

（1）优酷视频。

优酷视频的优点是，上传通过率高，被收录速度快，且用户群众基础大。

因此，对于一些电商新手，或者没有粉丝基础的企业，可以将优酷视频作为首选。因为优酷视频的视频通过率高，且优酷视频自带粉丝群体，可以为电商新手带来首批粉丝。

（2）土豆视频、搜狐视频。

这两个视频网站都有视频批量上传的功能，且最新成功上传的视频排名会相对靠前。

因此，对于一些视频产量比较高的电商，或者需要大批量上传的企业来说，这两个视频网站是最佳选择。其次，由于新上传视频排名比较靠前，因此能够最大程度提高上传视频的曝光量，最大化吸引观众的注意力。

（3）新浪视频。

新浪视频最大的优点就是娱乐性强、视频审核速度快、收效快、传播广。因此，如果你的视频极具娱乐性，可以选择新浪视频。

2. 选择高权重视频网站

一个网站的权重越高，就代表着网站的流量越大。一个流量爆棚的网站，自然蕴藏着巨大的引流机遇。

3. 选择覆盖面广泛的视频网站

覆盖是上传视频的基础，没有覆盖就谈不上引流。因此，在选择视频网站上传视频时，一定要选择覆盖面广的网站。

掌握了选择视频网站的技巧后，接下来就是在视频网站上上传视频。以优酷视频为例。

（1）登录优酷视频网站，点击“上传视频”。如图82-1所示。

图82-1　点击“上传视频”

（2）点击“上传视频”，选择需要上传的视频文件。如图82-2所示。

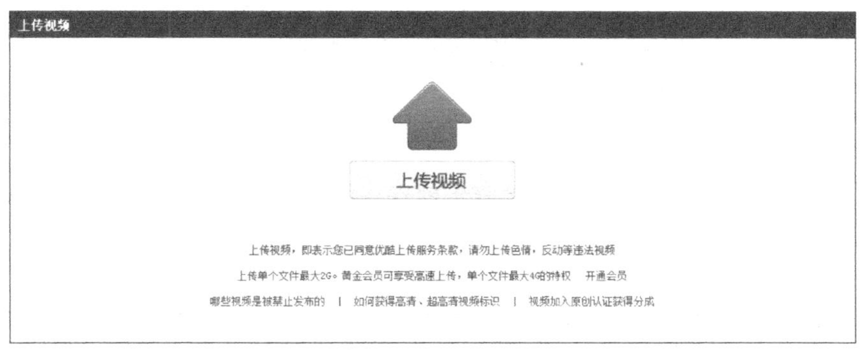

图82-2　选择要上传的视频

正如上传视频时系统所提示的那样，上传的视频不能是有关色情、反动或违法视频，必须是积极正面的。因为只有这样的视频才能通过审核，才能让观众接受。

（3）填写视频信息，然后点击保存。如图82-3所示。

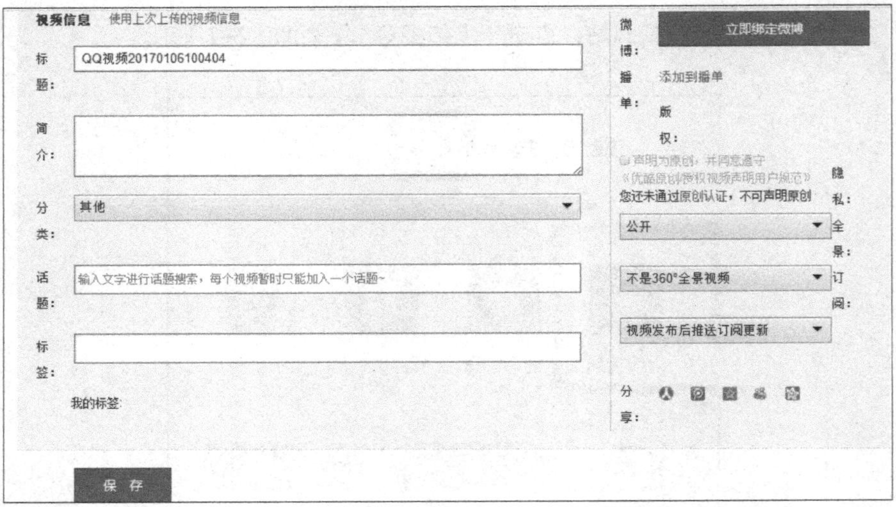

图82-3　视频信息

其实，想要通过视频实现有效引流，视频内容是关键，包括视频的标题、简介、标签等。但无论怎样，选择一个好的视频网站才是增加粉丝基础的途径。

☞ NO.83　视频标题关键词引流技巧

标题重要吗？相信在微博、论坛、网站等平台进行推广的人都深有体会。其实，标题就像是一本书的书脊，是吸引读者从书架上拿下来进行阅读的关键。同理，一个视频，也要有一个好的标题，否则它只能静静地躺在网络平台上。

那么，应该如何设置视频标题关键词，进而吸引观众点击观看呢？

1. 采用问句的形式，无论疑问还是反问。例如，整理房间最简便的方法，你知道吗？

2. 采用数字或数据，让人一目了然，或给人一种巨大的反差感。例如，零售1 000元的产品只有70元的真正价值？带你走进暴力行业的幕后。

3. 利用最新新闻、电视、电影、话题作为标题的关键词。例如，一招帮你搞定雾霾对人体造成的危害。

4. 抓住客户的痛点。例如，预防雾霾的7个小妙招，你知道几个?

5. 给观众答案，为观众答疑解惑。例如，面试这样做，你才能顺利通过。

6. 激发起观众的好奇心。例如，世界上真的存在美人鱼吗?

明白了设置视频标题关键的技巧只是第一步，我们还需要掌握如何打造病毒式标题的技巧，才能不战而屈人之兵。

1.从观众的搜索习惯中打造。这一点其实并不难理解，比如我们拍摄的视频的主题是求婚，就可以在搜索栏中输入“求婚”，在下面出现的词语中了解观众的搜索习惯。

2.从“相关推荐”中打造。仍以“求婚”为视频主题，当我们在视频网站点开一个求婚视频观看时，播放窗口右侧会推荐相关视频。

我们可以利用这一点，在打造视频标题关键词时，与其他的相关视频进行结合，这样我们在“相关推荐”中露脸的机会就会大大提高。

总之，视频的标题很重要，我们需要花费一定的时间和精力打造一个病毒式标题，只有这样，才能实现通过视频引流的效能。

☞ NO.84　视频标签关键词引流技巧

我们在视频网站上传视频、填写视频信息时，都会看到“标签”这一栏。如图84-1所示，为优酷上传视频时的标签栏。

不要小瞧这条狭窄的长方块。它虽然小，但能量无穷，因为只要标签写得漂亮，就能在很大程度上帮助我们涨粉。

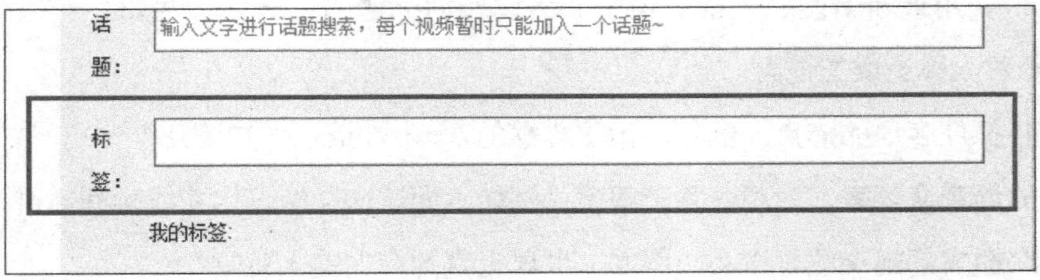

话题：输入文字进行话题搜索，每个视频暂时只能加入一个话题~

标签：

我的标签:

图84-1 优酷视频的“标签”栏

1. 标签中一定要包含高流量的关键词。

标签中含有的高流量关键词越多，潜在的引流机遇越多。比如视频标题是“一项神奇的家用技能”，那么我们在设置视频标签关键词时可以写生活百科、小窍门、妙招、达人等。由于能够填写的标签数量有限，至于应该选择哪些词语成为标签，我们可以从视频网站的搜索栏中进行检验。

2. 标签关键词要尽可能简短，过长的标签关键词不容易被搜索到。

3. 标签关键词要尽量与各个视频网站的属性契合。

例如，优酷视频网站的视频标题大多偏娱乐化，爱奇艺视频网站的视频标题则多偏实用性。因此，在设置视频标签的时候，要根据各个网站的属性，输入标签关键词。

4. 标签关键词中包含公司品牌或者个人品牌。例如，网路红人papi酱视频的关键词就是“papi”

应该写什么样的视频标签这个问题已经解决，但我们应该通过哪些途径获取视频标签，以供参考呢？其实，除了从视频网站的搜索栏中进行筛选外，还可以通过以下方式获取。

1. 打开一个与我们拍摄的视频相关的视频，在视频播放界面的空白处，右击点“查看源代码”。如图84-2所示。

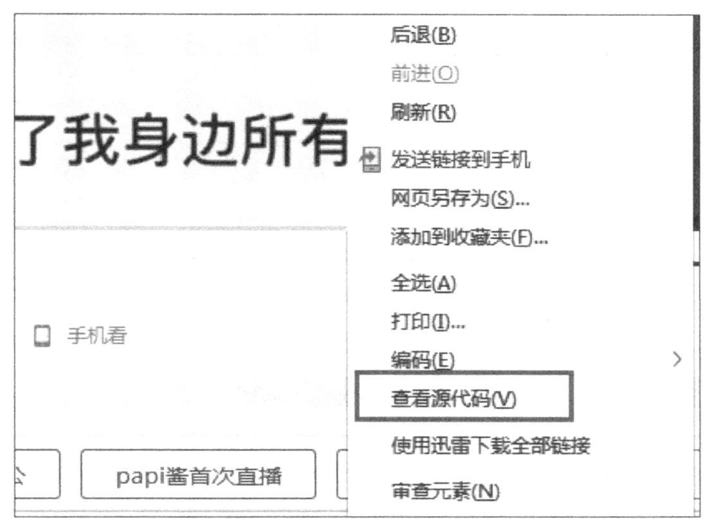

图84-2 查看源代码

2. 找到“keywords”，这就是点开软件的标签关键词。我们可以从中找到适合自己视频的标签关键词。如图84-3所示。

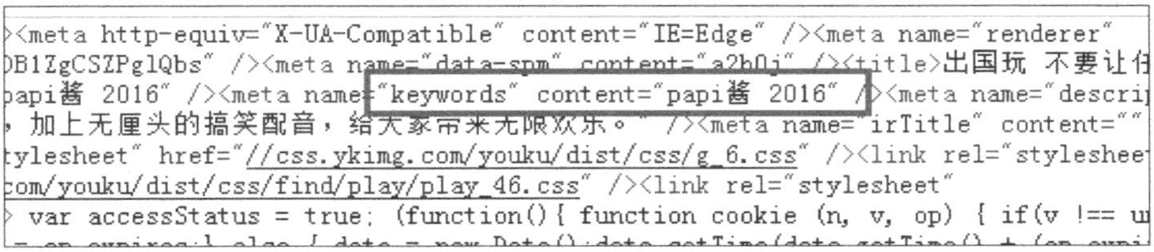

```
><meta http-equiv="X-UA-Compatible" content="IE=Edge" /><meta name="renderer"
DB1ZgCSZPglQbs" /><meta name="data-spm" content="a2h0j" /><title>出国玩 不要让任
papi酱 2016" /><meta name="keywords" content="papi酱 2016" /><meta name="descri
，加上无厘头的搞笑配音，给大家带来无限欢乐。" /><meta name="irTitle" content=""
tylesheet" href="//css.ykimg.com/youku/dist/css/g_6.css" /><link rel="styleshee
com/youku/dist/css/find/play/play_46.css" /><link rel="stylesheet"
> var accessStatus = true; (function(){ function cookie (n, v, op) { if(v !== u
```

图84-3 查看keywords

运用以上技巧能够提高视频被关注的可能性。如此一来，涨粉、引流还会远吗？

☞ NO.85 视频内容介绍引流技巧

在上传视频填写视频信息时，通常需要先完善“简介”。如图85-1所示，为优酷上传视频时的简介栏。

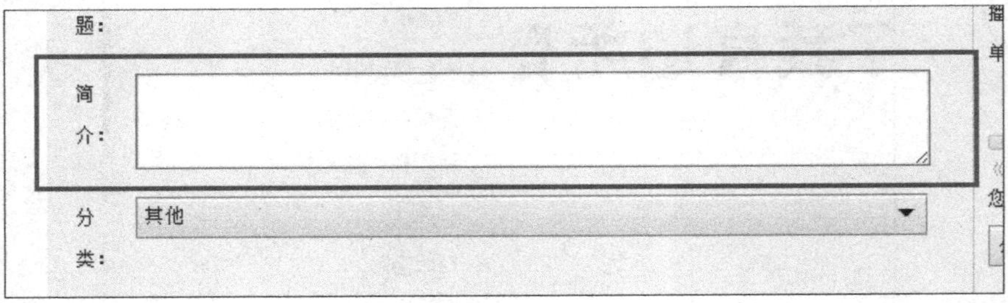

图85-1　优酷视频“简介”栏

但是这一栏常常被人忽视，要么不写视频简介，要么直接复制标题内容，要么就是填写广告内容。

其实，这样的做法大错特错。因为视频简介是对视频内容的高度概括，能有效突出视频的重点与核心，更能有效提高观众点开视频、观看视频的欲望。如图85-2所示。

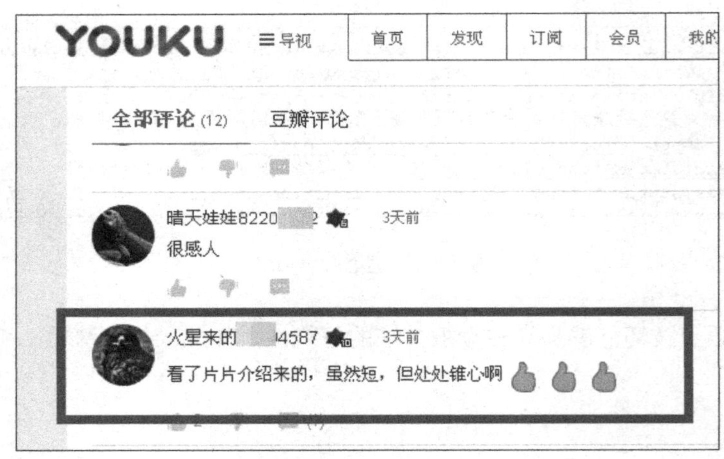

图85-2　因简介而吸粉

鉴于此，我们应该对视频简介加以重视，并需要掌握一定的视频简介的技巧。

1. 字数尽量控制在20～35个字，且语句要通俗易懂、流畅自然。

2. 文字要错落有致、直观清晰。要做到这一点，可以添加序列号，或换行。

3. 有些人急于求成，会在视频简介栏中添加个人或公司联系方式，这种做法不可取，会直接暴露我们引流的目的。

4. 不要突出广告宣传，否则会招致观众的反感，打击观众点击观看视频的欲望。

5. 个性化、差异化。有些时候，为了贪图方便，有些人会直接复制、粘贴他人的视频简介。这种做法简单、方便，但却有一个致命缺点，无法吸引观众的注意。

一件事情能否成功，关键在方法。只要按照正确的方式，不断实践，成功终会来敲门。

☞ NO.86　视频评论引流技巧

手动添加好友、群文件引流、互推、大号推荐……如果说这些都是牛人引流时使用的方法、技巧，那么是不是意味着我们普通人无法涉足？其实，我们不一定要从这些技巧中挑选一种或几种，因为还有一种引流技巧，那就是通过视频评论引流。

相信大家都有这样一个习惯，无论是打开一篇文章、一个广告片，抑或一个小视频，都会将页面往下拉看评论，从评论中找到一些关于文章、广告片或者小视频的蛛丝马迹，再从这些蛛丝马迹中判断，该文章、广告或者小视频有没有读下去、看下去的必要。

这是一部分人看评论的目的，还有一部分人看评论就是看热闹，即随便看看人们是怎么样评论的。这时候，一旦某条评论特别符合他的口味，或者与众不同，查看评论的人就会点击该评论人的头像，进入该评论人的网址，进一步了解。

因此，为了能够抓住观众的眼球、吸引观众进一步了解，我们在拍摄好视频的同时，也要掌握视频评论的技巧。

1. 楼中楼评价

这种评论方式其实就是在楼层内部进行评论。如图86-1所示。

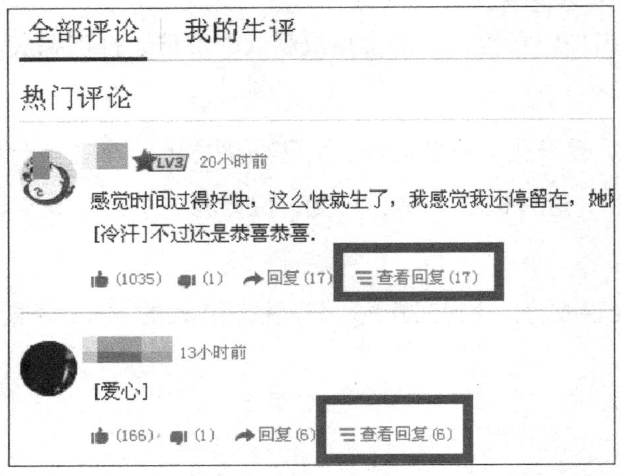

图86-1　楼中楼评论

采用这种评论方式有两点好处：一是能与观众进行有效互动；二是在楼中楼评论中发广告被删除的几率相对比较低，且易被人看到。

2. 巧用图片，以假乱真

这里所说的图片不是一般的图片，而是能够引起观众强烈好奇心的图片。如图86-2所示。

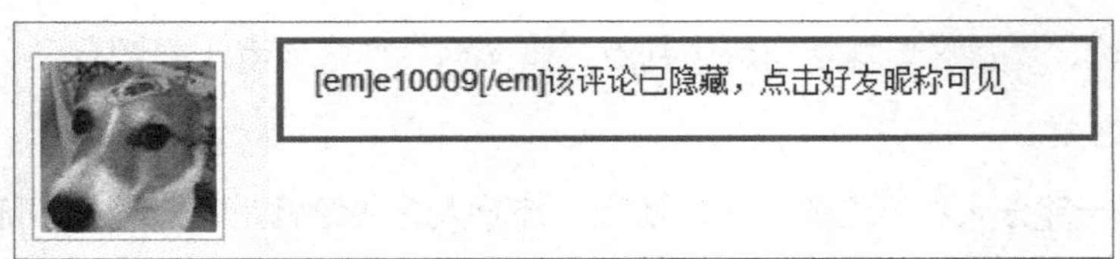

图86-2　巧用图片展示

看到这样的评论，我们第一反应肯定是对方故意写了这样的字样，但是事实证明不是。然后，我们就会急切地想要知道对方究竟评论了什么，而接下来的一个动作就是点击对方昵称。

这就是该评论技巧的妙处：

极具吸引性，能够在众多评论中脱颖而出。

极具诱惑力，强烈诱导观众点击昵称进入空间，完成引流。

视频评论也要讲究技巧，而且只要熟练掌握，引流便是一件轻而易举的事情。

☞ NO.87 视频蹭热点引流技巧

蹭热点能够为视频快速聚集人气，是完成引流的跳板。但并不是随便蹭一个热点就可以实现引流，这就从侧面告诉我们，一定要掌握蹭热点的引流技巧。

其实，蹭热点引流技巧大体可以分为两种。

1. 单纯跟贴式

顾名思义，这种方式就是一旦某个事件突然成为热点，就迅速将企业的产品、LOGO、二维码与其进行结合。

这种方法的优点是，提高浏览量；缺点是，看似是借了势，其实不然，因为你只是简单的结合，毫无创意可言。

2. 形神合一式

这是更高一层的蹭热点方式。这种方式就是以形补形，将热点与你的产品、品牌等有效结合。例如，当明星李晨与范冰冰的恋情占据娱乐头版头条成为热点时，高洁丝马上发布文案：冰临晨下，我是不是要撤军了？文案一经发出，便得到网民的一致关注与赞扬。如图87-1所示。

试想，这些评论以及每个评论后的点赞手势，意味着什么？不正是浏览量的提升吗？浏览量是什么？它是高洁丝成功引流的象征。

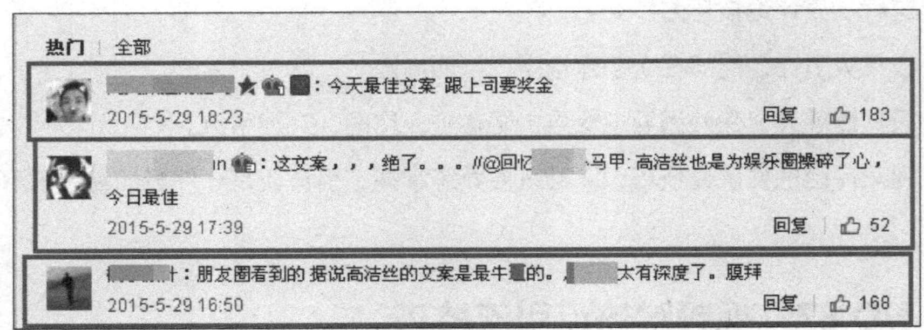

图87-1　网民对于高洁丝文案的反应

需要提醒的是，我们在运用以上技巧引流时需要注意两个问题：

（1）该热点是否是真的热点，是否能够切实让你蹭到流量？

（2）尽量用不让人反感的有趣形式展示给大家，最好是在娱乐、开玩笑的氛围中成功引流。

蹭热点引流是一把双刃剑，用好了，一战成名；用不好，一败涂地。所以，只有正确掌握技巧才能有效规避风险。

☞ NO.88　视频上传账号ID引流技巧

一个好的视频账号ID能够有效引流。这也就是说，并不是所有的账号ID都能起到引流的作用，否则就没有引流难、涨粉难这么一说了。

因此，一个视频上传到视频网站，想要起到引流的作用，视频标题、简介等写好是引流的关键，但更为关键的是承载该视频的账号ID。因此，给账号ID起一个好名字迫在眉睫。

1. 与视频主题贴合

如果我们的视频主要以搞笑为主，就可以以“gaoxiao999”“gaoxiaoyike”“xiaocry”等作为账号ID。这样一来，一旦人们想要观看一些搞笑视频，自然而然就会找到你；如果人们尚未关注你，只要查找这些账号ID，也能有效搜索到你。

2. 与品牌挂钩

与品牌挂钩其实并不难理解。例如，如果我们的品牌是天天快乐，就可以将账号ID设置为tiantiankuaile，如果我们的个人品牌是木子李，就可以将账号ID设置为muzili。

账号ID不是拍脑袋就能想到的，一定要经过慎重的思考，不能为了一时的好玩随便填写账号ID。毕竟账号ID和人们的身份证一样是唯一的、不变的，而我们拍摄、制作视频，也不是为了一时好玩，而是为了更好地引流。因此，在设置账号ID时一定要先了解上文所提到的技巧，为引流打好基础。

☞ NO.89 视频水印引流技巧

为视频加水印也是一条有效引流的途径。水印分为文字水印和图片水印。不同的水印形式，会让我们收到不同的引流效果。

1. 图片水印

顾名思义，图片水印就是在视频上添加图片作为水印。

如何给视频添加图片水印呢？以狸窝全能视频转换器为例。

（1）双击桌面快捷图标，安装并打开狸窝全能视频转换器。

（2）点击左上角“添加视频”，选择需要添加水印的视频，并点击“打开”。如图89-1所示。

（3）点击左上角的“视频编辑”。

（4）在新弹出的界面中，点击“添加水印→图片水印→ ”，选择需要添加的图片。如图89-2所示。

（5）根据视频需要，调整透明度、水平位置、重置位置以及图像大小，并点击“确定”。如图89-2所示。

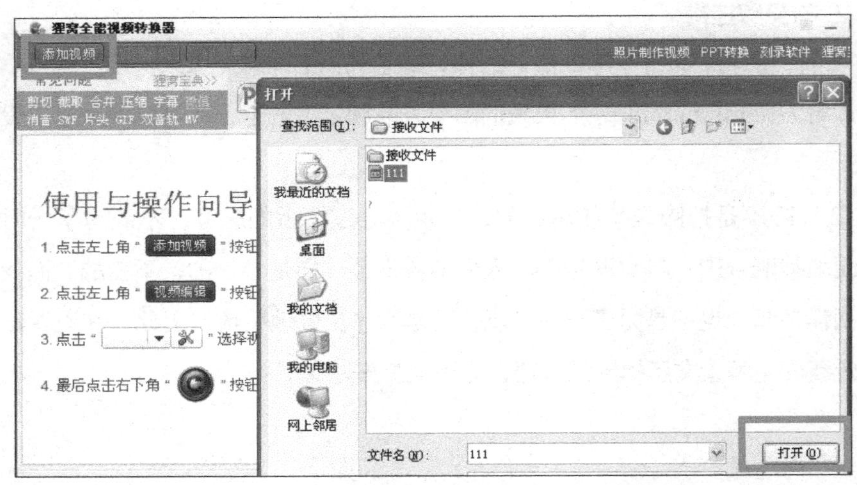

图89-1　添加并选择视频

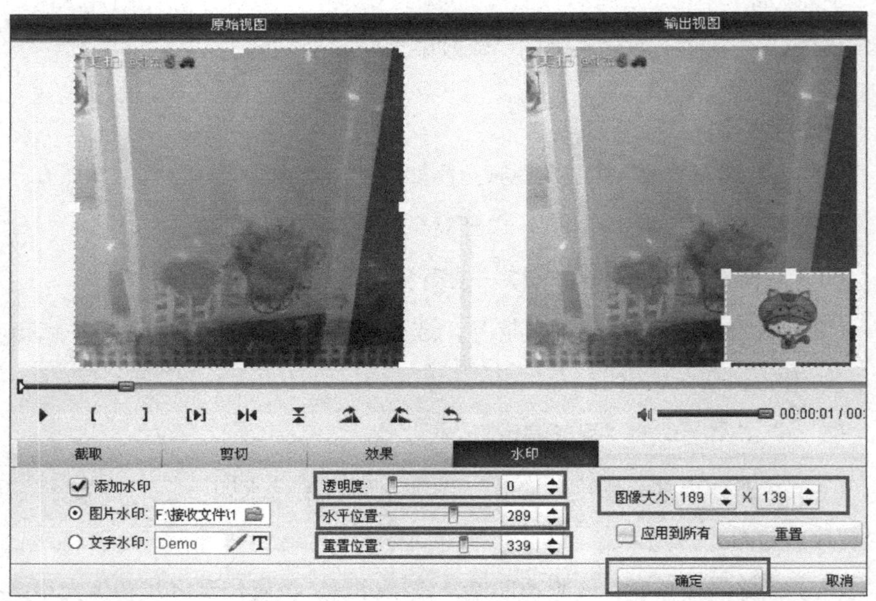

图89-2　添加图片水印

需要注意的是，图片不能遮挡住视频的主要内容或处于不恰当的位置，否则只会引起观众的反感，大大削弱观众观看的欲望。

（6）根据视频需要调整预设方案、视频质量、音频质量、输出目录，然后点击右下角的按钮。如图89-3所示。

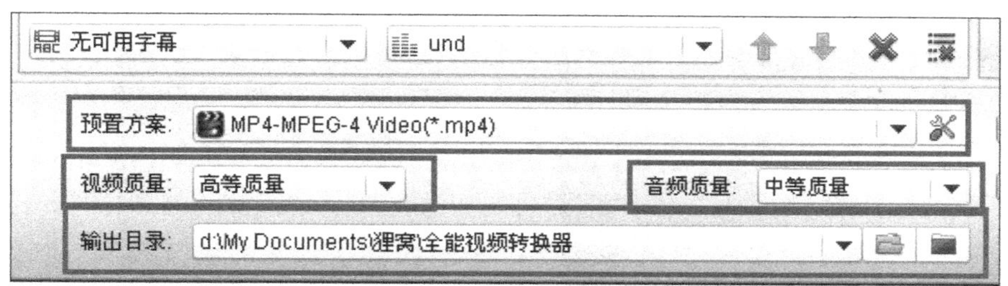

图89-3　视频呈现效果设置

在选择视频质量、音频质量时，一定要选择高等品质，因为这样能够给观众一种极佳的视觉与听觉效果，有利于引流成功。

2. 文字水印

顾名思义，文字水印就是在视频上添加文字作为水印。如图89-4所示。

图89-4　文字水印

添加文字水印的流程步骤，与添加图片水印的步骤一致。只是在“添加水印”这一选项上，需点击“文字水印”。

（1）在新弹出的界面中，点击“添加水印→文字水印”，输入需要添加的文字，点击“ ”，调整文字颜色、色调、饱和度等，点击“T”，调整文字字体、风格、大小。如图89-5所示。

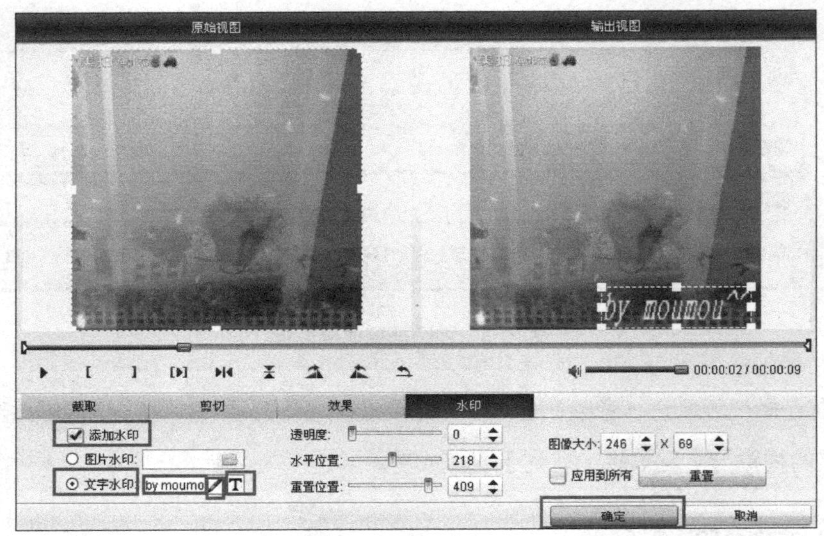

图89-5　文字水印及文字效果设置

文字水印可以加什么样的文字呢？通常，可以是版权证明，例如“by moumou”，通过这种文字就能一眼辨别出视频出自谁手。

（2）根据视频需要，调整透明度、水平位置、重置位置以及图像大小，并点击“确定”。

需要注意的是，如果之前已经调整好文字效果，这里无需再调整，直接点“确定”。同时，文字不能影响视频的整体效果，否则视频被关注、被分享的可能性将会大打折扣。

（3）根据视频需要调整预设方案、视频质量、音频质量、输出目录，然后点击右下角的按钮。

水印的效果，包括形式、内容，如果都比较有新意，就能博得网民广泛关注；相反，就只能听到阵阵唏嘘声，甚至连唏嘘声都听不到，因为观众根本不会关注。

☞ NO.90 视频片头、片尾引流技巧

古人强调，文章的结构应该讲究“凤头、豹尾”。视频也是如此。一个抓人眼球的片头是好视频的象征，是引流成功的关键，片尾也是。因此，我们要掌握制作片头、片尾的技巧。

然而，由于片头与片尾的制作步骤一致，在此只详细介绍如何制作片头。制作片头以PPT+狸窝PPT转换器为例。

1. 新建一个PPT文档，并打开。

2. 点击“设计”调整幻灯片效果。选择“背景→填充”，并选择“设计”下面的设计方案。如图90-1所示。

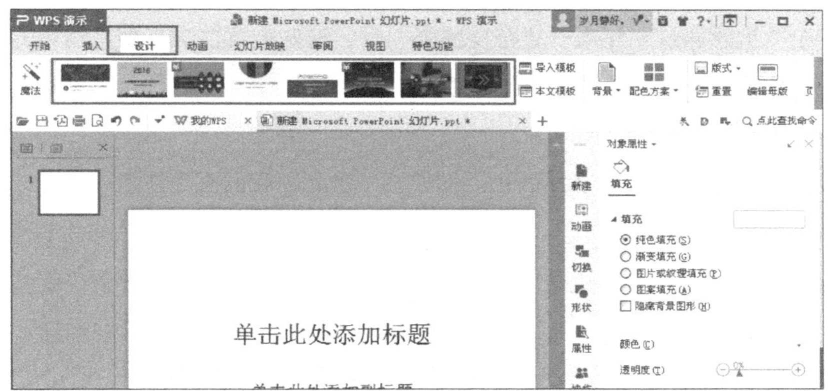

图90-1 PPT设置

无论是哪种幻灯片设计效果，必须与视频所要表达的主题意境相符。例如，视频以悲伤为主，片头、片尾的幻灯片效果则必须采用冷色调，否则只能贻笑大方，降低引流成功的概率。

3. 点击“插入→文本框”，添加片头（片尾）需要的文字。如图90-2所示。

然而，添加什么样的文字，也需要有技巧。

添加片头文字的流程如下：

图90-2　添加文本框

第一步，直奔主题。例如，视频的主题是生活小技能创新，片头的文字就可以是“一个能够让你快速叠好衣服的小妙招”。这种文字能够让人一目了然，迅速理解视频所要讲的是什么，并带着好奇的心理想要知道这个妙招是什么。

第二步，赞美式的文字。例如，“首先让我们给自己一个热烈的掌声”“给自己一个拥抱感谢这一年来一直奋发图强”等，这些鼓舞性的文字是暖场的极佳方式，能够让观众有一种被认可的满足感。

添加片尾文字的步骤如下：

第一步，出人意料，戛然而止。例如，“对此，我们需要注意……”，这种结尾能够快速激起观众的好奇心，引导观众点开另一个视频，或者关注你的其他平台。

第二步，让观众参与进来。例如，“你有哪些感想，或者需要解决哪些问题，可以尽情提问、分享”，这种结尾能够与观众建立一种联系进而形成沟通，让观众一步步对我们产生忠诚度。

4. 点击“动画→切换效果”，选择想要的幻灯片切换效果。

切勿选择“无切换”，因为一旦后期将该幻灯片转换成片头视频，该视频会给人一种平淡的感觉，不会让观众心中产生一丝震撼。

5. 点击“另存为”。

切记文件名一定要写上“某某视频片头”，文件类型保存为“pptx”格式。

6. 打开狸窝PPT转化器。

7. 点击“添加”，设置视频效果，如视频预设方案、视频质量等，最后点击“start”即可。

以上便是设置视频片头片尾的全部过程，以及在设置片头、片尾时需要掌握的一些引流技巧，希望大家能够通过上述方法，成功留住观众的目光，实现引流。

第8章

直播APP中引流与推广营销7招

☞ NO.91　直播内容设计技巧

直播平台的格调，其实与直播内容的质量和风格息息相关。所以视频直播想要长久发展，内容设计至关重要，只有足够的内容支持，才会有持续的用户关注。

1. 满足用户的好奇心

面对一些复杂、抽象的产品或者服务，用户总是好奇它们是如何生产出来的？又是如何产生功效的？而我们只要满足了观众的好奇心，也就激发了他们的兴趣，粉丝的增长也就自然而然了。

那我们应该如何设计出满足用户好奇心的内容呢？

第一步，提出问题，激起大家的好奇心，因为人们总是对未知的内容充满了兴趣。

第二步，利用群体的趋同效应，寻找大家的共同点，提出大家普遍存在的困惑。

第三步，大量搜集资料答疑解惑。

第四步，列出一份详细的直播内容计划，以避免直播的差错。

有了大家感兴趣的内容，何愁没有粉丝关注呢？

2. 拉近与群众的距离

高端品牌、网红、明星等直播营销，目的在于开拓新的品牌形象或者让大家认识到更真实的你。而这样的内容，与久居神坛的高大形象截然相反，他们走下神坛的日常生活，不只拉近了与群众的距离，还可引起更多人的关注。

3. 给观众营造参与感

独角戏是无法持久的，与观众的互动是直播内容设计不可或缺的环节。直播空间里，哪些内容可以增加观众的参与感呢？

第一步，提问法。给大家提出一些问题，即使不让观众回答，也可以引起观众的思考。

第二步，场景模拟。模拟一些直播空间无法实现的画面，给大家留下想象的空间。

第三步，电商新手引流，可以在直播间经常发放一些代金券、红包等，关系到切身利益，也就充分调动了大家的积极性。

简而言之，能够让大家融入其中的直播内容设计，需要增强大家的主人公感。

现在的直播平台有很多，斗鱼、映客、微吼等，类型虽然不同，但用户的驻足与主播直播中的互动、兴趣点以及内容的新鲜度密切相关。

☞ NO.92　直播账号ID引流技巧

在直播风生水起的时刻，电商也想分得一杯羹。然而，现在的直播平台众多，参与的直播账号也是数不胜数，那么在茫茫的直播之海，什么样的账号ID，才能够吸引大家的目光呢？如图92-1所示。

图92-1　吸引人的账号举例

1. 类型鲜明

直播账号的类型众多，如游戏类、购物类、体育类等。当大家无从选择的时候，类型鲜明的账号ID反而更能吸引大家的关注。

第一步，根据你的直播内容，确定直播类型。

第二步，巧妙地把类型融入账号ID，例如体育界的东方不败。

第三步，文字的后面还可以加上自己的QQ号或者微信号，给大家留下一条直播之外关注你的途径。

2. 巧用大家熟知的典故或者谚语

借助熟语的力量，可以消除大家的陌生感。例如，卖女孩的小火柴、红鲤鱼与绿鲤鱼与驴等。

第一步，回忆一下朗朗上口的寓言故事、俗语等。

第二步，选取一个有内涵的短语，稍加改编，调换语序或者添加词语。

第三步，把自己的联系方式添加到文字的后面。

3. 融入感情

与电商类似，很多企业也会注册直播账号，推广自己的产品。但这里需要注意的是，即使是以企业的名义注册，账号ID也最好是以个人的形式出现，因为大家始终会觉得企业是无利不起早，而个人账号ID更能体现情感的融入。

精心设计了直播账号ID，搭配上多渠道的宣传推广，引流势在必得。

☞ NO.93 直播评论引流技巧

很多电商新手抱怨，为什么直播评论引流并没有像传说中的实用？其实，更应该反思一下，我们的直播评论，值得大家关注的内容在哪里？与众不同的地方又在哪里？

其实，直播评论与QQ空间、朋友圈评论功能类似，长篇大论对于直播在线评论来说，显然不切实际。那么，直播评论引流的技巧又有哪些呢？

1. 借助昵称评论引流

自己直播粉丝不足，可以借助直播大号评论的力量，来实现自己的引流。

第一步，注册直播小号，昵称与网红、明星等直播大号类似。

第二步，利用大号直播，小号出来评论。大家只要不多加留意，就会以为是名人在评论，这种利用名人效应的方式，可使你的直播涨很多粉。

第三步，生产优质的内容巩固新涨的粉丝量。

这样一来，昵称的引流作用也就显而易见了。

2. 直播大号评论引流

自己没有足够的粉丝，我们就需要思考一下，粉丝去了哪里？

对于直播来说，很多人的起点就很高，傅园慧直播1 000万人在线热聊，还有很多直播网红每次直播粉丝也不下百万，而这恰恰为我们评论引流带来了契机。

第一步，进入直播大号聊天室。

第二步，在名人直播提问时，使用我们的直播大号，经常性地做出回答，实现互动，引起关注。

第三步，适当地给名人送点礼物，刷刷存在感，向名人提问，寻求答案，名人一旦做出回答，我们的账号引流也就可以充分利用名人效应了。

第四步，仔细聆听名人直播，寻找适当的时机，推广自己的直播号。例如，我们可以在傅园慧直播时，评论说：我也是游泳爱好者，平时都会直播一些相关干货，有兴趣的可以来关注我。

3. 与粉丝的评论互动

我们在直播时，可以找几个好友来评论一下，为我们创造机会来介绍自己直播房间的内容及形式。好友以评论的形式提问，而我们直播回答，往往会鼓励更多的人向我们提出他的问题。这不仅是与粉丝的互动，更是借机宣传自己的直播账号。

当大家逐渐参与到你的直播讨论中时，不要在讨论中加过多的广告营销元素，否则积累的人气反而会毁于一旦。

☞ NO.94 直播内容简介引流技巧

越来越多的人加入了直播行列，甚至还有人以直播为职业。在竞争如此激烈的直播平台上，电商新手想要占有一席之地，必然需要经过一番苦战。其中，直播的预热过程，当然是必不可少的，直播内容简介引流有哪些技巧呢？

1. 拟一个夺人眼球的标题

标题的重要性自然不用多说，具有先声夺人的作用。而我们的内容简介，想要激起大家的观看欲望，引爆式的标题也是必需的。

第一步，直击大家的痛处。例如，马云也曾和我们一样、王健林也曾这样做等。

第二步，巧设疑问句，引起大家的思考。

第三步，把读者带入标题创造的场景中。例如，你一直在犯的错误，自己却没有觉察。

2. 留好小尾巴

在众多的直播平台中，很多人想看直播却不知该去找谁。如果我们在内容简介的时候，插入直播地址或者直播房间的网址，感兴趣的人就可以到直播的时间直接点击观看。所以，简单便捷的操作方式更利于吸引粉丝的关注。

3. 找准直播噱头

平淡无奇的内容简介，总是难以激起波澜，而我们可以借鉴一下电影的宣传，在最精彩的地方戛然而止。

第一步，对直播内容的介绍是截取精彩内容的片段，简单概括一下。

第二步，联系一下时下的热点，把热搜关键词嵌入介绍中。

第三步，找准时机，提前预热。

做好直播内容简介相当于迈出了重要的一步。因此，想清楚什么样的内容简介更吸引大家，并且掌握时下的热点内容，才能在直播引流过程中做到事半功倍。

☞ NO.95　直播话术引流技巧

直播相对于以往的社交软件，更像是与大家面对面的交流，而想要以此引流，与大家的互动至关重要。因此，掌握直播话术成为必备技巧。

1. 大小号互动对话

实体店营销为了吸引大家的关注，经常会由工作人员扮演顾客询问。对于电商直播引流来说，这也是可以借鉴的。具体而言，我们可以申请一个小号与自己的大号互动。

第一步，申请一个直播小号，注册信息等要完全区别于自己的大号，以免被大家发现。

第二步，直播时，小号就可以进入直播间，引导你展现自己。例如，你是女装主播……

小号：很高兴在直播平台上认识你，看你平时的衣着打扮很时尚，给我发一下链接吧。

大号：马上配合着回答，把自己的审美、搭配技巧和相关方面的干货简单介绍一下，表示以后可以直播教大家。

小号：原来是有技巧的呀，我一直以为是个人审美能力问题呢。

大号：借机确定下次的主题，并和大家聊聊不同场合常见的衣着搭配失误。（此处语言可以适时调节直播间的氛围）

小号和大号的互动搭配话术，给了你介绍推广自己直播账号的机会，为引流奠定了基础。

2. 巧妙插播联系方式

电商直播，目的是提高自己的粉丝量，从而实现商品的营销推广。所以。在直播里，就需要巧妙地公布一下自己的联系方式。

第一步，按照规划进行自己的直播内容。

第二步，与弹幕上的粉丝互动。例如，粉丝评论你今天的衣服很好看，你可以趁机说，自己的常服也是这种风格，并公布自己的微信，告诉粉丝欢迎闲暇时间咨询讨论。

第三步，开通直播外话题讨论间，留下自己的微信号，大家对直播内容有什么意见或者建议，都可以微信给自己留言。

第四步，在直播将要结束时，公布自己的微信号，欢迎大家私下联系。

当然，想要实现电商引流的目的，了解大家的消费心理非常重要。但硬广营销总是让人反感，大家总是对你无意间透漏出的干货秘诀感兴趣，这其实就是话术引流存在的必要性。

☞ NO.96　直播粉丝群引流技巧

如今，越来越多的80后、90后开始玩直播，甚至有的人可以利用直播月赚万元，而他们的粉丝也是日益增长。电商也一样，通过直播也可以积累一些粉丝，但关键是：如何通过粉丝持续引流呢?

1. 建群技巧

播主一般都会将自己的粉丝通过建群的方式实现持续引流，而粉丝群的建立也是有一定技巧的。很多人都会把粉丝建立在一个普通群里，其实这样很容易导致粉丝的流失，所以我们要懂得根据粉丝的活跃程度来建群，可以将群分为铁杆、中度、低度三类。

2. 管理技巧

所谓管理技巧就是我们在将粉丝群按活跃程度分别建群以后，就要对其进行有效管理，通过不同的粉丝群来进行不同程度的引流。

（1）针对“铁杆”粉丝群。对于铁杆粉丝群我们要懂得巩固，而且这类群体不需要我们过多地去与他们交流，只要在一个星期内保证有几次大的互动即可。

第一步，在直播空间里与他们进行互动。

第二步，通过直播空间发放一些优惠券等，并可以通过互动告诉粉丝们，他们可以让朋友也加入此群。这样一来，“铁杆”粉丝往往很乐意向身边的人来推荐自己喜爱的人或物，“铁杆”粉丝就会以转发的方式来引起他人的关注。

第三步，当引起他人关注的时候，他人就会因好奇心而点击直播空间，这样就可以做到大量的引流。

（2）针对中度粉丝群则需要保证每两天与他们进行互动。

第一步，同样需要在直播空间里与粉丝们进行互动，可通过唱歌、表演、聊天等了解他们的喜好。只有了解了粉丝的喜好，我们才可以通过相应的方式来增加他们每天直播的点击率。

第二步，定期在群里发红包以及优惠券。

第三步，当这类粉丝稳固好以后，就可以将他们转化为“铁杆”粉丝，然后再通过“铁杆”粉丝的方式加大他们的直播点击率，并通过他们来吸引更多的人进行直播点击，扩大引流量。

（3）针对低度粉丝群，我们就需要花费一些心思来吸引住他们。

第一步，要保证每日的直播互动，尽量每日都在群里发送一些搞笑视频来引发他们的关注。

第二步，引发他们的关注后，就可以通过抢红包或者玩游戏的方式来增加活跃度。

第三步，经过一段时间后就可以发放一些较大的优惠券，并告诉他们，只要他们能将别人拉进这个群里，就可以得到更多的优惠券。

这样不仅可以增加粉丝的活跃度，稳固好这类粉丝，同时也可以让他们发动身边的人，以一传十，流量就可以大大地提升。

☞ NO.97　直播蹭热点引流技巧

电商为了直播引流也是拼尽全力，甚至不断在思索紧抓热点的同时，如何能够让自身行为成为亮点。其实，蹭热点就是一种很有效的方式。

热点事件本身已经具有很大的关注度，那么如何才能在这巨大的粉丝量里分得一杯羹？

1. 实力蹭热点

优质的内容，是支持直播长久发展的根本。

第一步，时刻关注微博热点、百度热点话题等。

第二步，发挥自己的优势，评论一下热点事件本身。

第三步，将备好的稿子用来直播，并与大家调侃，即使是犀利的语言，也会给大家营造一种轻松的感觉。

第四步，直播中，注意和大家的互动，提高大家的参与感。

第五步，直播快要结束的时候，以搜集大家关于这件事的看法为由留下自己的微信号，顺势为自己吸引粉丝。

当然，热点事件本身具有时效性，我们要时刻准备着开始下一个热点内容。

2. 开发热点周边内容

热点来的快，去的也快。所以，想要借助热点维持自己的直播热度，需要开发热点事件本身蕴含的深刻道理。例如，2016年，和颐酒店女生遇袭事件，我们可单就这一热点，直播开讲“女孩出门在外，应该如何保护自己”。

第一步，总结热点事件背后隐含的干货。

第二步，让热点事件成为直播内容的噱头。

第三步，即使热点事件过去了，它对人们造成的影响也会持续一段时间。我们就要充分利用这个机会，开发出事件周边的内容，实现引流。

当然，想要维持信息的新鲜度，蹭热点的必备技能是速度快，在第一时间直播出大家未知的内容，吸引大家的关注。

第9章

社交类APP引流与推广营销12招

☞ NO.98　名片全能王引流技巧

各种会议、聚会之后，总是能收罗到一堆名片。然而，把名片一一存入手机，可是一个浩大的工程。于是，名片全能王应运而生，这是一款手机识别名片的软件，并带有自动分类功能，只要扫一扫就可以直接存入你的手机了。

1. 名片全能王如何使用?

对于电商来说，无论是传播个人名片，还是收集他人名片信息，名片全能王都简化了操作过程。

登录软件，进入设置界面。如图98-1所示。

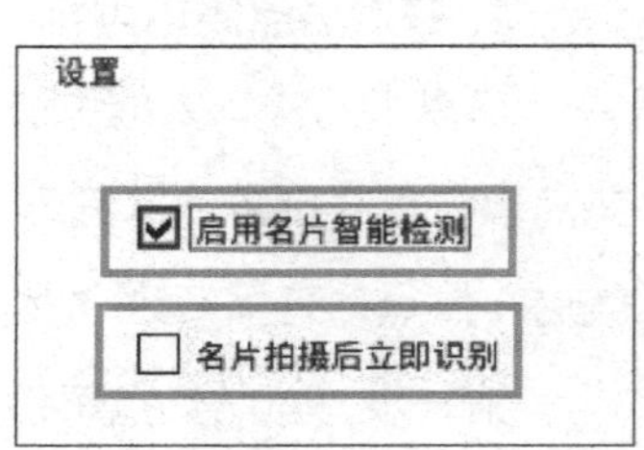

图98-1　设置选项

（1）勾选“启用名片智能检测”功能，可以在拍摄时，准确地识别名片，减少手工拍摄的误差。

（2）勾选“名片拍摄后立即识别”功能，拍摄完名片系统就会直接识别，显示结果。

（3）返回软件首页，选择左侧的照相机图标，进行名片拍摄。如图98-2所示。

图98-2　名片拍摄图标

（4）软件自动对焦名片，程序会自动检测图片质量，同时提醒用户如何调整，并会自动拍摄名片图像。

（5）系统识别完成，就可以把名片信息保存到手机。

（6）打开手机联系人，就可以查看保存的信息了。

事实上，全能王的名片信息还具有更新功能，即联系人一旦更换联系方式，系统会第一时间通知用户。我们掌握了名片全能王的使用技巧，面临的可是更广阔的天地，同时也是更大的资源库。

2. 名片全能王引流

其实，名片全能王已经逐渐告别工具化，向平台化转变。我们在利用全能王收集名片信息的同时，也是为自己提供了一条引流的渠道。

（1）登录名片全能王的商业平台，发布自己的产品信息。

（2）完善产品相关信息，尤其是参数、功能等要表述清晰。

（3）产品配图，尽量从外观、使用方法上进行全方位的拍摄，让用户可以清晰了解产品效果。

（4）发表需求。

名片全能王的企业版是在2014年推出的，目的是帮助企业管理大量的客户名片，建立客户信息库。同理，个体电商在需求板块发表产品介绍，相关信息也能推广至客户群，实现引流。

例如，电子名片分享。全能王能够生成电子名片，不仅包含普通名片的信息，还可以增加教育、工作经历等，以提高信息的可信度。甚至可以一键分享至微信、QQ，不仅使名片全能王平台上的用户能够及时了解你，各种渠道客户都可以掌握你的真实情况，让大家更加相信你。

名片全能王的实用价值的确提升了电商引流的效率。凭借其庞大的数据积累，以及各种平台功能的开放，挖掘潜在客户简单了，也高效了。

☞ NO.99　脉脉引流技巧

脉脉作为一款分享职场动态的应用软件，受到用户的青睐，甚至有了“生活用微信，工作用脉脉”的标语。这句话，既可以让我们看出脉脉的职场社交地位，也便于我们抓住一种方便的引流机遇。

1. 脉脉的使用

脉脉作为移动端职场社交平台，为在职场奋战的人提供了消遣、畅所欲言的场所。当然，脉脉也具有职场的基本功能，如招聘等。下面给大家分享一下脉脉的使用技巧。

（1）注册脉脉账号，并设置密码。

（2）登录脉脉，完善个人资料。如图99-1所示。

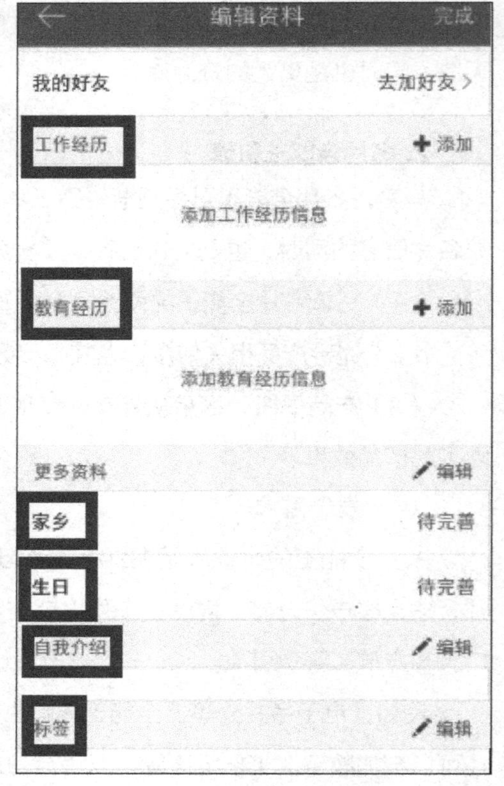

图99-1　完善个人资料

（3）发布匿名八卦。

第一步，点击右侧编辑按钮。如图99-2所示。

图99-2　选择编辑八卦

第二步，编辑爆料内容。如图99-3所示。

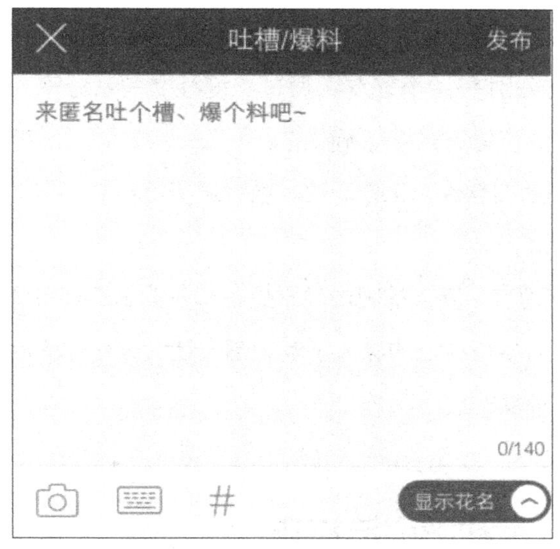

图99-3 编辑八卦内容

第三步，选择发布。

（4）发布实名动态。动态的发布与八卦同理，这里不再赘述。

2. 脉脉引流技巧

（1）动态、八卦引流。

职场社交的八卦新闻，不知让多少人茶余饭后津津乐道，如果你能成为社交八卦达人，大家还会吝啬对你的关注吗？

当然，对于职场工作的动态，大家也是时时关注，所以你可以经常发表一些行业干货，自然也就吸引了眼球。

（2）二度社交关系引流。

第一步，登录脉脉，公开自己的通讯录，就可以看到你的哪些通讯录好友开通了脉脉。

第二步，通过微信、QQ、微博等多种渠道，邀请没有开通脉脉的通讯录好友开通账号。

第三步，分享好友的通讯录好友。

其实，脉脉的真正价值就在于其二度社交关系。假设你在脉脉上有10个好友，而且每个好友分别有10个好友，通过二度社交关系分享，你就有了100个好友，如此类推，你的流量资源将是无限的。

脉脉是实名制社交软件，工作职位、教育经历等信息都很详细，更方便你“因材施教”，实现引流。

对于脉脉引流而言，真正的困难是掌握各行各业的职场资源。也就是说，没有长期的积累，以及对各行各业的深入了解，想要让大家对你的吐槽感兴趣，实现脉脉引流还是有一定难度的。

☞ NO.100　互动吧引流技巧

互动吧掌握着国内丰富的平台活动资源，所以在移动社交的引流过程中担任着重要的角色，连接线上线下活动，弥补了网络社交关系薄弱的劣势。

1. 发布互动信息

互动吧的互动信息发布，集投票、文章、招募等活动于一体，并可通过微信、微博、QQ等多渠道相结合，实现信息的传播与引流。

下面介绍一下如何编辑发布互动信息。

（1）登录互动吧。

（2）设置自己的所在地区。

第一步，点击左上角的地区选项。如图100-1所示。

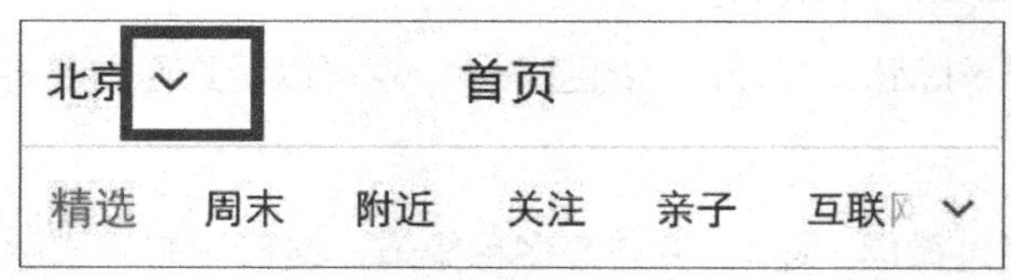

图100-1　地区设置选项

第二步，自动定位所在城市，或者输入城市名称搜索。如图100-2所示。

（3）点击“+”入口，以发布活动为例。如图100-3所示。

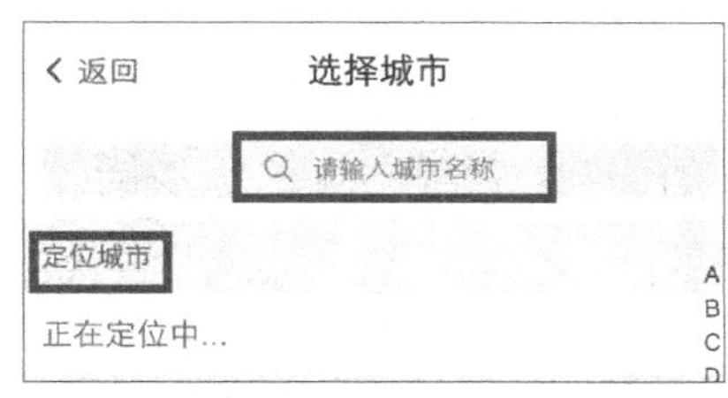

图100-2　设置所在城市

图100-3　进入发布入口

（4）编辑活动信息，如图100-4所示。

图100-4　编辑活动信息

（5）发布活动信息。

2. 互动吧引流

互动吧的平台活动是线上与线下活动相结合，可举办各种会展、交友会议、亲子活动等，参与者在海量的活动中，彼此逐渐从陌生走向熟悉。

（1）筛选互动吧公布的活动，选出参与人数较多的活动。如图100-5所示。

（2）报名活动，并按时参与。

（3）在活动中，积极和大家交流分享与活动主题相关的内容，并要求交换社交联系方式。

（4）组织参与本次活动的人，建立微信群或者QQ群，本着交友的目的，方便以后联系。

（5）运营建立的微信群或者QQ群。

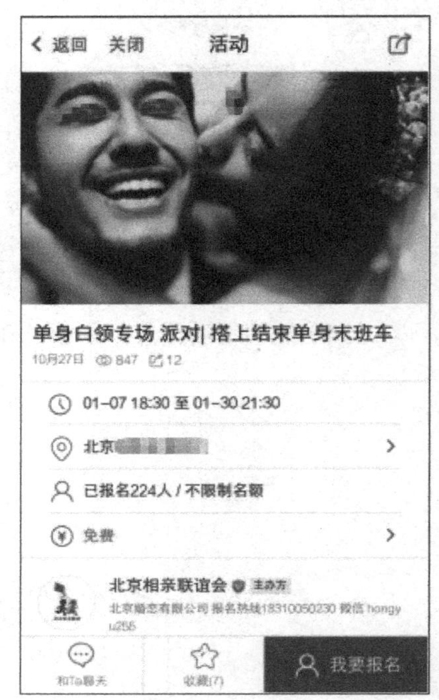

图100-5　参与互动吧热门活动

当然，互动吧活动引流，还是需要积极参与到线下的活动中去，并分类参与活动，这样吸引的粉丝群体能够实现多样化，为日后粉丝群体利用微信、QQ裂变发展夯实基础。

☞ NO.101　派派引流技巧

作为一款深受年轻人喜爱的娱乐聚聊社交APP，派派上聚集了一大批来自不同地域，拥有不同兴趣的朋友，而这与电商的引流目的不谋而合。

1. 同城聊吧引流

无距离无时差的同城交友，对于引流来说，更具有黏性。

（1）进入同城聊吧，先熟悉一下大家的话题。

（2）浏览一下大家主页展示的生活日常，寻找大家的兴趣爱好。

（3）就别人的话题，发表自己的观点，要做到观点清晰、新颖。

（4）经常和大家分享一些红包、优惠活动，吸引大家关注。

（5）组织线下活动，巩固聊友黏度，实现引流。

2. 话题聊吧引流

进入同一个话题聊吧，相同的爱好便可为你的引流夯实基础，以爱好音乐话题聊吧为例。

（1）百度搜索与音乐相关的干货，恶补基本知识。

（2）加入音乐话题聊吧，观察一下大家的音乐话题倾向。

（3）多参与大家的讨论，发表的见解做到精练、专业、实际。

（4）逐渐和大家熟络起来，就可以用优惠活动“引诱”大家关注你了。

3. 寻找目标引流

派派引流方式除了入群吸引大家的关注，还可以通过提高自身魅力，私加好友，提高自己的粉丝量。

（1）设置一个吸引人的头像。一般玩派派的都是男生，我们可以设置一个美女头像。如图101-1所示。

图101-1　美女头像

（2）完善自己的资料，让大家更多地了解你。

（3）经常浏览一下吧圈，里面会有关于派派的最新动向，我们可以针对性地引流。

（4）到魅力排行榜寻找目标，从和大家打招呼开始。当然，系统推荐的好友也不能错过。

我们可以申请添加魅力值高的人为好友，因为他们的光环效应，对我们的引流会起到扩展的作用。尤其是通过他们开展一些诸如抢红包活动，更容易吸粉。

派派丰富多样的娱乐玩法和风格多样的社交活动，使它的作用已远远超出一款社交软件，成为大家闲暇的玩伴，更是为引流提供了契机。

☞ NO.102　豆瓣引流技巧

豆瓣作为传统平台网站，其推广功能总是占有压倒性优势，如影评、音乐、读书等，无不吸引了一大批粉丝。尤其是关注小组推广板块也在电商引流的路上越走越稳。

1. 关注热门小组引流

下面我们就来研究一下，关注热门小组引流技巧。

（1）登录豆瓣，选择小组选项。如图102-1所示。

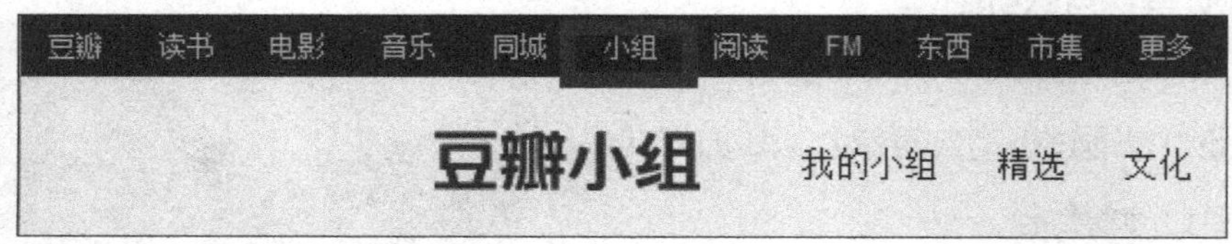

图102-1　登录豆瓣

（2）在小组分类中，选择与自己商品类型相关的。例如，你从事的是女装，就可以选择时尚主题。如图102-2所示。

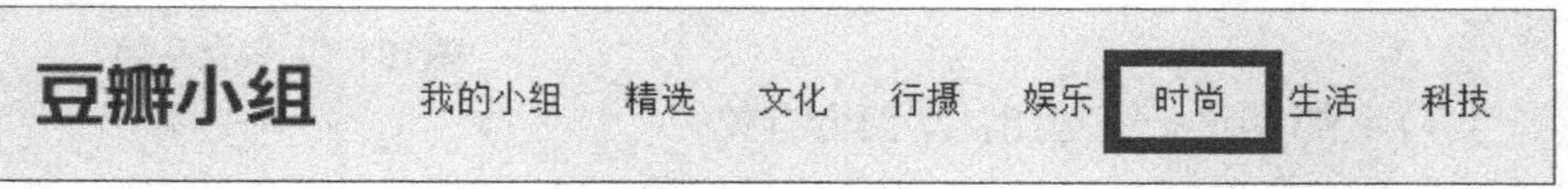

图102-2　时尚主题分类小组

（3）在系统推荐的热门小组中，选择几个加入。如图102-3所示。

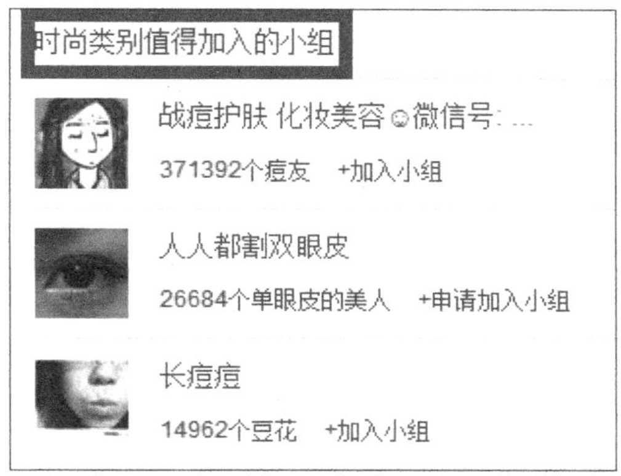

图102-3 部分系统推荐小组

（4）点击“我的小组”，进入小组的主页。

（5）实施内容引流。如图102-4所示。

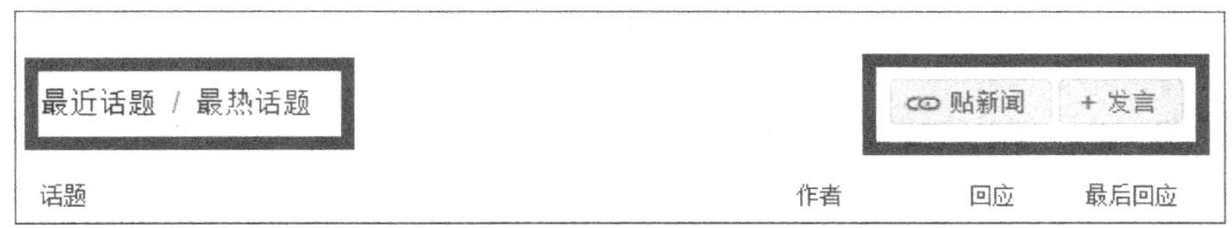

图102-4 小组内容编辑

我们平时可以总结一些行业干货、软文，或者搜集一些行业大咖的言论、文章，末尾加上自己的联系方式。如果大家对你推荐的文章感兴趣，浏览文章的同时，就会看到你的个人信息了。我们以贴新闻为例。

第一步，进入贴新闻界面。如图102-5所示。

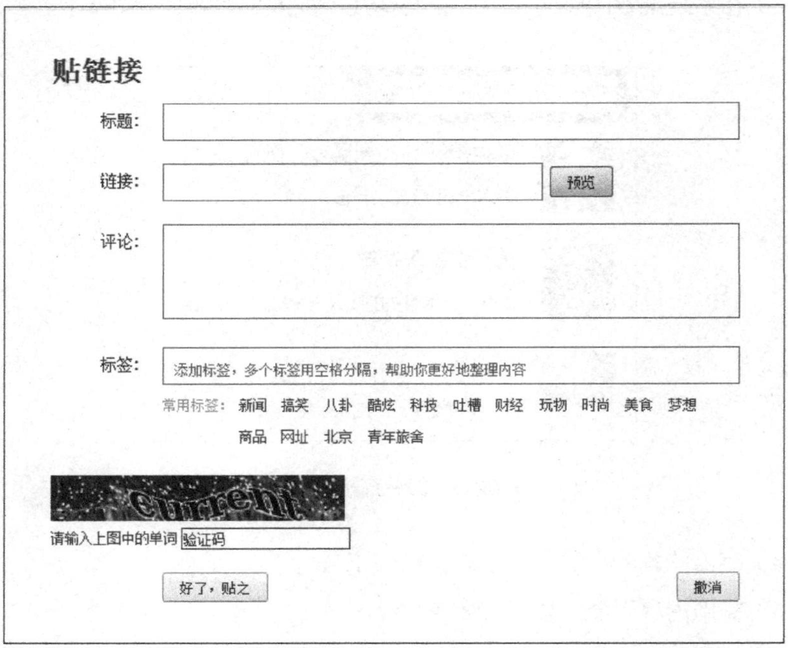

图102-5　登录贴新闻界面

第二步，拟一个响亮的标题，最好是可以包括时下热点，或是引爆眼球的关键词，如校园暴力、娱乐新闻等。

第三步，复制粘贴新闻链接。如图102-6所示。

图102-6　新闻网址

第四步，添加评论。对新闻的评价做到与众不同，比如可以从读者的角度出发，引起情感共鸣，就会吸引大家的关注。

第五步，确定新闻的标签，尽量关联性地多确定几个，大家在搜索关键词时，就会提高其出现的频率。

第六步，填写验证码，发表即可。

当然，除了发帖引流，还可以在热门的帖子下面，回帖引流。需要注意的是，想要不被组长删除评论，还要利于吸粉，就要通读帖子的内容，发表新颖的点评，顺势在点评里插入个人信息。

2. 创建小组引流

其实，创建豆瓣小组和创建QQ群、微信群异曲同工。也就是说，我们自己创建的豆瓣小组，发表内容的时候，限制就相对减少了，只需遵循豆瓣“告别硬广”的原则进行操作即可。

（1）注册豆瓣账号满30天，就有资格申请创建小组了。

（2）点击豆瓣小组主页的申请创建小组选项。如图102-7所示。

图102-7　申请创建小组

（3）进入申请界面，选择开始创建小组。如图102-8所示。

（4）填写小组的名称和介绍信息，设置小组头像，并选择公开小组，以便大家搜索加入。

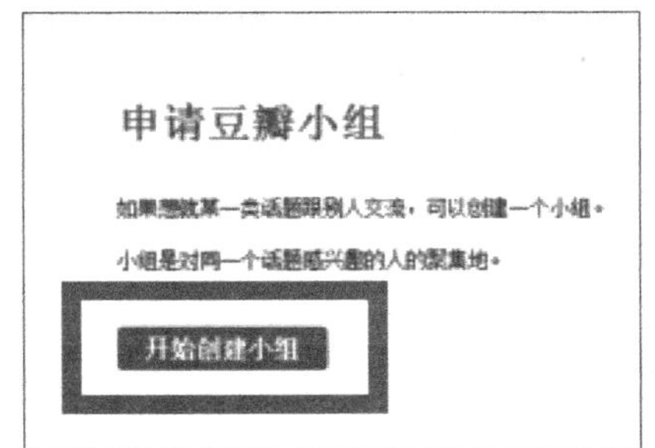

图102-8　开始创建豆瓣小组

第一步，如何命名。小组的名称最好可以体现内容分类。如“自学韩语”小组，使小组内容显而易见，那么对韩语感兴趣的人，看到小组名称，就会申请加入了。

第二步，介绍信息可以是对大家加入小组的欢迎，也可以是对小组资源的介绍。如图102-9所示。

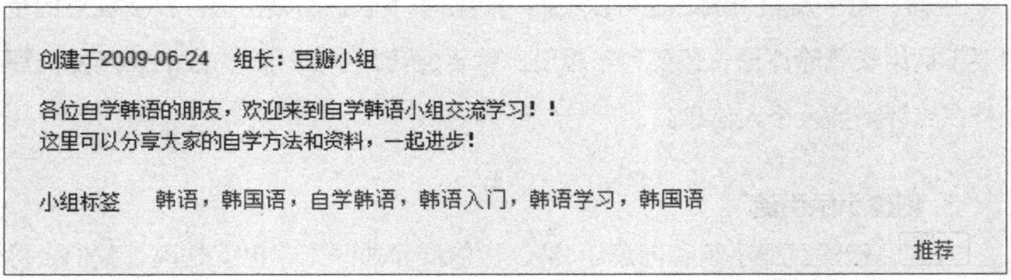

创建于2009-06-24　组长：豆瓣小组

各位自学韩语的朋友，欢迎来到自学韩语小组交流学习！！
这里可以分享大家的自学方法和资料，一起进步！

小组标签　韩语，韩国语，自学韩语，韩语入门，韩语学习，韩国语

推荐

图102-9　介绍小组主题

欢迎语可以让大家感受到我们的关心，而非是对于电商广告的反感；资源的介绍可以让大家更了解小组的优势和价值。

总之，在豆瓣做引流，广告要做到软文推广，因为豆瓣的审核还是很严格的，尽量避免使用敏感字眼，如直接复制广告用语等。除了做到软营销，在豆瓣被删帖、封号是常事儿，所以你还需要一颗强大的内心。

☞ NO.103　槽厂引流技巧

创造力是现在年轻人不可忽略的优势，槽厂的问世正是抓住了年轻人的这一特点，给他们一个可以吐槽、自黑的舞台，而且通过上传图片功能，给了大家弹幕吐槽的机会，开创了别出心裁的社交模式。

1. 槽厂如何使用?

槽厂作为一款为大家提供娱乐平台的社交软件，我们应该如何使用呢?

（1）注册槽厂账号，也可以选择用自己的QQ号直接登录。如图103-1所示。

（2）点击中间的照相机就可以选择上传

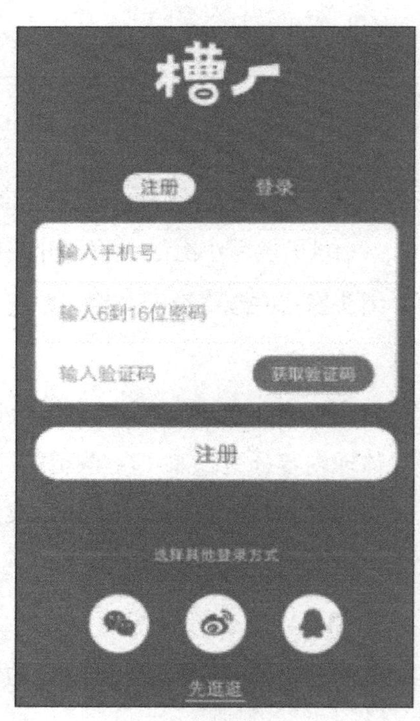

图103-1　注册槽厂账号

图片。

（3）我们在逛槽厂的时候，看到有槽点的图片就可以直接点击吐槽，发表意见。

2. 槽厂引流

每一张被“黑”的图片，都是满满的笑点，大概这就是槽厂的娱乐精神，而其却为我们的引流提供了风口。如图103-2所示。

（1）吐槽引流。

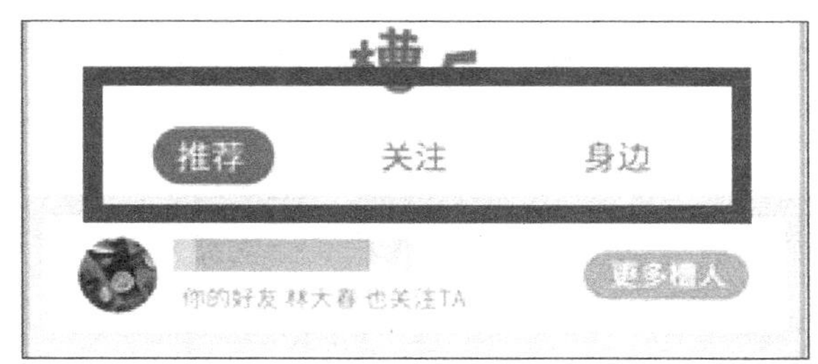

图103-2

第一步，吐槽位置。槽厂的图片评论告别了传统的线性排列，直接吐槽在图片上。但是图片的大小有限，想要占据一个有利的位置，让大家一眼就看到，占据最上方的位置很重要。

第二步，吐槽内容。想要博得大家的关注，让读者产生深刻的印象，需要集合生活常识吐槽，深化内容的高度。当然，这与一个人的阅历、性格是分不开的，所以我们可以经常翻阅一些网上的段子，再加上丰富的知识，幽默感也就自然形成了。

第三步，吐槽分享。经典的图片吐槽可以分享到微信、QQ、微博等渠道，而其娱乐性便可成为吸引大家关注的有力武器。

由此，吐槽引流也就实现了。

（2）上传图片引流。

槽厂上传的图片是以娱乐社交为主要目的，而利用图片引流也是凭借其娱乐性。所以，我们想要在槽厂上吸引更多的粉丝，选图至关重要。

那么，适合上传槽厂的图片具有哪些特点呢？

第一，出丑的瞬间。例如，把自己的窘况分享给别人，何尝不是一种娱乐。

第二，偶然时刻。经常发生的事大家不会产生好奇感，而偶然碰撞出的火花，往往会成为大家讨论的焦点。

第三，与常规截然不同的图片。例如，啤酒和尿不湿结合起来的图片，谁会不想一探究竟呢?

有了槽点满满的照片，何愁没有评论和流量。

☞ NO.104　宠物说引流技巧

随着宠物经济的发展，宠物说作为一款宠物图音社交应用应运而生。宠物们凭借着萌萌哒的表情，收获了一大波粉丝，这不得不说已经成为电商引流的一大市场。

宠物说软件操作很简单，下面重点介绍一下，宠物说如何实现引流。

1. 萌宠引流

（1）条件允许的话，自己养些宠物，小猫、小狗、小兔等都是不错的选择，既可以作为陪伴，还可以为自己吸引粉丝。

（2）培养它们一些独特的技能，如撒娇、坐立等。

（3）把他们独特的技能录成视频，多渠道分享，一定会得到大家的关注。

（4）经常给自己的萌宠洗澡、打扮，把它们当成孩子照顾。

（5）给萌宠拍些照片，精挑细选之后，在宠物说上晒图，并与大家一起评论交流。

装扮精致、萌萌哒的宠物一定会为你吸引大量的粉丝。

2. 宠物说干货引流

2015年宠物说月光饱盒的推出，又为大家带来一个科学养宠物的板块，也是引流平台。

（1）在宠物说上输入自己宠物的信息，获得科学饲养宠物的方法。

（2）分享到各个渠道，帮助更多的爱宠人士科学管理自己的宠物，并且留下自己的宠物说ID。

（3）大家入驻宠物说，第一个搜索的人肯定是你，因为是你给大家推荐了这款软件。

3. 动态宠物引流

宠物说的主要功能是让宠物动起来，主人先给宠物拍张照片，用宠物的口吻录一段话，配上动态嘴型和精心的装饰，就能呈现图音结合的搞怪效果。如此动态的宠物，是不是让人眼前一亮呢?

事实上，宠物说引流，还是依赖于广大爱宠人士对宠物的关心，所以想要博得大家的关注，把自己塑造成一位宠物专家也是很有必要的。

☞ NO.105 薇蜜引流技巧

薇蜜作为一款为女性服务的平台性工具，有效挖掘了女性评测情感关系的价值，也成为移动电商的引流天堂。

然而，薇蜜不仅限于女性。对于女性来说，在薇蜜上通常可以找到三类男性：自己的男朋友、别人的男朋友和男星。所以，不同的情况下，引流技巧也各不相同。

1. 评价男星引流

有颜值、有身材的男星，自然会受到很多女性的关注。其实，关于这些男星的八卦新闻更是一箩筐，而你只要稍微给大家普及一下鲜为人知的故事，就会得到大家的崇拜，吸引大家的关注。如图105-1所示。

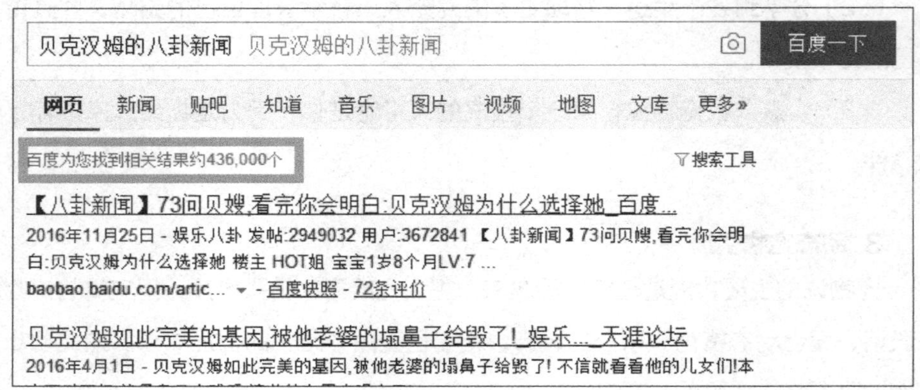

图105-1　百度男星相关八卦

（1）浏览大家发表的男星照片，大致了解一下在薇蜜里哪些男星比较受欢迎。

（2）百度搜索相关男星的八卦轶事。

（3）积极评价大家询问的男星，和大家分享、讨论与其相关的内容。

（4）除了对楼主的评价，还可以回应别人的观点，让评论更加热闹。

你在评论里出现的频率、发言的质量越高，大家对你的关注度就会越高，你薇蜜的粉丝自然越来越多。

2. 评价闺蜜的男朋友引流

评价闺蜜的男朋友需要适度。虽然薇蜜的宗旨是发挥女性的价值，帮别人界定男朋友，但是口下留情很重要。

（1）幽默吐槽式的评价引流。

如果有人在薇蜜上晒出自己的男朋友，想让闺蜜帮自己鉴定一下，这个男人是否可靠；或者就是赤裸裸地来秀甜蜜的，我们就可以幽默地切入来评价，既能够赢得大家的关注，又可以获得闺蜜的好感，自然能够实现引流。

（2）发现别人的优点。

很多人在薇蜜秀自己的男友时，其实已经认定他了，只是想要获得大家的认同。所以，如果我们用欣赏的眼光来评价别人，自然也能得到别人的欣赏。

3. 晒出自己的男友引流

抓住闺蜜的眼球，还有一种方法，就是晒出自己的男友，满足闺蜜的好奇心来引流。

（1）精心选一张自己男友日常的照片，可以是趣图、靓照或者有爱的照片。如图105-2所示。

（2）吸引大家来评分、点评。

（3）在评论区互动，分享一些和男友的趣事。

只要大家对照片有所关注，再加上评论区幽默的互动，你的粉丝自然也就增加了。

图105-2　与动物有爱的瞬间

薇蜜除了拥有点评照片的功能，与微信和QQ类似的是，还可以设置话题小组和私密话题，我们便可以进一步借鉴微信群的技巧并运用到薇蜜引流中来。

☞ NO.106　陌陌引流技巧

2016年，陌陌受到电商引流的强烈关注，可是很多电商新手还是不能有效地利用陌陌吸引粉丝，这是为什么？

下面简单地介绍一下陌陌引流的注意事项和技巧。

1. 前期准备

陌陌引流需要注意的是，陌陌软件是用自己的手机号注册申请的，性别一旦选定就不能更改。

（1）头像的设置，给大家营造真实与美感。如图106-1所示。

图106-1　陌陌头像设置

（2）完善自己的资料，能绑定的社交软件最好都绑定，增加可信度。

（3）情感状态建议填写单身，更利于吸引粉丝。

（4）开通陌陌会员，增加可关注数量。

（5）在陌陌的空间装饰方面，可以上传一些生活和出游照片，避免全部是商品照片。

这些内容设置好了，陌陌引流也就做好了准备。

2. 陌陌引流

陌陌作为陌生人的社交平台，可以吸引的粉丝范围自然会扩大。

（1）留言板引流。

留言板虽然不限制直接发布广告，但是过多的留言涉及广告，会被举报而禁言。陌陌的留言板不止好友看得见，附近的人也看得见，所以凭借其无限制的宣传力，留言板更受电商引流的青睐。如图106-2所示。

图106-2　编辑留言板

第一步，注意留言的时间。大家刷陌陌的时间一般是上午8～9点，下午3～4点，或者晚上八九点。

第二步，留言的内容是关键。既要对自己的商品起到宣传的效果，也要找准切入点。比如，你是从事女装的，可以留言：最近发现女朋友的穿着越来越有品味了，原来她的秘诀在这里，还可以顺势加上自己的联系方式。

第三步，多给几个好友留言，就会有更多的人看到你的推荐了。

第四步，也可以给自己留言，然后经常刷附近的人，这样附近的人也能看到你的留言了。

如此，大家对你的留言感兴趣，就会粉你的陌陌账号了。

（2）陌陌吧引流。

陌陌吧和贴吧的功效相似，但是陌陌独特的定位功能，让我们可以更了解吧友，增加彼此之间的信任度。我们可以在陌陌吧里直接发帖子，通过软文推广我们的商品，有人评论的话，可以直接私聊。

陌陌作为陌生人之间的交友软件，想要获得大家的信赖还是需要一定的时间的，所以一两次的碰壁并不能证明什么，坚持就会获得胜利。

☞ NO.107　咕咚引流技巧

2015年，体育运动社交类APP的排行榜中，咕咚名列第一。究其原因，年轻人群作为咕咚的目标受众，对其优良生活的运动理念充满了强烈的参与热情，这也就顺势为引流埋下了伏笔。

1. 咕咚运动圈引流

运动圈的出现，成为咕咚逐渐向内容化、社交化转化的标志，加强了用户之间的联系，给电商引流提供了契机。

（1）话题引流。

第一步，选择自己感兴趣的话题。

第二步，大致浏览一下大家的看法，了解大家关注的内容。

第三步，发布别出心裁的话题参与讨论内容，调动大家的评论热情。

第四步，积极地和大家分享、讨论相关运动心得，引起大家的注意。

第五步，主动关注运动大咖的咕咚号，可以蹭一下大咖的热度，增加自己的关注度。如图107-1所示。

图107-1　咕咚话题

有了关注度，加上你对自己账号的维护，大家就会增加对你的信任，从而实现引流了。

（2）动态引流。

咕咚作为运动APP，用户一般是体育爱好者，所以我们通过晒出自己的运动状态，往往可以吸引大家的关注。当然，不是每一个电商都是运动健将，那么不喜欢运动的电商怎样晒出令人心动的运动照片呢？如图107-2所示。

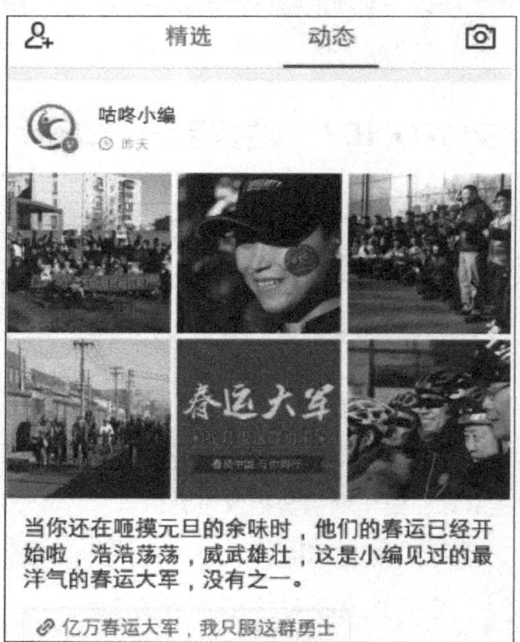

图107-2　咕咚动态

第一步，办一张健身房会员卡。

第二步，到健身房拍照。比如可以在跑步机上拍一张，而最有吸引力的是运动之后大汗淋漓的照片。

第三步，在咕咚动态圈，发表自己的运动心得或者分享一些运动干货，配上自己运动的照片。

第四步，和评论区互动。大家

赞美或者评论你的运动状态时，你就可以回复，想要更多的运动方法，可以让大家关注你的微信号等。

大家对你的照片和干货知识感兴趣，自然就会加你为好友。

2. 线下活动引流

咕咚作为线上、线下相结合的社交平台，给用户提供了活动的自主权，而且提供了“运动场地”作为活动场馆，为实现线下引流夯实了基础。

（1）登录咕咚APP。

（2）进入发现选项，点击活动，就可以查看最近举办的活动。

（3）进入竞赛选项，选择自己擅长的活动加入。如图107-3所示。

（4）在赛事中，尽量要赢得比赛，这样大家的关注点就会在你身上。

（5）线下活动中，可以吸引大家关注你的咕咚账号，赠送一些小礼品作为回报。

图107-3　线下活动竞赛

（6）在留言板发表一下自己的运动心得，可以是自己在这些运动健将身上总结的一些技巧，并在自己的动态长期更新，有兴趣的人便会与你互粉。

咕咚线下活动鼓励用户自行组织线上报名参与的志同道合的伙伴，不仅提高了用户的黏度，也为线下引流创造了机遇。

☞ NO.108　美团、大众点评引流技巧

从餐饮的角度来说，互联网的发展给了它们新的生命力。美团和大众点评的兴

起，就是以为消费者寻找值得信赖的商家、享受低价折扣服务为目标，给商家推广带来效果的最大化。

美团与大众点评宣布合并，而对于电商来说，利用其引流有哪些技巧呢？

1. 商家入驻引流

对于移动社交电商新手来说，以商家的身份入驻不失为吸引粉丝的妙招。那么，我们应该如何入驻美团呢？

（1）百度搜索美团网官网。

（2）选择我是商家，点击我想合作。如图108-1所示。

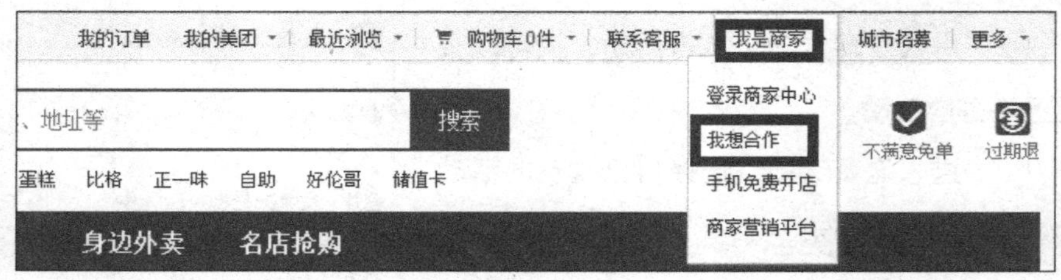

图108-1　选择商家合作

（3）选择你所属的行业及业务类型。如图108-2所示。

图108-2　选择所属的行业及服务类型

（4）填写门店信息。如图108-3所示。

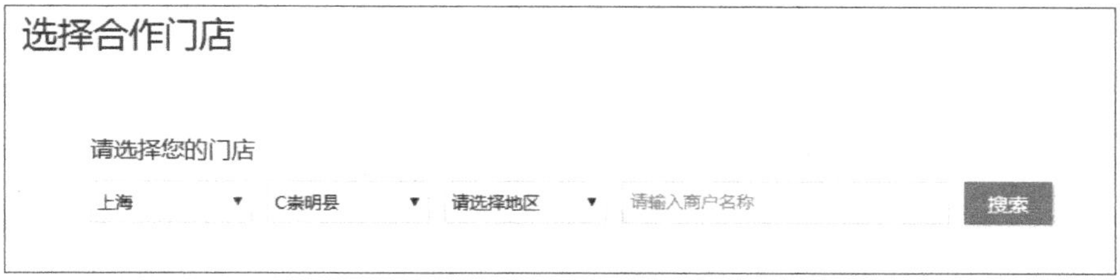

图108-3 门店信息

（5）填写一下提供合作的信息，并提交。如图108-4所示。

图108-4 填写合作信息

信息注册好了，就只需等待审核了。信息通过后，工作人员会上门认定合格，你的店铺就可以正式入驻了。

当然，入驻成功就意味着拥有了一个引流的平台，再搭配上开业优惠活动，以及平时多参加平台举办的活动，店铺的宣传作用也就显而易见了。

2. 点评引流

美团官方提供的资料显示，旗下活跃的买家已达上亿人，而这巨大的流量背后，我们应该如何进行点评引流呢？

（1）到美团消费，最好选择与自己所从事行业相同的店铺且比较火爆的店铺。

（2）在点评栏，发布自己对店家消费的体验，配上店里环境、商品的照片，并趁机提一下自己的商品。

（3）把评价分享到微信，既是给好友推荐，维护了好友黏度，又宣传了自己的商品。

随着新工具、新方法不断更新换代，我们更要不断接受新知识，掌握新技术，从而为解决吸粉难题找到更合适的渠道。

☞ NO.109　墨迹天气引流技巧

墨迹天气，是一款在全球拥有5亿用户的天气APP，充分利用了气象大数据，践行“天气+”，为用户提供更多的生活化服务。而究其实用价值和庞大的用户基础，与电商引流有哪些牵连呢？

1. 时景引流

时景作为墨迹天气的一个重要功能，呈现着全国各地各个时间的照片。下面我们具体来了解一下如何利用时景引流。

（1）注册墨迹天气账号，并登录。

（2）选择中间的照相机图标，拍一张照片。当然，照片最好是具有代表性的，可表现当地的天气或者代表性的建筑特色等。如图109-1所示。

（3）拍好照片，保存到相册。

（4）在照片上放上我们产品的二维码或者商品水印。

（5）把修好的照片在时景发布。

图109-1　墨迹天气的照相机

（6）经常改变墨迹的地理定位，这样你的时景发布就可以在全国范围内进行传播。如图109-2所示。

图109-2　墨迹地理定位

其实，墨迹天气作为世界各地的“天气预报”，尤其是其时景功能，可以很好地把各地的风景展示出来。当大家看到优美的风景，怎能不心动呢?

2. 墨圈动态引流

墨圈的动态功能，与贴吧、陌陌吧功能相似。我们可以在圈里发表自己的帖子引流，当然，也可以通过给他人回帖引流。关于技巧可以借鉴陌陌吧发帖技巧。

天气正逐步影响着我们的生产和生活方式，而与此相关的墨迹天气，逐渐走向社交化，融入我们的生活，成为电商引流的重要途径之一。

论坛引流与推广营销8招

☞ NO.110　论坛ID引流技巧

论坛作为目前网络上最常见的同类人群聚集地之一，也就成为了营销圣地，因为论坛的目标客户群相对精准一些。所以，只要运用恰当的方式方法，通常可以实现成功引流。

然而，在论坛注册的时候，选择有创意或者是吸引人眼球的ID才是最好的引流方式之一。例如，可以选用“厉害了我的宝宝”“惊呆了：×××产品”等网络流行词语，与我们的ID相结合。如图110-1所示。

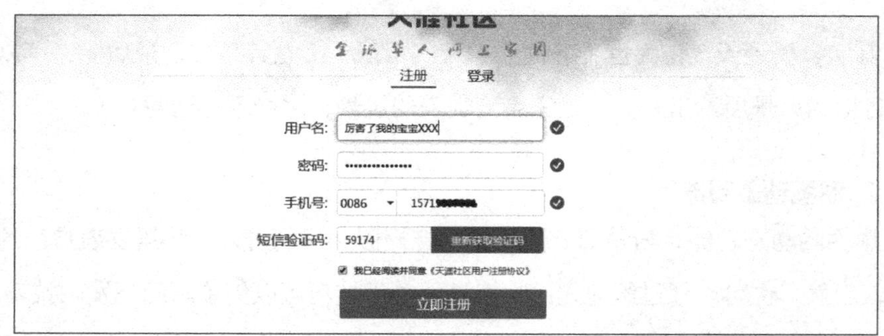

图110-1　论坛ID

下面就简单介绍一下，如何在论坛上呈现出一个有趣的论坛ID。以天涯论坛为例。

1. 登录天涯社区，点击立即注册。

2. 进入注册界面。如图110-2所示。

图110-2　进入登录界面

3. 信息填写完毕后，点击立即注册。在网上搜索一些网络流行词句，利用网络热度吸引坛友。如果你的ID在第一时间就可以引起别人的注意，那么你的好友数量必然会增加。如图110-3所示。

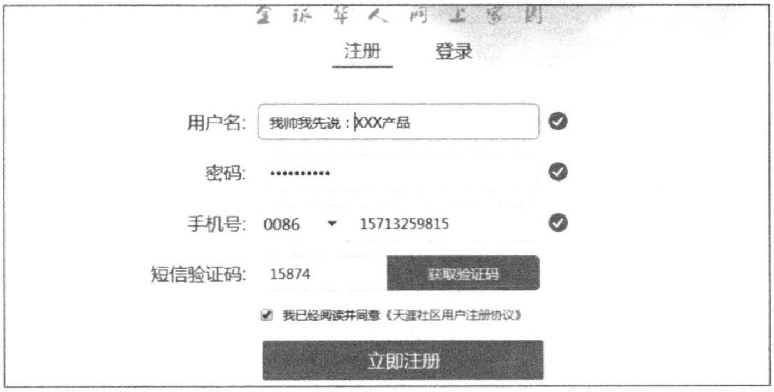

图110-3　注册用户名

4. 根据自己的喜好注册完毕以后，在天涯搜索框中输入自己所需进入的板块名称。如图110-4所示。

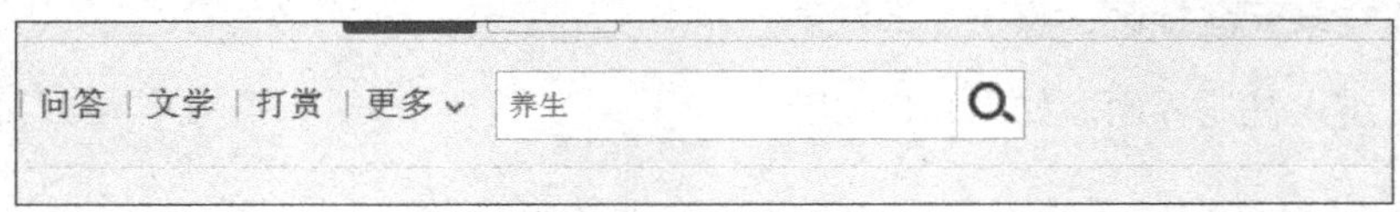

图110-4　输入所需板块

5. 在自己所需要的天涯板块里发表帖子或评论，利用你的创意ID吸引坛友的关注。如图110-5所示。

你的每一个论坛ID都需要将个人资料填写全面一些，这样别人才能信任你，而不会觉得你是一个虚假的马甲号。除此之外，论坛管理员也会将你看成一个“忠诚的信徒”，即使你之后会在论坛里发一下有关营销的小广告，坛主与坛友也会“睁一只眼闭一只眼”。

图110-5　关注

此外，你还可以在你的资料中，填写你的产品信息。这样别人对你的产品就一目了然，当他们有需要的时候，也会第一时间想到你，甚至会向身边的好友推荐你的产品。

与此同时，你的天涯经验值越高，在论坛中的地位相对越高，其他坛友也会将你看成“前辈”。当你向他们介绍产品时，他们通常相信你的“老人言”。

“工欲善其事,必先利其器”是没错的，当你在论坛上有一个引人注目的ID，就已经迈出了成功的第一步。

☞ NO.111　论坛评论引流技巧

在各大论坛中，评论也成为了一种引流技巧。简而言之，就是可以用语言让别人对你产生信任，并关注你。

1. 如何发表论坛评论

有论坛就会有越来越多的评论，那如何才能发表一篇有价值的论坛评论呢？

（1）登录天涯论坛，输入板块名称，点击进入。

（2）选择一个点击量高的帖子，点开进入。

（3）点击评论。如图111-3所示。

（4）在输入框加入针对性评论，即仅仅针对于某一方面或者某个群体而做出一针见血的评论，然后介绍自己的产品，最后发表评论。如图111-1所示。

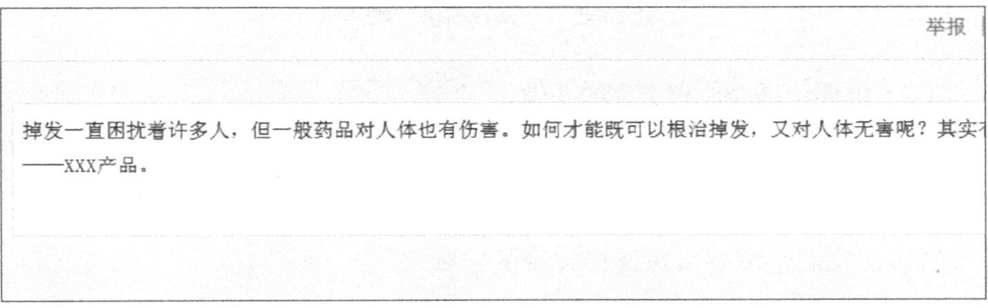

图111-1　发表评论

评论式引流并不是说在坛友的帖子下随意回复，然后就去介绍你的产品，这只会招致更多的反感。你的评论要有亮点，要对别人有吸引力。

2. “脱颖而出”式评论引流

只有你的评论足够出彩，才能有更好的引流效果。

（1）在评论中，要先对楼主的帖子进行优质性的评论，即针对性、实质性的评论。

（2）抛砖引玉，必须通过有价值的评论引出自己的产品。在评论中不知不觉地将自己的产品介绍给其他坛友，这样既不会让其他坛友反感，也可以很好地介绍你的产品。如图111-2所示。

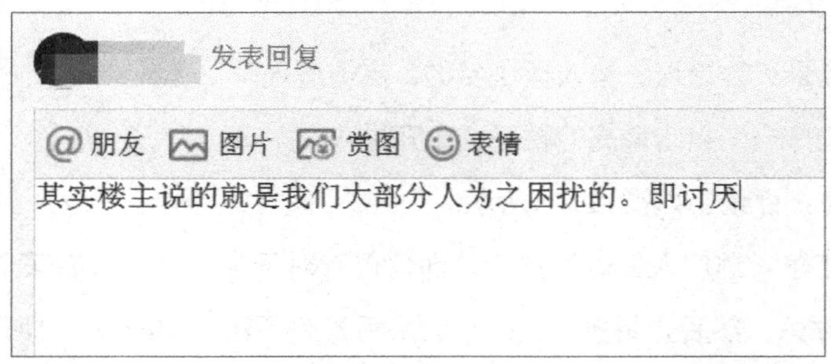

图111-2 “脱颖而出”式评论

（3）以评论诱导他点击你的头像，进入你的主页，进而关注你，加你为好友。如图111-3所示。

图111-3 点击关注

当然，我们也需要慎重选择评论的位置，比如在有悬念的故事性的帖子的结尾进行评论，更能引起广大读者共鸣。不要留一些没有意义的留言，否则就是无用功。

3. “引人入胜”式评论引流

评论不是只有“直接评论+介绍”一种方式，当你的评论让其他坛友产生疑问时，他们也会对你产生兴趣。

（1）通过讲述一个没有结局的故事，或者放映一段没有结局的视频，在评论中留下悬念，让坛友对你的评论产生好奇。

（2）当坛友进入你的论坛首页，自然就会看见你的产品，继而了解和关注你。

论坛评论其实是一种简单的引流技巧。例如，我们还可以通过图文结合的方式刺激坛友的眼球。当别人在你的论坛中找到自己感兴趣或是需要的东西，你的ID与产品就会被更多的坛友知道，你的引流效果也就越好。

☞ NO.112　论坛软文引流技巧

论坛软文已经是一种主流的引流方式。其区别于广告，有自己独特的优势，如信息量大，可以把消费者的消费理念和消费行为引导到正确的方向，所以对于引流来说更有价值。

1. 养号

在你实际发表软文之前，一定先要养1～20个论坛账号。注册完这些账号后轮流登录这些账号，积累发帖数目、在线时间，使每个账号达到能够发软文阶段。

（1）将注册信息填写完整，点击提交申请。

（2）打开一个论坛。一般注册论坛的按钮在平台的右上角。

（3）多注册几个论坛号，并且保证在线时间，为以后在论坛中发表软文打下基础。

2. 软文发布

当你注册完论坛号之后，发表软文就是接下来的“重头戏”了。

（1）点击登录到论坛，进行论坛软文的发布。

（2）坚持每天发布20篇软文，增大引流量，使你的论坛更加具有知名度，进而达到论坛软文应有的引流成效。

3. 写作技巧

（1）论坛软文写作是一门学问，最好与当前的热点话题相关，以提高曝光度。当然，原创的故事性软文也是不错的选择。

（2）论坛软文写作注重的方面有很多，比如时效性。大家都喜欢看的东西，切记不能以谋利的方式去呈现，而是要时时刻刻站在大众的角度考虑问题，这样你的软文才会有人去看。

（3）结尾的时候要注意吸引人去了解你的论坛软文的真正目的，因此结尾必须精彩，比如设置悬念，或者未完待续等。

软文才是你在论坛中引流的“中流砥柱”，你的软文写得精彩，写得有吸引力，才能保证你的引流效果。

☞ NO.113　论坛签名引流技巧

在论坛中，很多时候别人不仅仅是看你的ID，还会看你的签名，从而决定是不是应该或需要关注你。那么，何如在签名中达到引流的效果呢?

1. 红包福利法

我们可以在论坛的签名中，写上加好友可获取红包或者福利，利诱别人关注你。例如，关注我即可获得×××礼品。

2. 自我介绍法

在签名档中，植入介绍或者是品牌推荐。别人看到你的签名就对你的产品分类一目了然，如果有需求，就会主动联系你。

（1）可以将你所从事的行业融入签名中，如XXX总代理。这样，别人需要这个产品的时候就会自动联系你了。

（2）将你的兴趣爱好写在你的签名档中，这样志同道合的人就会加你为好友，并和你一起分享。在愉快的交流中，你就可以顺其自然地向他们介绍你的产品。

那么，如何编辑我们论坛的签名呢？以猫扑论坛为例。

第一步，登录猫扑论坛，点击账号设置。如图113-1所示。

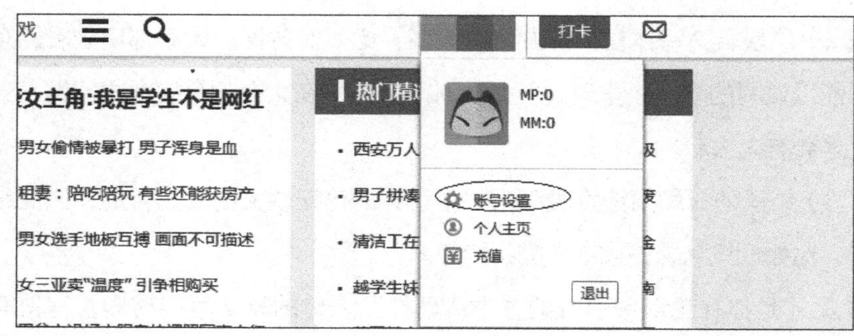

图113-1　点击账号设置

第二步，点击编辑个人资料。如图113-2所示。

图113-2　编辑个人资料

我们在论坛上给人留下的第一印象不仅仅是ID，还有签名，这两个都是你能够成功引流的关键和开始。

☞ NO.114　论坛图片水印引流技巧

在“快时代”环境下，人们对长篇大论的文章并没有太多耐心。而图片，这个一目了然的表达方式，往往是现代人阅读与获取信息的首选，也是我们借力引流的一种必选——图片水印。

1. 图片水印制作方法

图片水印是否能够吸引坛友的目光，是引流成功与否的关键。通常，我们可以搜索浏览量相对较高，或者是比较有趣味性的图片，然后在图片上加上我们的水印。

然而，如何才能在图片打上自己的专属水印呢？以在Word或WPS中加水印为例。

（1）新建文档，点击插入图片。如图114-1所示。

图114-1　插入图片

（2）单击“插入→艺术字”，选择一种合适样式、字体、字号的艺术字。用鼠标调整艺术字大小并移动到照片的合适位置。这里需要注意设置好艺术字的颜色，使之看起来更为醒目。如图114-2所示。

（3）点击“图片工具栏”的“设置透明色”功能，将水印的版式设置为“浮于文字上方”，然后把水印移动到图片上调整好位置、大小即可。如图114-3所示。

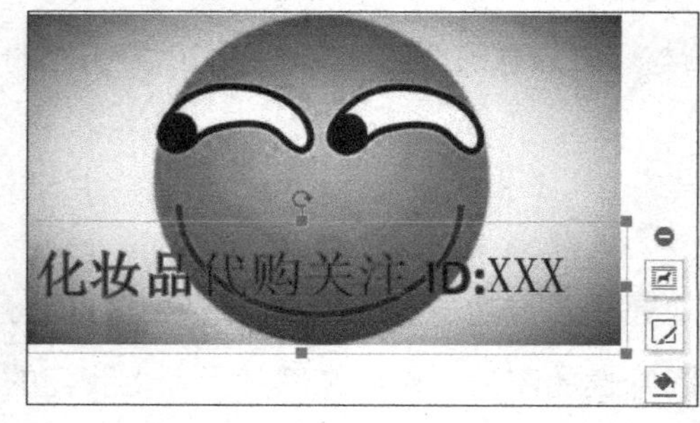

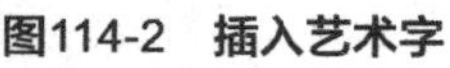

图114-2　插入艺术字

图114-3　调整位置、大小

这样，图片水印就完成了。你的图片水印视觉效果越好，也就越有吸引力，越容易引起别人的注意。

2. 论坛发帖流程

如果我们制作好了图片水印就发布出去，等于徒劳无功，所以发帖是图片水印实现引流的很重要的一步。

（1）点击“我的论坛—我的帖子”。如图114-4所示。

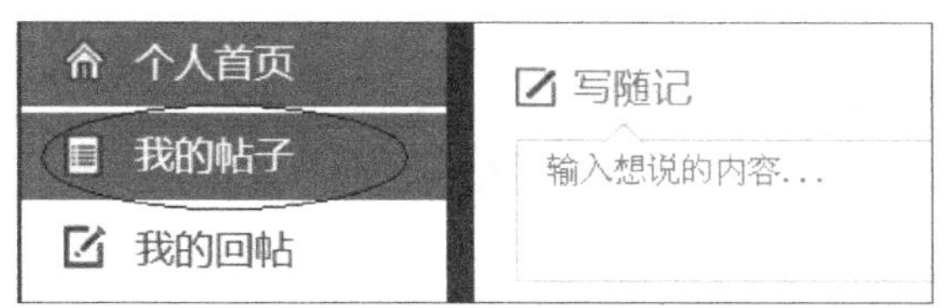

图114-4　进入“我的帖子”

（2）点击右侧“发帖”。如图114-5所示

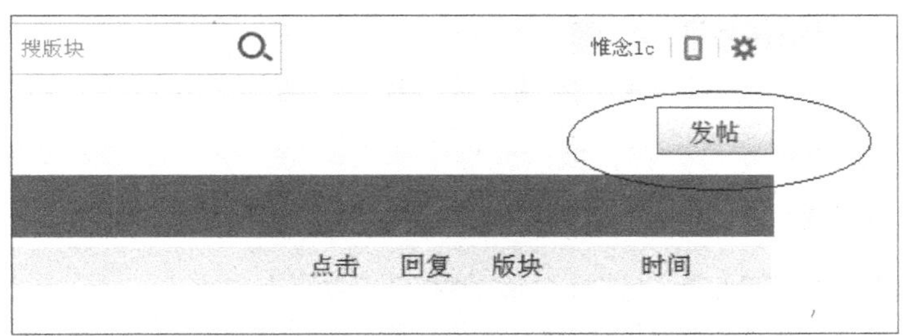

图114-5　点击发帖

（3）输入正文，插入图片，最后点击发表即可。

3. 图片水印引流

其实，图片水印引流的重中之重是要让自己的图片有吸引力。图片水印做好了，才会有宣传的资本，引流也就是自然而然的事情。

那么，哪些图片才会对坛友产生吸引力呢？

（1）紧跟时尚热点。

（2）图片的选择可以是一些好玩的表情包，或者是具有文艺范儿的图片，关键是能给人一种正能量或者幽默的感觉，让大家在不知不觉中对你产生兴趣，进而产生信任感，愿意与你做朋友。

你的图片对坛友有吸引力，他们才会“爱屋及乌”，关注你的水印，进而关注你的产品。而且在论坛中，每一个坛友都会有几个“志同道合”的好友，一旦通过他们产生“一传十，十传百”的效应，引流效果可想而知。

☞ NO.115　母婴类论坛引流技巧

随着二胎政策开放，母婴类论坛层出不穷，也带走了其他论坛中大部分的流量。它的实质就在于让母婴类产品质量大大提高，所以论坛流量越来越大。

毋庸置疑，这也是引流的最佳场所之一。

1. 母婴论坛发帖与评论引流

在母婴论坛中我们可以先利用帖子或是评论来实现引流。

（1）登录百度账号，在百度搜索框中输入母婴论坛，查找一些有权威性的母婴论坛，点击进入。

（2）进入母婴论坛后，选择合适的帖子与话题点击进入。

（3）在顶部点击“快速回复”。在评论中分享一下你的经验，让其他坛友在对你的评论中找到共同话题，进而实现引流。

2. 母婴论坛活动引流

母婴论坛上的引流方法不仅仅只有发帖与评论，我们也可以通过举办论坛活动来引流。

（1）活动方式最好是为人父母者喜闻乐见的。例如，儿童比拼投票或是选出最萌的亲子日常照片等。

（2）做一个有趣的活动文案，而且最好是短小精悍的。

（3）精简活动流程，包括参与方法、活动过程、活动规则和奖品发放都应该直观，因为现在的人都喜欢“快”。如果活动过程太过复杂，父母们会选择放弃。

（4）在活动文案结尾写上“转发更有好礼相送”等，进行福利诱惑，利诱别人转发你的活动，从而吸引更多的坛友关注你。

其实，论坛活动引流有时是引流效果最好的一种方式。在活动中，父母不仅能“秀孩子”， 还能获取奖品。所以，母婴论坛中，要开展能调动坛友积极性的活动，才能最大化实现引流。

☞ NO.116　女性购物论坛引流技巧

女性购物论坛风起云涌，通过各大购物网站，各大媒体，以及线下推广，带来的是前所未有的流量。这也难怪马云看中了这一群体，从而成就了很多商业神话。如果我们也加入这一行列，是否也能延续神话呢?

1. 利用女性购平台开展论坛

（1）如何发布文章。

第一步，打开女性购物平台，以蘑菇街为例，进入首页，点击“社区”。

第二步，选择热门频道或者是粉丝较多的频道。如图116-1所示。

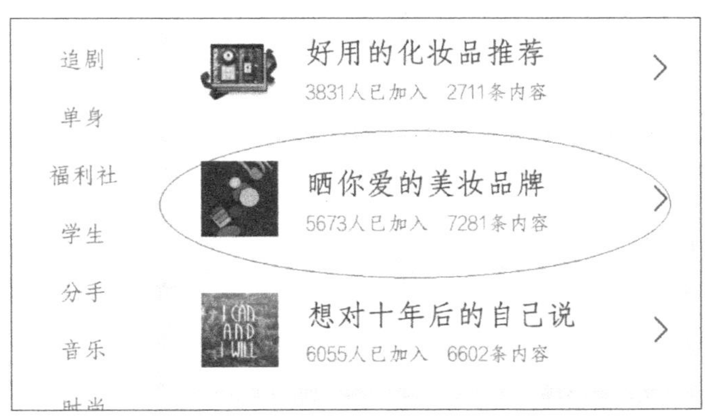

图116-1　选择频道

第三步，进入该频道，点击正下方“发表”图标，点击“文字”或“图文”。

如图116-2所示。

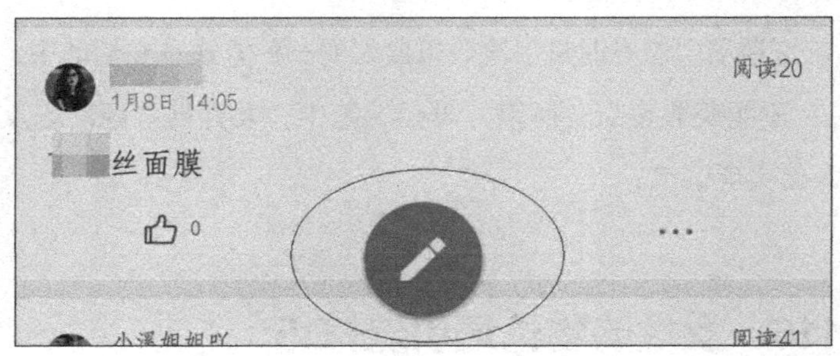

图116-2　点击发表

第四步，输入文章内容，最后点击发表。如图116-3所示。

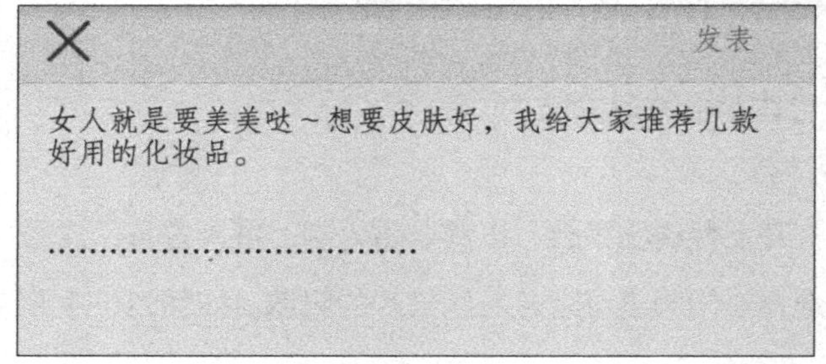

图116-3　输入文章内容，点击发布

（2）利用文章内容引流

当然，不是随便一篇文章就能赚足了眼球，想要吸引大家的注意，实现引流，需要做到以下几步。

第一步，激动人心的标题。女性购物网站，流量以女性为主，而女人对于购物的追球无非是把自己变美、把生活过好、把闺蜜比下去、把钱省下来，所以了解了这几点后，就可以有针对性地拟一个吸引大家的标题。

第二步，文章内容实用性要强。例如，可总结一些穿搭技巧，省钱妙招，这类文章会普遍受到广大女性的欢迎。如果我们可以试着从女性的角度出发，比如她们的困惑是什么，而且文章的内容就是解释其问题，试想，哪个女性愿意拒绝呢？

2. 通过女性购物论坛评论引流

在女性购物论坛中，我们也可以通过评论引流。

（1）点击“最热”，然后选择一条阅读量比较高的帖子。

（2）点击进入该帖，在最下方输入评论。

（3）在评论的时候，一定不要将自己的产品介绍直接插入，要给别人留一点神秘感。如图116-4。

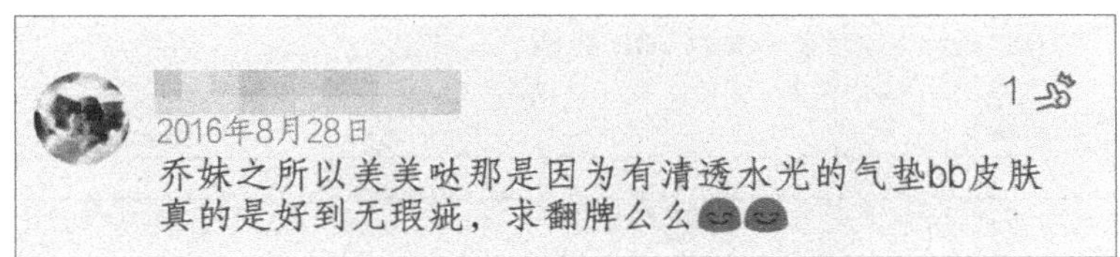

图116-4 评论

有时候，你的评论是否有吸引力，直接决定了其他坛友是否会关注你。

其实，想要和女性做朋友很简单，化妆品、包包、服装等，这些都是你与女性坛友交朋友的突破口。所以每一个评论或文章都要用心回复，并注意后期维护。

☞ NO.117 站长论坛引流技巧

随着站长论坛的逐渐发展，已经集源码下载与交易、站长技术交流服务、资源共享、友情链接交换等功能于一体。

所以，站长论坛已经成为新手站长们信赖的交流、学习平台。那么，这其中是否也隐藏着引流机遇呢？答案是肯定的，关键是我们能否找到合适的方式方法。

1. 软文外链引流

想要在站长论坛做好引流工作，简单粗暴的硬广显然很难胜任，而软文营销又要隆重登场了。

（1）如何发表软文外链。

第一步，百度搜索站长论坛，并登录。

第二步，进入首页，选择发帖，并点击软文外链。如图117-1所示。

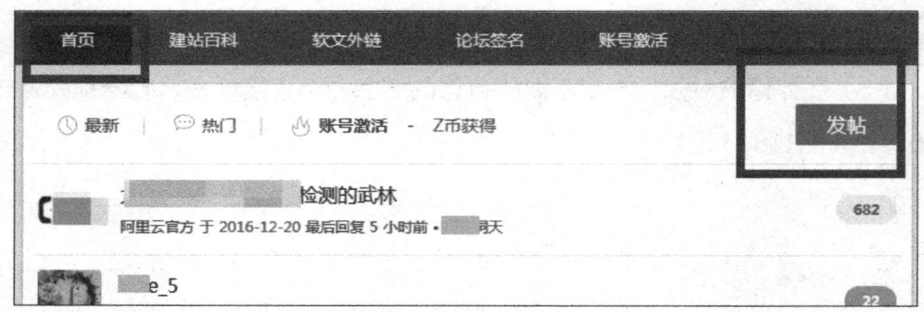

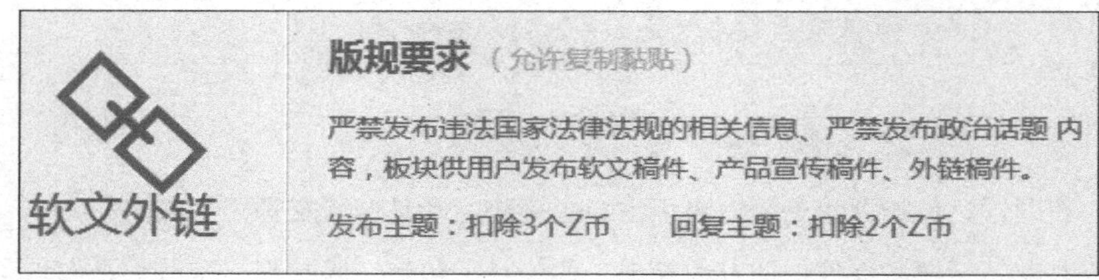

图117-1　软文外链发帖引流

第三步，编辑内容，发布即可。

（2）利用软文外部链接引流。

毋庸置疑，软文外部链接引流，注重的是帖子的质量。

第一步，平时注重积累站长论坛倾向的内容类型，如创业、运营、电商等相关的干货资讯内容。

第二步，搜集资料，编辑软文。当然，写作能力有限者可以修改一下其他渠道的文章。

第三步，把个人信息和商品信息，在软文里体现出来。

第四步，在软文提到商品的地方，插入详细介绍自己商品和品牌的链接。

当然，软文外部链接引流的关键还在于，我们的文章能够吸引大家，这样才会给外部链接带来更多的流量，从而实现引流。

2. 站长茶馆引流

站长茶馆，顾名思义，就是大家休闲聊天的场所。然而，这个地方既然能够沟通交流，同样也有我们不能错过的引流机会。

（1）茶馆发帖。

第一步，登录站长论坛，选择发帖。

第二步，选择站长茶馆。不同的是，站长茶馆的发帖内容限制非常严格，一不小心就会被封号。如图117-2所示。

站长茶馆
版规要求（禁止复制黏贴）
只能发布站长相关话题、互联网话题，板块仅供用户提供讨论。
请勿发布SEO经验文章。严禁发布广告、软文，违规直接封号。
发布主题：扣除15个Z币　回复主题：扣除5个Z币

图117-2　站长茶馆发帖要求

第三步，编辑话题，发动讨论。

（2）利用站长茶馆引流。

鉴于站长茶馆的限制更加严格，我们的引流行动需要更加隐秘。

第一步，发布话题和大家讨论，主题尽量与我们的商品相关。

第二步，由激烈的讨论引向闲聊。虽然站长茶馆严禁一切广告形式，但是不会杜绝大家聊天。

第三步，由闲聊逐渐引向商品推荐，可以不说是自己的商品，而是自己使用后效果比较好的商品向大家推荐。

如此一来，先由论坛话题和大家交流、分享，接着以朋友的身份向大家推荐商品，引起大家的关注，从而实现引流。

站长论坛之所以受到大家的关注，与其内容的纯粹性是分不开的，而在这里引流，拼的是真正的实力。

线下活动引流与推广营销6招

☞ NO.118　自组织活动引流技巧

自组织活动，是一种集社会化营销与粉丝营销于一身的活动，既照顾了粉丝的产品体验，又提升了粉丝的参与程度，甚至可实现二次引流。换言之，自组织活动就是让消费者在玩的同时，实现引流。

那么，想要通过自组织活动，实现引流，有哪些技巧呢?

1. 参加自组织活动引流

为了引流，一定加入了很多QQ群、微信群等，群里自组织的活动，我们要积极参与，利用活动机会引流。

（1）为群主或者管理员等积极提出关于活动的建议，还可以拟一份活动注意事项，包括会用到的安全常识、必备的工具等。

（2）参加活动时，穿一件印有自己联系方式的衣服，吸引大家关注，如微信二维码名片等。

（3）休息时，和别人聊聊天或者唱首歌，积极地表现自己。

（4）准备一些小礼品，印上个人信息和商品二维码，私下里送给大家。

通过在活动中积极的表现，你便会成为活动的焦点，甚至是核心人物，其他成员也会与你拉近距离。

2. 自己组织活动引流

当然，相对于参加别人组织的活动引流，自己组织活动可以更方便引流，甚至可以精心设计一些引流环节。

（1）在所有QQ群、微信群等，宣布自己组织的活动详情，并号召大家积极参与。

（2）制定活动规则。例如，群友可带着亲朋好友参加，依据带来的人数可获得不同礼品奖励，鼓励大家带动身边人积极参与，扩大活动人群。

（3）给大家定制统一的服装，把自己的个人信息、商品二维码印在衣服上。不仅活动参与者可以看到信息，沿路碰到的人也会感到好奇，只要扫一扫，引流的效果会更加凸显。

（4）策划一些小游戏，植入个人信息或者商品信息。例如，猜字谜游戏，把商品名称作为一道题目，大家猜不出来，就会对谜底感兴趣，从而提高对商品的关注度。

当然，活动中要随时提醒大家注意安全，还要注意掌控活动的氛围，调动大家的参与热情，实现引流效果的最大化。

自组织活动能够让我们有效引流，但是并不是所有的自组织活动都能有效引流，要掌握好火候。如果是一些提不起大家兴趣的活动，则只会吃闭门羹。

☞ NO.119　招商会引流技巧

企业要想有所突破，得到进一步发展，就需要借助招商会的力量。而且，很多企业都是采用线下招商会的方法进行客户、资源整合。

1. 参与社会举办的招商会引流

很多地方都会定期举办不同形式的招商会，并有媒体参加，这对于引流来说，是个不可错过的好机会。

（1）准备展报和宣传册。我们可以找专业团队设计制作，把自己的商品和个人信息展示出来。

（2）参与招商会的工作人员统一着装，衣服上印上你的微信二维码，还可以准备些小礼品。例如，给大家准备些矿泉水，印上你的联系方式，通过这些小成本的宣传来扩大影响力。

（3）积极地向大家推荐宣传自己的商品品牌和功能，切忌直接推荐商品。

事实上，招商会精准的领域划分，就是为精准引流搭建的一个最合适的平台，只要充分利用，必然会达到很好的引流效果，不仅可以吸粉，甚至可以发展为合作伙伴。

2. 自办招商会引流

作为效果显著的线下引流方式之一，招商会是我们不可错过的模式。而除了参与他人的招商会引流，还可以自办招商会引流，进行更有效的商品宣传。

（1）设计展报和宣传册，把自己的联系方式和微信二维码放进去，为大家提供关注你的渠道。

（2）招商会开始时，引导大家扫码关注你，凡是扫码者均可获得小礼品一份。

（3）在招商会上，把自己的商品实体展示，有兴趣的参与者可以试用体验。

因为是自己主办的招商会，就可以在展厅循环播放自己产品的品牌故事，还可以展示一些产品的使用效果对比，提升大家的了解程度。例如，你是化妆品电商，就可以播放一些使用前后的反差变化，让大家更了解产品的功效。

引流的途径有很多种，招商会只是其中一个途径。然而，利用招商会引流却可以带来其他引流方式意想不到的效果，那就是更直接、更精准。

☞ NO.120　培训学习活动引流技巧

通过培训学习活动引流，为什么很多电商会存在种种烦恼？这就关乎引流技巧，因为只有懂得并精准掌握了引流技巧的人，才能在培训学习活动中真正抓住大家的痛点，吸引大家关注，从而实现引流。

1. 线上线下结合引流

很多人不解，为什么电商会不惜成本举办线下培训学习活动，有时甚至是免费的。

其实，线下活动不仅是一次对品牌的宣传，更是巩固已有粉丝、吸引新粉丝的契机。

（1）通过QQ、微信、微博等多渠道宣传商品的线下培训会，并强调活动是免费的。

（2）号召大家报名参加，而且每个人只允许带两个自己的好友报名，但要强调名额有限，从报名者中按比例抽取100名参加。

（3）设置原有粉丝参与的条件，如转发活动详情，集满38个赞即可报名参加；粉丝好友想要参加就要先关注你的微信或微博。

（4）线下的活动宣传同时进行，可以通过散发传单、摆摊试用商品等形式。但同样需要限制参与名额，鼓励大家带上自己的亲朋好友，报名体验培训学习活动。

通过线上线下相结合的宣传方法，可以扩大活动的推广空间，让更多的人去关注。

2. 培训学习场所布置引流

活动举行时，从会场的装饰设计，到提供的笔记本，我们都可以充分利用，实现引流。

（1）在会场的布置上，我们的公众号二维码或者微信、QQ等都可以打印贴在墙上，并引导大家扫一扫，关注我们。

（2）培训的工作人员统一着装，佩戴工作证，让大家看到商家的正规，培养对我们的信任。

（3）给参与培训学习的每个人，准备一个笔记本，随时记录听到的重点，并在笔记本上印上我们的个人信息和联系方式。

（4）在课程开始前，即大家进场的时间，播放公司的产品宣传片，加深大家对产品品牌的印象。

会场布置引流方式，主要是针对一些可以利用的细节进行“装饰”，让大家看到我们的用心，对我们的商品更加放心。

3. 培训学习内容与商品息息相关

通过培训学习活动引流，消费者看重的其实是培训环节，而且也是引流效果最显著的环节。

（1）总结一下自己商品的相关干货知识，可以从百度、微博等渠道，多积累学习。

（2）挑选经验多、学历高，且比较有说服力的培训讲师，给大家培训相关内容。

（3）给培训内容插入案例讲解，通过实际操作我们的商品，学习具体的操作流程，增加参与者的体验感。

（4）培训会结束时，和大家一起分享本次的学习心得，引导大家关注商品和你的个人信息。

总之，培训学习活动引流的途径还是很多的，而无论是哪一种，只有尽心尽力去做，才能释放出更多的价值。

怎么尽心尽力？就是了解大家的需求，软植入我们的商品信息和个人信息。可以说，你尽了多大的力，就能收获多少人气。

☞ NO.121　沙龙聚会引流技巧

虽说现在是网络社交社会，交友、聊天都能够通过互联网进行。然而，通过沙龙聚会结交朋友的方式也并没有退出社交平台。

因此，我们不能只盯着网络社交这块肥肉不放，也要适当参加一些沙龙聚会。当然，参加沙龙聚会不是目的，真正目的在于通过参加沙龙聚会涨粉。

1. 沙龙活动宣传引流

前期的活动造势宣传至关重要，我们可以发动各个社交渠道，如QQ、微信、微博等，做宣传活动，鼓励大家转发参与抽奖，把消息扩散到更大的领域，为引流做准备。

2. 沙龙活动演讲引流

沙龙活动必不可少的就是演讲了，而我们作为商品的代言人，掌握演讲引流技巧，也就成为了必备技能之一。沙龙演讲的一系列设计，其实也要从产品体验、品牌宣传、线上引流等几个方面实现。

（1）准备演讲稿，把自己商品的品牌故事融入其中，衬托主题，为引流做铺垫。

（2）演讲时，穿自己公司的正式着装，也可以拿一个样品给大家演示效果。避免枯燥无味的说教，适宜用幽默的语言吸引大家的关注。

（3）现场和大家互动。消费者是最有发言权的，可以找一个听众和自己配合演示，效果会更好。

（4）最后给大家留下悬念，激发大家的好奇心。例如，告诉大家，凡是今天在座的各位，只要关注你的私人微信，即可参与抽奖。奖品的吸引加上大家的好奇心，引流也就实现了。

3. 沙龙晚宴引流

说到晚宴，这是大家演讲、听课忙碌了一天后难得的闲暇时刻，但同样也是我们不可多得的引流时刻。

（1）与大家交流今天沙龙活动的心得，大致了解一下自己今天的引流效果如何。

（2）收集大家的名片，利用名片全能王存储信息，实现他们引流。

其实，晚宴引流更像是对沙龙活动引流的补充，即如果前期的线上引流和演讲没有打动人，收集到他们的名片之后，我们可以主动联系他们引流。

由此可见，沙龙聚会并不是一次普通的聚会，它还暗藏着涨粉的契机。

☞ NO.122　赞助活动引流技巧

时代在变，消费者在变，企业的营销策略也要变。而作为营销策略的一个分支的引流策略，自然也要被提上一个新的高度——赞助营销。

但是，并不是每一个赞助营销，每一场赞助活动都能成功引流，为自己赚得人气。因为，通过赞助活动引流需要包装、道具等。

1. 赞助活动道具引流

我们在别人举办活动时，可以尽自己所能提供些道具，既可以帮人节约成本，又可以借机宣传自己。当然，我们不是主角，引流就需要一些小技巧。

（1）赞助活动饮用水，把自己的联系方式和微信二维码印在水桶和纸杯上。

（2）如果是室内活动，提供一些装饰气球，把个人信息印在气球上。

（3）如果是室外活动的话，可以给大家提供一些荧光棒、小红旗等。在这些物品上面粘些贴纸，写上联系方式，并注明：大家如有需要可联系借用。

其实赞助活动道具引流，经过精心设计装饰后，效果还是值得一试的。当然，此类方法还有很多，我们可以不断学以致用。

2. 赞助客户群体活动引流

每件商品都有自己的精准客户群，所以赞助活动效果最好的，是赞助精准客户群的活动。

（1）找准客户群体。例如，你是中端品牌女装，精准客户群就是女学生和刚入职的女职员。

（2）挑选赞助他们具有影响力的活动。例如，大学生的迎新晚会、元旦晚会等，在群体里具有较大的影响力。

（3）在活动中，拉横幅、摆展板，还可以要求主持人插播广告，这样引流效果会更好。

（4）活动中，组织抽奖环节，把喜欢的节目发送到后台，就可以参与抽奖，奖品由你提供，调动大家的参与积极性。

赞助客户群体引流，面对的是精准客户，效果会更乐观。

3. 赞助公益事业引流

关于公益活动的话题永远都能够抓住人们的眼球。因为公益活动能够唤醒人们心中某个沉睡的意识，或激发人们的同情心。因此，如果我们能够抓住这个主题并与之结合，就能够迅速与更大的群体在心灵上产生共鸣，并可迅速成为其关注的焦点，甚至在社会范围内广泛传播，从而实现更高效的引流。

赞助活动引流，看似是赔本买卖，其实是以一颗豆子换取了一个西瓜。

☞ NO.123　媒体发布会引流技巧

线上引流的大有人在，以至于线下市场常常被人忽略，而开展线下发布会同样能够有效弥补线下市场引流空白。

1. 前期宣传噱点引流

媒体发布会的前期宣传至关重要，如发布会的时间关系着商品宣传的效果，而且想要在发布会之前预热市场，必须找准宣传噱头。

（1）关注最近热搜事件和词语，与商品捆绑宣传，可通过软文、干货等宣传商品的相关知识。

（2）选择与商品风格契合的明星或者网红代言。例如，洗发水就可以找郭碧婷，因为追星族的力量是不可小觑的，直接关系着引流的结果。

（3）在媒体发布会未召开之前，开展转发抽奖体验活动，把新品体验作为奖品。

（4）线上创造话题关注度，创建QQ群、微信群、贴吧等讨论小组，预热话题，引爆社交。

通过以上多渠道的配合，找准媒体发布会的前期噱头，提前预热话题，吸引大家的关注，可为媒体发布会引流做准备。

2. 商品实用性引流

媒体发布会的召开，目的在于宣传商品，获得更多人的信赖。所以我们召开的发布会，更应该注重商品的实用性。

（1）代言明星上台和大家分享、交流一些干货。

（2）现场找两位粉丝，一起试用商品。

（3）试用之后，对比使用效果，并向大家分享使用感受。

借助商品的使用效果，加上明星效应，以及多媒体宣传，引流效果是可以想象的。

一次媒体发布会，就是一次引流。只要我们掌握媒体发布会的每一个流程所需要注意的细节，掌握每一步流程具体操作的技巧，就可以坐等粉丝上门了。

第12章 其他网站引流与推广营销5招

☞ NO.124　分类信息网站引流技巧

如今，分类信息网站正在逐渐掀起一股热潮，从分类信息网站的种类方面可见一斑。例如，58同城、赶集网、百姓网等，很多营销商开始利用分类信息网站来实现引流。但是，效果却不太明显，这主要是因为引流技巧不得当。

而下面的几种方法可能会让我们的引流最大化。

1. 选择平台板块

其实，在这些分类信息网站上发布信息，操作起来非常方便。我们可在平台的不同板块发布信息，让粉丝快速地加你微信，而且这些粉丝也是非常精准的。

以58同城为例，如果我们想通过房屋出租信息来进行引流，就可以在58上发布房屋出租信息。

（1）打开平台中的房屋出租板块。如图124-1所示。

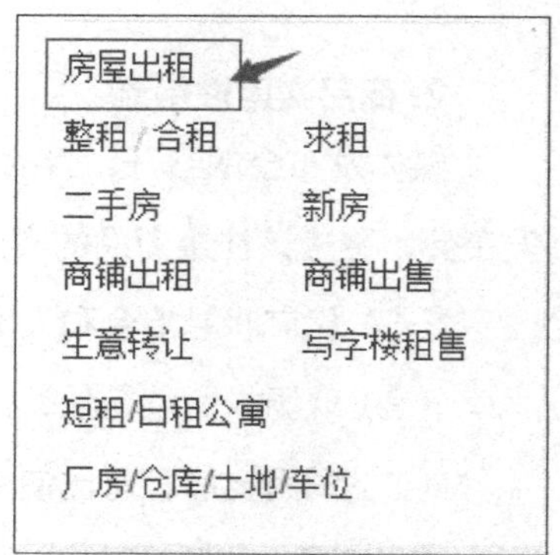

图124-1　房屋出租

（2）进入信息发布界面，开始发布信息。如图124-2所示。

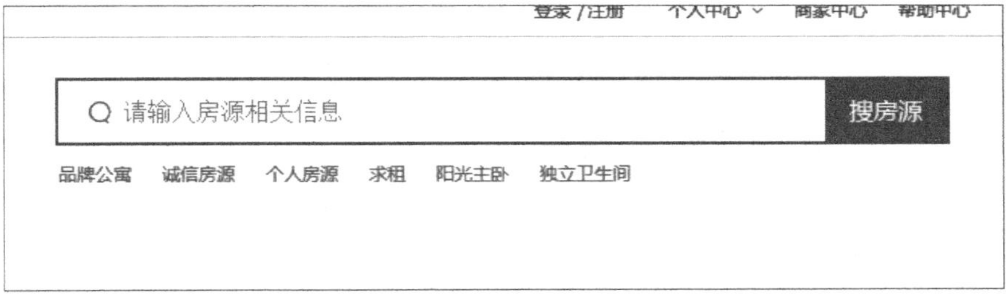

图124-2　发布房源信息

在此处填入房源信息以及要求，有意者就会加你微信。

（3）在信息发布界面对所在区域进行具体详尽的选择。如图124-3所示。

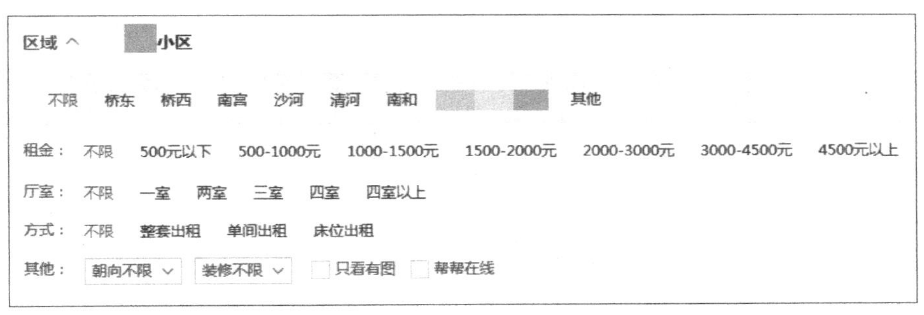

图124-3　发布房源具体要求

（4）点击右上角的免费发布。

对房屋有需要的人就会点击发布的信息，在看到我们所留下的例如微信、电话等信息后，就会主动联系我们，进而实现引流。

2. 标题设计要“吸睛”

标题可以说是引流最关键的部分。例如，网上的畅销书除了内容以外，可以说好书名也起到了很大的吸引作用。所以，在发帖的时候一定要有吸引人眼球的标题。标题可以用网络上的热词，或者一些用户经常搜的关键词，这样就可以增大流量。

3. 内容要新

除了标题以外，所发帖子的内容也要加上一些诱惑引导关注的信息。例如，符合普通大众心理的语言等，就是我们吸粉的法宝，可以大大提高用户加微信的概率。

尽管分类信息网站多种多样，但是，只要我们用对了技巧，就可以扩大引流，扩大营销范围。

☞ NO.125　行业信息网站引流技巧

行业信息网站，是指提供信息服务的综合性互联网资源网站。随着互联网时代的到来，大大小小的行业信息网站层出不穷，为电商引流提供了更多的机会。

1. 软文引流

众所周知，行业信息网站会转载很多门类的行业信息，这就给我们引流提供了空间。只要文章上传到网站或者发表在电子报纸上等，就有可能被系统推荐，入选行业信息网站。

那我们如何提高自己文章的入选率呢？

（1）拟好有吸引力的标题。

行业信息网站一般属于比较正规的网站，在用词方面很讲究。如图125-1所示。

图125-1　历史类别下某些新闻标题

简单归纳一下，不难发现这些文章题目的共同点：

第一步，打破常规，提出新意。

第二步，提出疑问，更能吸引读者的思考。

第三步，对内容的精华进行概括。

（2）内容要有爆点。

这不仅要求你有高超的写作能力，还需要有果断、精准的热点内容判断力。而这些都是可以通过平时的信息积累获得的。

（3）内容的真实性和正能量。

行业信息网站有严格的审核机制，虚假的内容是很难通过的。所以，想要借机引流，首先文章的内容要符合真实性原则，而且正能量的文章是行业信息网站的偏爱。

写好文章只是第一步，把我们的个人信息巧妙地插入才是目标，这样的软文发表，才能达到引流的目的。

2. 评论引流

当然，对于已发布的行业信息，我们还可以通过评论引流。

（1）百度搜索腾讯网。

（2）在提供的行业选项里，任意选择一个。如图125-2所示。

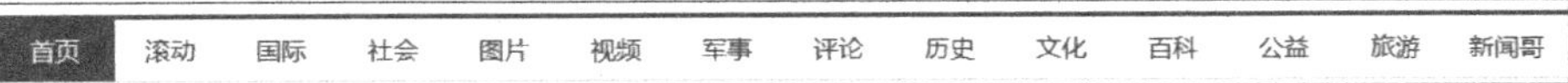

图125-2 行业选项

（3）选择当下的热点新闻信息。

（4）点击信息图标，书写评论，插入你的个人信息引流。如图125-3所示。

鲍曼遗言：移民是欧洲社会问题的替罪羊 | 大家

腾讯《大家》

图125-3 信息评论

（5）发表自己的评论。

当然，我们除了评论文章，还可以在评论里和大家交流互动，引导大家关注你。

行业信息网站引流，是需要拿出真本事的。无论是软文引流，还是评论引流，都要求我们具备极高的写作水平。当然，还要注意平时的积累练习，借鉴一下广受好评的文章的特点，摸索出自己的文章写作技巧。

☞ NO.126　招商信息网站引流技巧

现在越来越多的营销商开始利用招商信息网站来推广自己的产品，尤其是电商，通过招商信息网站可以更好地吸引加盟者。然而，盲目的招商是无法起到推广作用的，所以还需要一些技巧和方法，才能更好地吸引粉丝的到来。

1. 招商信息的发布要有聚焦点

所谓聚焦点就是要求能够贴合时下的潮流。俗话说："要想抓住一个男人的心，首先要抓住他的胃。"而我们要想抓住一个人的心，首先要抓住他的眼球。对于营销商来说，招商信息要做到是人们最关注的。例如减肥，一直是广大女性所不能拒绝的话题，她们在看到有关减肥的视频或者帖子时，很可能会默默地点进去看一看。所以，招商信息的发布要有聚焦性。

2. 上传视频

所谓"眼见为实"，为了让人们更好地了解我们的营销产品，增加真实性，图片和视频是必不可少的。而好的视频和图片效果，也可以帮助我们达到更好的引流效果。

（1）录制视频。

（2）编辑视频。可利用视频编辑软件，把自己的微信号、QQ号或者企业公众号植入到视频屏幕下方。

（3）梳理关键词，通常是字数在100以内的长尾关键词。

（4）上传视频。在上传图片或者视频时要分为两部分：一部分是上传到已经在招商网站上注册好的账户上，这样方便浏览招商信息的人点击；另一部分则设置关键词，嵌入到上传视频时需要设置的“标题、标签、描述”里。然后，上传到视频网站。

我们以上传到优酷视频为例。

第一步，下载爱酷软件。

第二步，完成安装后，打开界面。如图126-1所示。

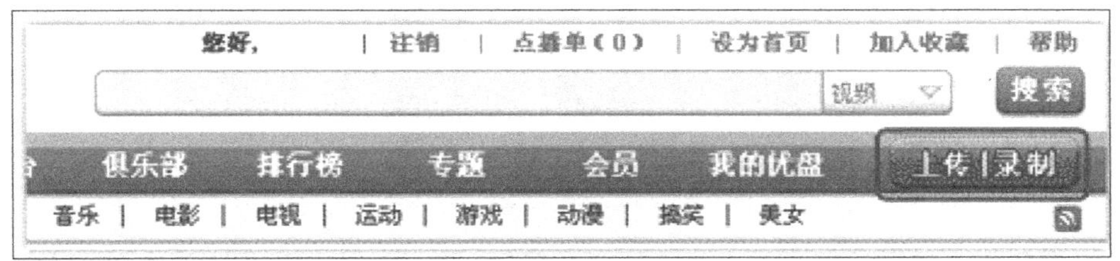

图126-1 上传界面

第三步，点击上传。如图126-2所示。

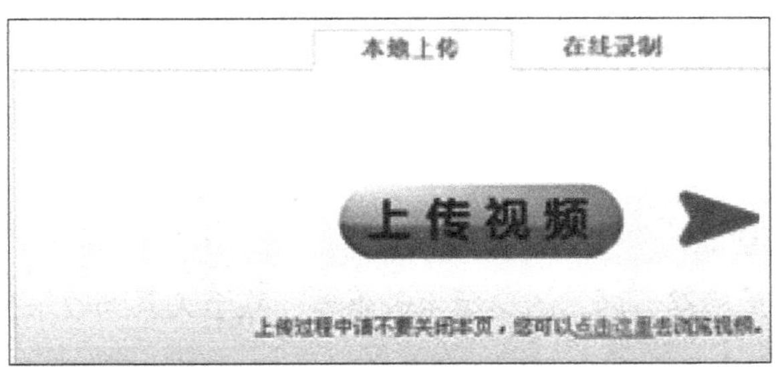

图126-2 上传视频按钮

上传完成后，视频就可以被用户广泛搜索、点击。当用户搜索你设置的某个关键字的时候，你的视频排名就会靠前，别人就会看到你留在视频上的文字，从而关注你。

3. 扮演产品使用者的角色

大多数人会通过第三方来搜索信息，咨询我们产品的情况，而这时，我们就要扮演好这种产品使用者的角色。

（1）要通过他们的咨询来与他们互动，使他们说出自己的需求点。

（2）在了解他们的需求点之后，就可以告诉他们自己使用的产品以及效果，并告诉他们自己也曾有过他们类似的需求。

（3）展现自己使用产品后的效果，尤其以减肥和护肤品效果最佳。

（4）告诉他们微信号，如果想要更加具体地了解，可以加好友。

当我们取得用户信任时，他们通常会加我们在招商信息中的微信等。

☞ NO.127　自建网站引流技巧

在很多人热衷于通过他人的网站蹭流量时，其实，自建网站引流也是一个不错的方法。不仅引流的宣传文案全凭自己做主，还可以自己设定版面，为引流提供更多的方法和渠道。

建设一个属于自己的网站，需要一定的技术基础，可以找专门的团队建设，不需要自己花费过多的时间去摸索。

那我们在自建的网站上，如何引流呢？

1. 网站定期更新

想要长期维护粉丝，网站的更新至关重要，甚至关系到收录排名的高低。一般来说，网站的内容也是丰富多彩的，如新闻、文章、图片等都应该包括。

然而，想要打造高质量的网站，实现引流，对于内容的更新更不应该马虎，最好是原创，这样搜索引擎给我们分配的权重会很高。

（1）规划自己的网站内容分类。

（2）原创文章，也可以从其他网站上搜索一些相关类型的内容，把商品和自己的联系方式软植入，再发表内容。

（3）自己的网站一定要设计广告区，商品就可以直接打广告了。

2. 寻找网站合作，互推友情链接

我们经常在一些网站的底部，看到其他网站的标签，点击即可进入。这就是网站之间的互推友情链接，实现两家网站的流量共享。

（1）寻找比自己拥有更多流量的网站合作。

（2）登录自己网站的后台管理。

（3）点击标签链接，选择友情链接，修改源代码，重新填写网址，修改相关链接。

（4）修改完成之后，选择静态发布，生成首页即可。

互推友情链接建设完成，就可把两个网站联系起来，一个网站发展起来必然会带动其他网站的流量增长，即使任何一个网站流量下降，也不会影响到其他网站的正常运作。这对于电商引流来说，是百利而无一害的。

☞ NO.128　文库、问答等PC网站引流技巧

随着科技的发展，计算机日渐盛行，因为大家依恋于计算机相比手机更快的网速和使用的便捷性。于是，PC网站的流量也是不可小觑的。

对于文库、问答等PC网站来说，可以引流的过程包括：账户名引流、内文植入引流和评论引流。

1. 账户名引流

我们在PC网站发表的内容，无论是文库还是问答，都会显示你的账户名称。如图128-1所示。

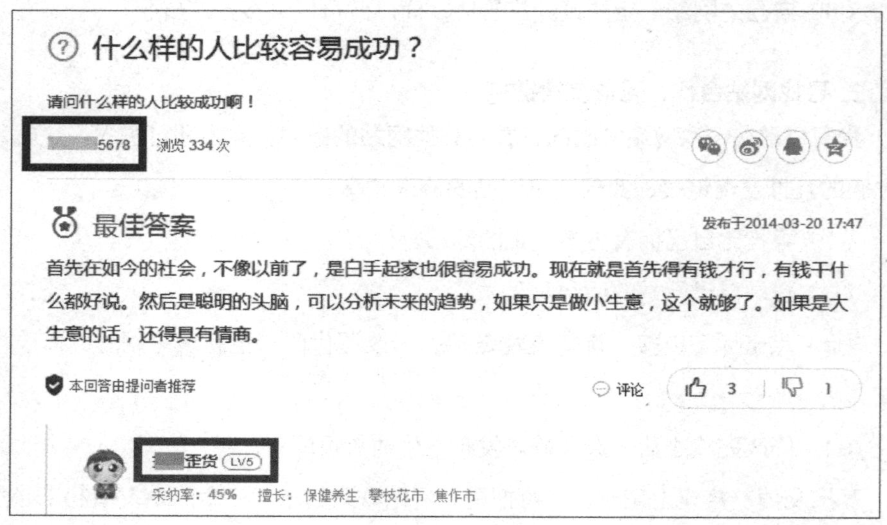

图128-1　账户名称

问题是，什么样的账户名称，更利于引流呢？

（1）行业关键词加上简短的微信号。例如，你是从事美妆行业的，账户名就可以设置为“变美加微信××××”。

（2）直接把自己的行业职称设置为账号。例如，美妆山东分代×××。

（3）夸奖一下看到你账户的人。例如，我就知道，只有美女才会看到我。

通过账号的精心设置，大家在搜索相关资料时，更容易注意到你，从而关注你。

2. 内文植入引流

我们可以经常发布一些文章内容，或者在问答平台回答一些问题。当然，我们的目的还是植入自己的信息引流。

（1）写作与自己商品相关的干货内容。例如，你从事的是女装，就可以写女生应该如何搭配服装等内容。

（2）把自己的商品信息和个人信息软植入到文章。

（3）在网站发布写好的内容，最好是浏览量比较大的网站，如百度、360、豆瓣等。

当然，软文在很多地方都可以引流，但是文库等PC网站对文章内容要求相对较高，所以提高自己的写作水平，吸收借鉴别人的写作技巧也是至关重要的。

关于评论技巧，我们已经强调过很多次了，这里不再赘述。

其实，对于电商来说，PC端的流量不可忽视，但无论是账号信息的精心编辑，还是内容里的软植入，都需要我们付出自己的信心、耐心和决心。